W0327567

Cindi Madsen aime se retrouver en tête à tête avec son ordinateur, pour écrire, relire, corriger, et tomber chaque jour un peu plus amoureuse de ses personnages. Elle adore écouter de la musique et danser, et voudrait que l'été dure toute l'année. Elle vit dans le Colorado – où l'été est presque inexistant – avec son mari et ses trois enfants.

Du même auteur, chez Milady :

Cendrillon me perdra
Mariage sur mesure

Cindi Madsen

Mariage sur mesure

Traduit de l'anglais (États-Unis) par Alix Paupy

Milady Romance

Milady est un label des éditions Bragelonne

Titre original : *Ready to Wed*

Publié avec l'accord d'Entangled Publishing
(Colorado, USA)

ISBN : 978-2-8112-1551-4

Bragelonne – Milady
60-62, rue d'Hauteville – 75010 Paris

E-mail : info@milady.fr
Site Internet : www.milady.fr

À Stacy Abrams, pour avoir cru en ce premier roman et en tous ceux qui ont suivi.

Remerciements

Pour commencer, l'écriture de ce roman a été [illegible] et par moments, j'ai bien cru [illegible] par avoir ma peau. Heureusement, nous [illegible] les deux [illegible]. [illegible] [illegible] [illegible] [illegible] [illegible] [illegible] [illegible] [illegible] [illegible] [illegible] [illegible] [illegible] pour son [illegible] Quand j'ai [illegible] ce roman, elle a dit que [illegible] qu'il manquait quelque chose. Dieu m'est [illegible] [illegible] m'a aidée à l'améliorer. [illegible] ouvrage, je lui suis reconnaissante ainsi qu'à Alexa Tomeur, Liz Pelletier, et à toute l'équipe de Entangled Publishing de nous offrir, à mes livres et moi, un foyer. [illegible]

Merci à [illegible] pour [illegible] son enthousiasme [illegible], à mon [illegible] Katie [illegible] et [illegible] pour [illegible] et [illegible] pour ses [illegible] et son soutien

Remerciements

Par où commencer ? L'écriture de ce roman a été une véritable aventure et par moments, j'ai bien cru qu'il finirait par avoir ma peau. Heureusement, nous avons tous les deux survécu. Je souhaite remercier Amanda Price pour m'avoir forcée à me concentrer quand j'en avais besoin, pour avoir joué avec moi à « tel ou tel mot » pendant que j'écrivais, et pour avoir toujours été présente pour discuter ou m'écouter râler, et me faire rire. Quelle amie formidable ! Un grand merci à mon éditrice, Stacy Abrams, pour son talent. Quand je lui ai remis ce roman, je lui ai dit que je savais qu'il manquait quelque chose. Dieu merci ! elle a repéré ce que c'était et m'a aidée à l'améliorer. À chaque ouvrage, je lui suis reconnaissante, ainsi qu'à Alycia Tornetta, Liz Pelletier, et à toute l'équipe de Entangled Publishing de nous offrir, à mes livres et moi, un foyer. J'adore écrire pour vous !

Merci à Candace Havens pour ses conseils et son enthousiasme concernant cette histoire, à mon équipe commerciale, Katie Clapsadl et Heather Riccio, ainsi qu'à Libby Murphy, pour avoir créé la couverture parfaite. Un immense merci à CKM, pour ses mails et son soutien inconditionnel. Rachel Harris, Christina Lee, Tara Fuller, Melissa West, Lisa Burstein, Cole Gibson, Rhonda Helms, Stina Lindenblatt, Wendy Higgins et Megan Erickson, que ferais-je sans vous ? Je suis tellement heureuse d'avoir pu rencontrer en personne la plupart d'entre vous cette année ! On aura toujours Coops, pas vrai ? LOL. Je vous adore, les filles !

Ma famille et mes amis sont merveilleux et m'encouragent à chaque étape de l'écriture. Merci à ma voisine, Mare, qui a gardé mes enfants pour que je puisse écrire et corriger, et à mon mari, Michael, qui est là pour prendre le relais sur les tâches ménagères et la cuisine quand l'écriture m'absorbe tout entière. Et à mes enfants, qui sont aussi excités que moi à la sortie de mes livres (probablement parce que ça rime avec un dîner au restaurant, du soda et un dessert). Merci à mes parents, mes frères et sœurs, leurs moitiés, qui prennent régulièrement des nouvelles des romans. J'ai la chance incroyable de faire ce que j'aime, et d'être soutenue par les gens que j'aime.

Comme d'habitude, je salue mes copines de TZWNDU, qui m'offrent un espace de discussion, les Colorado Indie Authors, pour leur soutien et les déjeuners très sympathiques. Un bisou supplémentaire à Anne Eliot qui est toujours là pour moi et réussit à me faire rire aux larmes, que ce soit au téléphone ou en prenant de magnifiques selfies dans des restaurants hispters. Merci aux innombrables blogueuses qui m'aident à faire

connaître mes romans et sont toujours présentes quand j'ai besoin d'une faveur. Mieux encore, vous êtes devenues de véritables amies, et il faut que je vous dise : vous êtes géniales !
Un immense merci à mes lecteurs ! Vous avez été tellement nombreux à m'envoyer des messages et des tweets, et je vous aime tous très fort. Merci beaucoup !

Prologue

Lorsque Grant m'avait proposé le grand combo croisière-mariage, il y avait une chose que je n'avais pas prévue : que je serais là, en grande robe blanche, le voile flottant dans la brise, un bouquet de roses bleues à la main, sous les regards insistants de tous les autres croisiéristes, à poireauter devant le bateau en attendant que monsieur daigne débarquer. D'habitude, lors des mariages, je restais en coulisse. Je donnais des ordres à tout le monde et m'assurais que la cérémonie se déroule sans anicroche. Les feux de la rampe, ce n'était pas pour moi. Surtout lorsque les spectateurs portaient des chemises à fleurs et me dévisageaient comme si j'étais la dernière attraction touristique à la mode et non une mariée terrifiée.

J'avais les nerfs à vif et l'estomac noué. Je venais de me rendre compte à quel point ils allaient être solennels et irrévocables, ces derniers instants avant de dire oui. Mais attention, n'allez pas croire que je n'étais pas prête. Je l'étais totalement. J'aimais Grant de tout mon cœur et j'avais attendu ce jour toute ma vie. Le jour où j'épouserais l'homme de mes rêves.

À l'origine, nous n'avions pas prévu de nous marier en Jamaïque, mais à présent que je contemplais ces plages de sable blanc et ces eaux bleu lagon, tout était si parfait que j'en avais la chair de poule.

Notre mariage sera inoubliable.

La fin de la cérémonie sonnerait le début de notre lune de miel, avec des escales aux îles Caïman et au Mexique. Les deux premiers jours sur le navire avaient été parfaits, et je savais que le reste du voyage – une fois que nous serions enfin mari et femme – le serait plus encore.

Malgré tout, je ne pouvais m'empêcher de regretter l'absence de Jillian. Lorsque Grant et moi avions envisagé la croisière, j'avais proposé à ma meilleure amie de nous accompagner. J'aurais voulu qu'elle soit ma demoiselle d'honneur. Elle m'avait répondu qu'elle aurait adoré être présente pour mon grand jour, mais que tenir la chandelle pendant une croisière d'une semaine aurait été trop gênant. Je la comprenais, bien sûr… Mais, à présent, j'avais peine à imaginer une situation plus gênante que de rester plantée là, toute seule, en robe de mariée.

Je tapotai mon bouquet sur la paume de ma main. Ces fleurs bleues artificielles n'étaient pas mon premier choix, mais il avait fallu optimiser : ce bouquet trônait depuis longtemps dans mon appartement, il représentait donc à la fois mon « quelque chose de vieux » et mon « quelque chose de bleu ». Quand vos bagages sont limités et que votre robe prend déjà une valise entière, vous économisez la place où vous pouvez.

Je jetai un nouveau coup d'œil à ma montre.

— Qu'est-ce qu'il fout ? murmurai-je.

Le prêtre allait nous attendre, ainsi que le photographe. Les deux allaient ensemble, c'était un pack que j'avais négocié au téléphone. Ne pas pouvoir les rencontrer avant la cérémonie m'avait rendue un peu nerveuse, mais mes interlocuteurs avaient été plus qu'aimables, et, mieux encore, les avis sur le Net étaient dithyrambiques. Tout allait bien se passer : j'avais tout vérifié, et vérifié trois fois mes vérifications.

Et pourtant je sentais le stress monter peu à peu. J'entrais en mode « mariée en panique », ce que j'appelais communément un « code Fuchsia », car c'était une couleur à emmerdements. Si je ne retrouvais pas mon calme, j'allais perdre le contrôle de la situation. Je fermai les yeux et réfléchis : qu'aurais-je dit à une mariée dans ma situation ?

La réponse me vint en un instant. Je l'avais déjà répétée à d'innombrables mariées qui attendaient leur fiancé en retard pour la cérémonie. Un sourire rassurant aux lèvres, je leur disais : « Vous savez comment sont les hommes ! Donnez-leur une chemise avec quelques boutons de plus que d'habitude, et ils sont tout perdus. » Et c'était vrai. J'en avais vu, des mariés qui examinaient leur smoking d'un air perplexe, comme si on leur demandait d'enfiler un Rubik's Cube ! Les femmes, elles, devaient se débrouiller avec des soutiens-gorge sans bretelles, des corsets, des boutons, des rubans et de petits œillets susceptibles de vous rendre aveugle si vous les regardiez trop longtemps. Mais présentez un nœud papillon à un homme, et il restera bouche bée en clignant des yeux d'un air ahuri.

J'inspirai profondément l'air iodé et retins mon souffle jusqu'à ce que mon rythme cardiaque revienne à la normale et que le Fuchsia se change en Corail. Et même si les autres passagers me donnaient toujours envie de hurler : « Vous voulez ma photo ? Ça vous fera un souvenir ! » je m'étais rendu compte de la foule impénétrable qu'ils représentaient. Bien sûr que Grant était en retard : il n'allait pas pousser par-dessus bord des enfants et des vieillards pour arriver plus vite.

Peut-être aurais-je dû le laisser venir en tongs et bermuda, comme il l'avait souhaité. Mais j'avais déjà accepté son idée de croisière, laissé tomber tous mes grands projets de mariage et adopté l'option de la spontanéité. Après ça, j'avais bien le droit de réclamer une grande robe blanche et de voir Grant en smoking, non ?

Bien sûr que oui, même si je me sentais bête d'avoir exigé qu'il ne me voie pas dans ma robe avant le débarquement. Quelle tradition stupide ! Et cela ne servait à rien, puisque, de toute façon, il me verrait quand même avant la cérémonie. J'avais seulement voulu qu'il me découvre dehors, là où les rayons du soleil pourraient jouer dans les broderies complexes de mon bustier, et pas dans une petite cabine obscure où, au moindre mouvement, on se cognait le coude ou le genou dans le coin d'un meuble.

Je fis passer mon poids d'une jambe sur l'autre, et le talon de mon escarpin orné de strass et de perles s'enfonça dans la terre meuble.

Tout se passera bien dès qu'il sera là. Ces petits détails idiots n'auront plus aucune importance. Cela ferait même une super anecdote à raconter aux amis et à la famille, ainsi qu'à nos futurs enfants lorsqu'ils nous interrogeraient sur le jour de notre mariage.

Pendant un bon quart d'heure, je parvins à me convaincre que tout était formidable. En bonne voie. Et absolument insignifiant dans le grand dessein de l'univers. Je ne me laissai pas influencer par les voix du doute qui me murmuraient des horreurs à l'oreille.

Puis la foule des passagers se clairsema. Il ne restait plus qu'un couple ou une famille, çà et là.

Je me mis alors à trembler de tous mes membres, le souffle court, et le monde autour de moi se brouilla.

— Il a changé d'avis, murmurai-je. Il ne veut plus m'épouser.

J'avais parlé très faiblement, mais les mots résonnèrent dans ma tête avec toute la puissance d'un hurlement. *Il ne veut plus de moi.*

Non.

Ce n'était pas possible.

Je réprimai l'impulsion de me laisser tomber par terre dans ma robe de mariée et de me mettre à pleurer.

Je me répétai que nous avions encore du temps. Qu'il n'y avait aucune raison de paniquer. Grant m'aimait. Il ne me ferait pas une chose pareille.

Je décidai de lui laisser encore cinq minutes.

Encore cinq minutes avant une traversée de retour particulièrement gênante.

Partie I

Furie Fuchsia – Avancé

(Risque élevé d'effondrement,
de crises de larmes et/ou
de mariée hystérique.)

« Les hommes sont comme des chiots…
On s'y attache, on les ramène à la maison,
et ils se mettent à chier sur tout ce que vous aimez. »

Anonyme

Chapitre premier

Ce matin-là, les lettres rouges calligraphiées sur la porte de mon bureau semblaient se moquer de moi. « Prête-à-marier », proclamaient-elles. Il y avait même des petits cœurs assortis collés de chaque côté. J'avais envie de briser la vitre à coups de poing, de voir les mots et les cœurs se fracasser au sol. J'étais même prête à accueillir avec joie la douleur des éclats de verre dans mes jointures, rien que pour me distraire de la souffrance et de ce vide qui s'étaient installés dans mon cœur.

C'était peut-être une mauvaise idée de revenir travailler…

Mais il me faudrait bien finir par affronter mon bureau, et, avec une cliente prévue pour le lendemain matin, je n'avais que ce jour pour me réapproprier les lieux en privé. Je ne voulais pas risquer de fondre en larmes au beau milieu d'un rendez-vous. Seules les mariées avaient le droit de piquer des crises de nerfs dans mon bureau, et, comme je me l'étais rappelé chaque jour depuis deux semaines, je n'étais pas une mariée.

Je passai la porte d'un pas décidé et jetai un regard noir à la pièce : elle était pleine d'images de couples heureux, à tel point que même Vénus, déesse de l'Amour, m'aurait dit : « Houla, ma fille ! Il serait peut-être temps d'y aller mollo sur l'ambroisie ! » D'habitude, rien que de me trouver dans mon bureau, je me sentais amoureuse... Mais là, cela ne faisait que remuer le couteau dans la plaie.

J'avalai une grande gorgée de café, espérant qu'un peu de caféine m'aiderait à tenir le coup, puis m'avançai vers ma table de travail pour y déposer mon énorme pile de courrier : principalement des enveloppes blanches, beiges et roses, sans doute les vœux de mariage des amis et de la famille.

J'ouvris le premier courrier : une carte cadeau Ikea. Le suivant recélait un billet de 100 dollars, et celui d'après une donation pour sauver un bébé phoque en mon nom et en celui de Grant. J'allais devoir trouver un moyen de tout rembourser – bon, sauf peut-être la donation. Je n'allais tout de même pas dé-sauver un bébé phoque. Mais tout le reste devrait être renvoyé. Malheureusement pour moi, je doutais de pouvoir trouver en magasin une carte disant : « Merci pour les cadeaux, mais je suis toujours célibataire »...

Pire encore, je savais que ces courriers ne constituaient que le sommet de l'iceberg. La plupart de nos amis, ainsi que la famille, avaient certainement envoyé leurs cartes et leurs cadeaux à la maison.

Rien qu'à l'idée de la tâche qui m'attendait, j'avais l'impression de manquer d'air. Je mis de côté les autres enveloppes, trop déprimée pour les ouvrir tout de suite. Puis j'aperçus le *Las Vegas Beacon*, tout en bas de ma pile de courrier. Par pur masochisme, je l'ouvris à la page de ma chronique.

Ma rubrique de conseils pour les futures mariées, « Prête-à-Marier », me donnait à présent l'impression d'être une arnaque encore plus grossière que la drag-queen d'un mètre quatre-vingt-quinze qui incarnait Mariah Carey au *Stratosphere*. Attention, pas de méprise : cet homme savait chanter, et même atteindre des notes à faire exploser un verre en cristal, mais il n'avait rien d'une Mariah Carey.

Moi, avant, j'étais intègre. J'étais une vraie organisatrice de mariage, qui parvenait toujours, en dépit de toutes les difficultés, à mettre en place un mariage parfait. Quand on me demandait comment je faisais, je balançais des expressions comme « attention au détail », « perfectionnisme » et tout un tas de jolis adjectifs. Mais, à présent, je n'avais plus peur de l'admettre : en majeure partie, mon succès était dû à un besoin maladif de tout contrôler. J'adorais dessiner des graphiques et dresser des listes, dont je rayais les éléments au fur et à mesure. Et, lorsque sonnait l'heure H et que tout se mettait en place exactement comme prévu, j'en tirais une grisante satisfaction. J'affectionnais même le défi que représentait un problème de dernière minute. Et puis organiser le mariage dont rêvait un couple me donnait un peu l'impression d'être une marraine la bonne fée, à cela près que j'étais bien plus jeune et mieux habillée qu'une marraine la bonne fée conventionnelle.

Vegas était synonyme de mariage. Mais, croyez-le ou non, certains de ses habitants ne voulaient pas se contenter des petites chapelles que l'on pouvait trouver un peu partout dans la ville. Je m'étais donc fait un nom en organisant des mariages extravagants qui se déroulaient sans le moindre incident ou, du moins, sans que les clients aient vent de tous les incidents que je m'évertuais à régler en coulisse. Pour cette raison, j'en étais arrivée à rédiger une rubrique de conseils hebdomadaire pour un journal local.

Pour mon dernier article en date, j'avais décidé d'être originale. J'avais voulu annoncer au monde – ou plutôt à la région de Las Vegas – que j'allais épouser l'homme que j'aimais. Comme nous avions opté pour un mariage discret à bord d'un navire de croisière, cela avait été ma façon de partager la merveilleuse excitation d'un couple amoureux qui s'apprête à se passer la bague au doigt. À présent, toute excitation envolée, je regardais fixement mon article.

J'étais à peu près sûre que j'allais bientôt vomir.

Prête-à-Marier, par Dakota Halifax

Je vais me marier

Enfin, le jour est venu d'organiser mon propre mariage ! Mon fiancé et moi avons décidé d'être un peu non conventionnels, même si je sais que c'est une chose que je déconseille souvent (les mariages à thème des années 1980, c'est non). Mais à chacun son truc j'imagine ! Je vais même me permettre un conseil inhabituel : faites ce qui vous plaît. Pas ce qui ferait plaisir à votre mère, à votre sœur ou à votre belle-mère, mais à vous. Et je suppose que vous pouvez aussi prendre en compte les désirs de votre moitié. À ce qu'il paraît, de nos jours, l'homme aussi a son mot à dire pour l'organisation du mariage – quand diable est-ce arrivé ? (Ne vous en faites pas : dans un prochain article je vous apprendrai à les convaincre que ce thème Star Wars dont ils rêvent n'est pas envisageable.) Mais revenons à nos moutons, ou plutôt à mon mariage ! Car cette fois la mariée, c'est moi ! La décision de nous marier sur une plage en Jamaïque a été prise sur un coup de tête et ne me ressemble pas, mais, dès l'instant où mon fiancé a suggéré cette idée, j'ai su que ce serait parfait pour nous. Pour une femme dont la vie tourne autour de l'organisation de mariage, il est agréable de ne pas avoir à s'occuper du sien. Cela dit, attention :

la spontanéité peut être excitante, mais il y a quelques petites astuces à garder à l'esprit pour que cela ne devienne pas une source de stress qui vous gâche la fête. Tout d'abord, il vous faudra impérativement une licence de mariage, des alliances et deux témoins. Ensuite, pourquoi ne pas apporter un peu de tradition en trouvant quelque chose d'emprunté, quelque chose de neuf et quelque chose de bleu ? Soyez créative ! Ça ne fera que créer des souvenirs ! Enfin, quel que soit l'endroit où vous vous mariez (un hôtel, une église ou une chapelle de Vegas), n'omettez pas de vous mettre en relation avec l'équipe qui s'occupera de vous. Et vérifiez toujours leur réputation, surtout si vous faites ça de l'étranger. Une fois que seront réglés tous ces menus détails, vous pourrez vous détendre et profiter du temps qui vous reste avant vos noces, que ce soit quelques heures, quelques jours ou quelques semaines.

Mille mercis à toutes les mariées qui m'ont engagée pour organiser leur grand jour. À présent, je me sens prête à affronter tout ce qui pourrait m'arriver. Mais, plus important, je me sens si heureuse d'avoir trouvé un homme parfait pour moi ! J'ai tellement hâte de devenir Mme Grant Douglas ! Et, pour les autres, je reviens dans quelques semaines pour m'occuper de vous !

Les dernières lignes se brouillèrent. Mes yeux s'étaient emplis de larmes. Pourtant, je pensais avoir déjà pleuré tout ce que je pouvais. Je posai ma tête sur le journal et laissai mes cheveux retomber sur mes yeux, formant un rideau brun qui avait au moins l'avantage de me mettre à l'abri de la lumière du jour, et sentis des gouttes tièdes couler sur ma joue. Comment étais-je censée revenir le lendemain et faire semblant d'être excitée par mon travail ? Comment étais-je censée rédiger une rubrique de conseils sur les mariages alors que je n'avais même pas été capable d'aller jusqu'au bout du mien ?

Je suis un imposteur. Pourtant, ma check-list avait été parfaite. Toutes ces choses que j'avais nommées dans mon article, je les avais trouvées. J'avais fait tout mon possible pour m'assurer que mon mariage se déroulerait sans accroc. Mais, comme je l'avais appris à mes dépens, être bien préparée – ou même expérimentée – était parfaitement inutile si l'autre ne se montrait pas.

Soudain, j'entendis la porte s'ouvrir. Lentement, je décollai mon visage du journal. Je m'étais dit que ce devait être un livreur de chez UPS ou FedEx, mais l'homme qui venait d'entrer n'était pas en uniforme et n'apportait aucun colis. Ce n'était pas souvent que quelqu'un entrait ainsi dans mon bureau, sans crier gare. Surtout un homme. Certains se laissaient parfois entraîner à contrecœur, mais aucun n'était jamais venu sans sa fiancée.

Je n'étais absolument pas prête à recevoir un client, mais je pris sur moi et lui adressai le meilleur sourire professionnel que je pus invoquer.

— Bonjour, le saluai-je. Que puis-je faire pour vous ?

En s'approchant de mon bureau, il dut baisser la tête pour éviter le lustre. J'en déduisis qu'il dépassait de quelques centimètres la ligne du mètre quatre-vingts.

— DJ ? fit-il.

Waouh ! Droit au but.

— Bien sûr, je peux vous aider à trouver un DJ. Il me faut seulement quelques informations sur les musiques que vous aimez, ainsi que le lieu et la date de l'événement. Asseyez-vous, ajoutai-je en lui désignant la chaise en face de mon bureau.

Il inclina la tête et m'observa, les sourcils froncés, comme si j'étais une étrange œuvre d'art moderne. Je ne pus m'empêcher de remarquer à quel point il était beau, avec ces cheveux blond foncé légèrement en bataille, ce nez un peu fort qu'une femme ne pourrait porter mais qui lui allait magnifiquement bien, et ces pommettes qu'on trouvait d'ordinaire seulement chez les mannequins.

Je parie qu'il épouse une top-modèle qu'il n'abandonnera pas devant l'autel. Je la hais déjà.

— Vous n'êtes pas D.J. ? On m'a dit qu'elle travaillait là, et vous lui ressemblez…

Cela faisait des années que plus personne ne m'avait appelée D.J. Depuis le lycée. Il y avait quelque chose de familier chez cet homme, comme si je l'avais déjà vu mais que les traits de son visage avaient changé.

— Si, je suis bien D.J., répondis-je. Mais on m'appelle plutôt Dakota, maintenant. Et, oui, je travaille ici. C'est ma société. Vous avez l'air familier, mais je suis désolée, je ne vous remets pas.

Il m'adressa un grand sourire, et quelque chose dans son expression remua des souvenirs enfouis que mon esprit ne parvenait toujours pas à saisir.

— Brendan, dit-il enfin.

— Brendan West ?

Je me levai et l'observai sous une lumière nouvelle, apercevant en lui une trace du jeune homme que j'avais connu.

— Non ! Pas possible !

Son sourire s'élargit.

— Si. Possible.

— Mais non, ce n'est pas possible !

Je contournai mon bureau pour le serrer dans mes bras, puis me sentis un peu gênée. Une embrassade, c'était peut-être un peu trop ? Après tout, cela faisait bientôt quinze ans que nous ne nous étions pas vus.

Heureusement, il me rendit mon étreinte. Avec un tel enthousiasme que mes pieds quittèrent le sol.

— J'étais presque certain que c'était toi, déclara-t-il, même si… (Il s'écarta de quelques centimètres et me dévisagea de nouveau.) tu es tellement différente. Tout en restant la même.

— Je vois tout à fait ce que tu veux dire.

Le garçon de treize ans que j'avais connu n'avait ni cette taille, ni ces muscles, ni cette barbe de trois jours sur le menton.

Il m'effleura la joue. Je me figeai sur place. Je ne savais pas comment réagir à ce geste étrangement intime. Puis il leva son doigt, à présent maculé de noir.

— Au début, j'ai cru que tu avais un œil au beurre noir, expliqua-t-il. Ça ne m'aurait pas vraiment surpris, vu à quel point tu aimais les sports brutaux.

Un œil au beurre noir ? Je me penchai pour me regarder dans le miroir mural. Il y avait sur mes joues un incroyable mélange de mascara, de larmes et d'encre du journal. Je voulus les essuyer, mais ne parvins qu'à tout étaler davantage.

— Voilà ce qui arrive quand on s'endort sur son journal, marmonnai-je.

Et surtout quand on pleure dedans, songeai-je. Mais ça, jamais je ne l'aurais dit à voix haute.

— Alors, repris-je, qu'est-ce que tu fais à Vegas ? Ne me dis pas que tu vas te marier ?

— Non, répondit-il d'un air qui laissait à penser que l'idée de se marier lui était totalement étrangère. En fait, ça fait un mois que je suis de retour. Ma mère a pris contact avec ton père, alors, quand j'ai appris que tu vivais toujours ici, j'ai su que je devais te retrouver pour savoir ce qu'était devenue ma meilleure amie d'enfance.

J'aurais préféré qu'il choisisse un autre jour pour venir. Je me sentais comme une véritable épave. Et ce n'était pas qu'une impression, comme en témoignait l'encre noire étalée sur mon visage. De nouveau, je me frottai les joues. Puis, sans me laisser le temps de prononcer un mot, le téléphone se mit à sonner.

— Excuse-moi, dis-je avant de décrocher.

— Dakota ? fit la voix de Grant à l'autre bout du fil.

Sa voix me fit l'effet d'un coup de poignard dans mon cœur déjà à vif. Je serrai les dents pour réprimer la peine et la douleur qui montaient en moi.

— Comment oses-tu m'appeler ici ?

— Tu ne répondais pas sur ton portable, et il fallait bien qu'on parle. Si tu…

— Ne me rappelle jamais ici, tu m'entends ?

Je raccrochai violemment et maintins le combiné en place comme si cela pouvait l'empêcher de me rappeler.

Brendan haussa un sourcil d'un air interrogateur. Indécise, je me passai les mains dans les cheveux. Je savais que Grant et moi devrions bien finir par nous parler. Après tout, je devais toujours récupérer chez lui une bonne partie de mes affaires. Mais je n'étais pas prête, et il fallait que je trouve un garde-meuble, et…

— Quelqu'un te cause des ennuis ?

Je fus surprise de percevoir une telle inquiétude dans la voix de Brendan. Je crus également y déceler une intonation un peu protectrice qui m'étonna. Lui et moi avions été inséparables entre l'âge de sept et de treize ans, mais des années étaient passées depuis. Je ne voulais pas l'entraîner dans mes histoires.

— Rien que je ne puisse régler seule, répondis-je en me laissant retomber sur mon siège.

Brendan s'assit au bord de mon bureau, en face de moi. Je n'en revenais toujours pas de voir à quel point il était devenu… imposant. Si grand, si musclé, si sûr de lui… Mais déjà, à l'époque, il ne manquait pas d'assurance.

— Écoute, répliqua-t-il, la sécurité, c'est mon boulot. Je travaille au nouvel hôtel casino, l'*Aces Resort*. Je passe mon temps à plaquer des gens au sol. C'est comme si je n'avais jamais fini de jouer au Fugitif, sauf que maintenant j'ai des gadgets vachement plus cools et high-tech.

Malgré ma mauvaise humeur, je ne pus m'empêcher de sourire. Le Fugitif. Le jeu auquel nous jouions tout le temps. Il y avait deux équipes, les Flics et les Fugitifs, et il fallait se cacher et se courir après. Et parfois, avec un peu de chance, se faire des plaquages. Lorsque j'étais gamine, il n'y avait rien de comparable à cette poussée d'adrénaline que je ressentais quand je plaquais quelqu'un au sol. Ou quand j'échappais de justesse à un adversaire qui tentait de m'attraper. Brendan et moi étions toujours dans la même équipe, et que nous soyons flics ou fugitifs, nous gagnions chaque fois. Nous étions également toujours couverts de terre et d'égratignures à la fin, mais cela faisait partie du jeu.

— Tu as besoin de gadgets high-tech pour faire des plaquages, maintenant ?

Un sourire enfantin se dessina sur ses lèvres.

— Je n'en ai pas besoin. J'aime ça, c'est tout. Et puis j'ai un peu plus de fugitifs à surveiller qu'à l'époque. Alors, ajouta-t-il en me donnant un petit coup de coude, tu veux que j'appelle la police ? Il te faut une injonction d'éloignement ?

Je repoussai sa proposition d'un geste de la main.

— Pas besoin de ça. C'est seulement mon ex. C'est compliqué.

Brendan fronça les sourcils.

— « Compliqué » ?

Je me laissai aller en arrière sur ma chaise et poussai un profond soupir.

— J'en déduis que tu ne lis pas ma chronique dans le journal ? demandai-je.

— Tu es aussi journaliste ?

— Non, pas vraiment. Je n'écris qu'une petite rubrique hebdomadaire qui donne des conseils aux femmes qui vont se marier. Mon dernier article était un peu inhabituel, parce que… Enfin tu vois… (J'eus soudain la bouche sèche et les poumons comme tétanisés.) J'étais censée me marier il y a quelques semaines, achevai-je enfin.

— « Censée » ?

Je me sentis rougir. C'était trop humiliant de tout lui raconter alors qu'il me regardait ainsi. Pour ne plus le voir, je me pris la tête entre les mains.

— Il m'a quittée. Au pied de l'autel. Seulement, l'autel se trouvait sur une plage en Jamaïque, et nous étions en croisière. Donc en gros, après qu'il m'a plaquée, j'ai été comme retenue en otage à bord du navire. Alors, pour le moment, je ne suis pas prête à lui parler. Et, non, je n'ai pas besoin d'une injonction d'éloignement. Juste de… d'un peu d'air, je suppose…

— Je suis désolé, D.J. Je ne savais pas. S'il y a quoi que ce soit que je puisse faire…

Je me passai les mains dans les cheveux. En vérité, il était temps d'aller voir Grant et de me trouver une solution de logement un peu plus permanente que le canapé de Jillian. Sans parler de mon chien, qui était toujours chez Grant. Encore une complication qui m'attristait et m'exaspérait.

— J'aimerais beaucoup discuter un peu avec toi un de ces jours, déclarai-je. J'aurai déjà réglé une partie de ce bazar la semaine prochaine, mais, honnêtement, j'ai beaucoup trop à faire aujourd'hui.

Comme combattre mon envie de me remettre à pleurer. Ma propre faiblesse me mettait en colère. Je n'avais jamais été une pleurnicheuse, et c'était comme si toutes ces années de larmes contenues se répandaient à présent hors de moi. Pourtant, Grant ne méritait pas tant de peine.

Brendan hocha la tête, sortit de sa poche une carte de visite et me la tendit.

— Viens faire un tour au casino ou appelle-moi.

Il fit mine de sortir, mais se retourna dans l'embrasure de la porte.

— Je sais que tu as un crochet du droit meurtrier..., lâcha-t-il en se frottant le menton comme s'il en ressentait encore les effets. Mais, si tu penses avoir besoin d'aide, tu sais où me trouver, ajouta-t-il avec un petit sourire.

— Et toi, si tu penses avoir besoin d'aide au casino, appelle-moi ! Ça me donnera une excuse pour me bagarrer. Ça va peut-être te surprendre, mais il n'y a pas beaucoup de mariages qui me donnent l'occasion de me servir de mes poings...

Il éclata de rire, et je le saluai d'un geste de la main. Avoir plaisanté avec lui m'avait suffisamment remonté le moral pour me permettre de repousser mes larmes. Étrangement, la dernière fois que j'avais tant pleuré, ce devait être le jour où il avait déménagé. Au collège, perdre mon meilleur ami avait été pour moi la fin du monde, et j'avais mis très longtemps à m'en remettre.

Techniquement, Brendan était mon premier fiancé. Je souris en y repensant. En repensant à tous les plans que nous faisions enfants, qui consistaient généralement à savoir où nous allions faire du vélo, chez qui nous allions dîner ou à quoi nous allions jouer. Le reverrais-je souvent à présent qu'il était de retour à Vegas, ou allions-nous nous rendre compte que nous n'avions plus rien à nous dire ? Une chose était sûre : il essayait déjà de prendre soin de moi. Je lui avais toujours dit que ce n'était pas la peine, mais cela ne l'avait jamais arrêté.

Cependant, avant de pouvoir penser à rebâtir mon amitié avec Brendan, je devais m'occuper de l'homme qui m'avait brisé le cœur avant d'en piétiner allégrement les morceaux.

Chapitre 2

Je me traînai jusque chez Jillian, et, en arrivant, poussai un soupir de découragement : elle n'était pas encore rentrée. D'ordinaire, elle était douée pour me distraire du gâchis qu'était devenue ma vie, que ce soit en me parlant de son entreprise de traiteur ou simplement en me proposant de regarder un film. Sans elle pour me changer les idées, je remarquai que mes affaires traînaient partout : il y avait un tas de couvertures et d'oreillers sur le bord du canapé qui me servait de lit, et, dans un coin, les deux valises que j'avais emportées en croisière. J'avais dû emprunter à Jillian une tenue pour aller au travail, et j'en avais acheté une autre pour le lendemain en rentrant. J'avais envisagé d'aller affronter Grant le soir même, mais, au dernier moment, j'avais reçu un mail promotionnel de ma boutique favorite. Et puis, de toute façon j'avais besoin d'un nouveau pantalon.

Bon, d'accord : je retardais l'inévitable. Je n'étais pourtant pas adepte de la procrastination, mais ce n'était pas comme s'il s'agissait d'une simple entrée dans ma liste de tâches, que je pouvais rayer d'un coup de crayon fluo. C'était mon ex-fiancé. C'étaient les projets d'avenir que j'avais dû abandonner.

Je l'admets, j'étais parfaitement ridicule. Je n'avais pas besoin d'une valise contenant une robe de mariée à peine portée et d'une autre emplie de shorts, de débardeurs, de tongs et de Bikini. Mes vêtements me manquaient, surtout ma collection de chaussures. Et, même si je n'étais pas du genre maniaque, le manque de place pour ranger mes affaires et le fait que je devais rendre Jillian folle avec mon désordre commençaient à me miner sérieusement. Je devais trouver une solution, et vite.

Me réinstaller chez mon père était définitivement une mauvaise idée : faire la navette entre la maison et le bureau serait vite devenu un enfer, sans parler du sentiment d'échec qui en aurait découlé. Je n'étais pas sûre de pouvoir supporter ça. Malheureusement, je n'étais pas non plus très sûre d'avoir le choix.

Comme un automate, j'entrai dans la cuisine pour prendre dans le congélateur un pot de glace Rocky Road, au chocolat et marshmallow. Ç'avait toujours été mon parfum préféré, mais je n'en avais jamais vraiment compris le nom. À présent, je savais que lorsque la route devenait rocailleuse elle était toujours là pour vous. Même si elle finissait sur vos hanches.

Note à moi-même : retourner à la salle de sport. Envisager de rejoindre une équipe de volley ou de softball. N'importe quoi pour rester motivée.

Je m'emparai d'une cuillère et me dirigeai vers le canapé, repoussant au passage la paire de chaussures que j'avais abandonnée la veille à côté de la table basse. Apparemment, l'opercule de mon pot de glace n'avait pas été bien collé : mon petit bonheur chocolaté était recouvert d'une couche de cristaux de glace, ce qui le rendait dur comme un roc. Je le poignardai de ma cuillère, essayant d'en casser un morceau.

— Allez… viens… là…, pestai-je.

Quelques bouchées de crème glacée, était-ce vraiment trop demander dans une journée comme celle-ci ? Et moi qui m'étais dit qu'elle serait toujours là pour moi…

Mon portable se mit à sonner, et le nom qui s'affichait m'arracha un grognement. Ma mère. Je léchai la minuscule quantité de glace collée à ma cuillère et décrochai.

— Comment ça va ? demanda-t-elle.

Au moins avait-elle fait l'effort de prendre un ton compatissant, mais je n'étais pas dupe. Après tout, la dernière fois que nous avions discuté, elle m'avait demandé ce qui me prenait de vouloir me marier. Nos conversations étaient toujours tendues, et je n'avais pas eu la force de lui parler après lui avoir appris par texto que mon mariage n'avait pas eu lieu.

Je serrai ma glace contre moi dans l'espoir de la ramollir un peu.

— Ça va mieux, répondis-je. Mais ce n'est pas facile.

— Je m'en doute, vu comme ta vie tournait autour de cet homme… Je t'avais pourtant dit de faire attention. Je t'avais dit qu'un mariage n'était pas une garantie.

Et voilà : le petit discours que j'attendais. Après son divorce avec mon père, elle avait décrété que le mariage était une épreuve qu'il valait mieux éviter et aimait à me rappeler régulièrement son opinion. Lors des rares occasions où nous nous étions vues au cours de mon enfance, elle avait passé son temps à m'encourager à me conduire comme une « vraie femme ». Cependant, lorsque j'avais opté pour l'organisation de mariage – en me disant que ça, au moins, c'était une carrière de « vraie femme » – elle m'avait demandé pourquoi je ne souhaitais pas me servir de mes capacités à des fins plus utiles. Mais, malgré tout, elle restait ma mère. Et j'appréciais qu'elle prenne de mes nouvelles, même si ses réflexions étaient souvent blessantes.

— Je l'aimais, répliquai-je. Je ne voulais pas l'épouser uniquement pour vivre un mariage de conte de fées, tu sais.

— Ça, je m'en suis doutée quand tu as choisi de le faire en croisière, rétorqua-t-elle.

Et voilà ! Elle était incapable d'exprimer les choses gentiment. Cela faisait cinq ans que nous essayions d'instaurer entre nous une véritable relation mère-fille. Avant ça, j'avais l'impression qu'elle s'était arrangée pour m'oublier et j'essayais de faire de même. Mais, lorsqu'elle était revenue vers moi en prétendant regretter de si peu me connaître, j'avais pris sur moi et décidé de supporter ses petites remarques afin que nous puissions enfin nous retrouver. Je n'étais pas tous les jours certaine d'avoir pris la bonne décision.

— Tu pourrais venir me voir, proposa-t-elle. Ça te ferait changer d'air.

Ma mère et son petit ami du moment, Frank, vivaient dans la banlieue de Los Angeles. Ils venaient d'y acheter une maison, qu'ils étaient en train de rénover. Pour la première fois de sa vie, ma mère s'installait véritablement. Elle tenait donc réellement à Frank, bien qu'elle refuse encore de se l'admettre.

— J'ai trop de travail, répondis-je. Et puis je dois me trouver un appartement... Ce n'est vraiment pas le bon moment.

Elle poussa un soupir.

— Je voulais te le proposer plus tôt, quand tu étais encore en vacances, mais tu n'as pas répondu à mes coups de fil. J'espère que tu n'es pas assise toute seule à te morfondre en mangeant du chocolat.

Je baissai les yeux sur ma glace, qui ne se ramollissait pas du tout et commençait à me geler les bras. Elle était si froide qu'elle me brûlait.

— Bien sûr que non ! rétorquai-je.

Je n'arrive pas à faire sortir ce foutu chocolat !

— Crois-moi, la meilleure chose à faire est d'aller de l'avant et d'oublier le passé.

À ces mots, je sentis comme des éclats de verre se planter dans ma poitrine. Ils n'étaient plus aussi aiguisés qu'avant, un peu émoussés par les années passées à me répéter que ce n'était pas grave qu'elle ait choisi de m'abandonner pour favoriser sa carrière, mais la douleur était toujours bien présente. Bien sûr, mon père avait fait de son mieux pour s'occuper de moi, mais mon enfance s'était résumée à un tourbillon indistinct de matchs de foot de lycéens : ceux des équipes qu'il entraînait comme ceux des adversaires dont nous allions observer les tactiques. Et, lorsque c'était à ma mère de passer une semaine avec moi, je prenais l'avion vers sa ville de passage et m'efforçais de trouver ma place dans un lieu qui n'était jamais le même.

J'aurais voulu rétorquer que tout le monde n'était pas capable de laisser tomber ses proches sans la moindre arrière-pensée, mais je ne voulais pas causer une nouvelle dispute. Je les perdais toujours. Alors, résignée, je me contentai de répondre :

— Merci d'avoir appelé, maman. Mais j'ai un rendez-vous, il va falloir que j'y aille.

Elle parvint à glisser quelques nouvelles des rénovations de sa maison, puis je trouvai enfin moyen de raccrocher. Je n'avais pas menti : j'avais un rendez-vous très important avec la télé-poubelle, le genre de programmes qui me donnait l'impression que ma vie n'était pas si désastreuse. Seulement, je ne pouvais m'empêcher de penser qu'avant, lorsque j'avais eu une conversation usante avec ma mère, Grant était toujours là pour me serrer dans ses bras et me dire :

« Appelle ma mère. Elle t'adore. Elle t'aime même plus que moi. »

Ce n'était pas vrai, bien sûr, mais j'avais été surprise de constater à quel point je m'entendais bien avec la mère de Grant. Evelyn était la figure maternelle dont je pensais ne plus avoir besoin mais dont la présence m'avait fait un bien fou. Au bout de quelques mois, j'avais eu l'impression de faire partie de la famille. Aussitôt après nos fiançailles, Grant et moi avions commencé à parler des enfants que nous aurions un jour : à quoi ils ressembleraient, comment nous les élèverions… Nous nous voyions heureux, tous installés sous le même toit. Mon rêve de toujours s'apprêtait à devenir réalité. Et soudain, sans crier gare, on me l'avait arraché. À présent, j'étais assise là, toute seule, sans même mon chien roulé en boule tout contre moi comme il aurait dû l'être.

Je poignardai ma glace d'un coup si violent que ma cuillère s'y enfonça d'au moins trois centimètres. Malheureusement, lorsque je voulus me servir, le manche refusa de bouger. Pas de réel progrès, donc. Un peu à l'image de mon existence depuis l'avortement de mon mariage. J'avais mis ma vie entière en stand-by.

Mais j'en avais assez. Deux semaines à se lamenter sur son sort, c'était bien suffisant. Il était temps de mettre en place une stratégie pour faire ce pour quoi j'étais vraiment douée : prendre le contrôle de la situation. Je commençais presque à me sentir excitée à l'idée de dresser une liste de tâches, dont je surlignerais les sections avec des feutres de différentes couleurs : une couleur pour le sport, une autre pour le logement – un qui me permette de vivre avec mon chien – et, enfin, une couleur pour me trouver un nouveau fiancé. Bien sûr, le dernier objectif serait à long terme. Je ne voulais pas me jeter tête la première dans une nouvelle relation, car, de toute évidence, mon cœur était très mauvais conseiller. Pour être certaine de ne pas craquer, j'envisageai de caser dans mon planning quelques soirées par mois consacrées au visionnage de films à l'eau de rose et au souvenir larmoyant de mon mariage annulé.

Ouais. Je peux y arriver. Carrément.

Mais, avant toute chose, j'allais triompher de cette crème glacée ! Je l'emportai dans la cuisine et me mis à farfouiller dans les tiroirs à la recherche d'un ustensile capable de venir à bout de cette impénétrable calotte glaciaire.

— Haha ! m'écriai-je en tombant sur un chalumeau dont Jillian s'était servie pour flamber une crème brûlée.

Je venais à peine de l'allumer lorsque Jillian fit irruption dans la pièce.

— Posez cette torche, et personne ne sera blessé ! s'écria-t-elle.

— Mais ma glace est gelée !

Jillian posa son sac sur la table. Ses cheveux bruns et ondulés s'échappaient du chignon qu'elle se faisait toujours pour cuisiner. Sa coiffure était à un cheveu de se défaire complètement, signe que sa journée de travail avait été longue et épuisante.

— Si tu continues comme ça, me fit-elle remarquer, tu vas en faire une soupe.

— Super ! Comme ça je pourrai laisser tomber cette stupide cuillère et la boire directement !

Jillian esquissa une moue désapprobatrice et tendit la main.

D'un geste lent, j'y déposai le chalumeau.

— Je sais de quoi ça a l'air, mais je vais bien, dis-je. Je me suis rendu compte que le temps de m'apitoyer sur mon sort était passé. Alors ce soir, c'est le dernier soir où je me permets d'être pathétique. Tu vas voir : je vais me dresser un super plan d'attaque, et tout sera revenu à la normale en un rien de temps.

Jillian rangea le chalumeau dans son tiroir, qu'elle referma d'un coup de hanche.

— Tu ne peux pas prévoir le temps qu'il te faudra pour te remettre d'une déception amoureuse, objecta-t-elle.

— Tu sais que je me tiens toujours à mes objectifs. Si je l'écris noir sur blanc, je ferai en sorte que ça arrive. Quoi qu'il m'en coûte.

— Tu as besoin d'obtenir des réponses, ma chérie. Voilà ce qu'il va t'en coûter pour ne serait-ce qu'envisager de commencer à t'en remettre.

Jillian posa le pot de glace dans l'évier, qu'elle boucha et remplit d'eau chaude jusqu'au bord du pot. J'aurais probablement dû y penser toute seule, mais la flamme m'avait paru plus efficace et destructrice. Depuis quelque temps, c'était devenu mon style. Encore une chose à laquelle j'allais devoir remédier.

— Il faudra bien que tu le revoies à un moment ou à un autre, déclara Jillian. Exige des explications et fais-lui tes adieux officiels et définitifs. Au moins, tu sauras pourquoi il t'a quittée, même si c'est pour te rendre compte que c'est du grand n'importe quoi !

Jillian ne croyait pas en la diplomatie. Elle disait toujours le fond de sa pensée, était brutale et efficace, et s'arrangeait pour que les choses soient faites. Avec elle, tout se passait toujours au mieux. C'était pour cette raison que je conseillais toujours à mes clients son service de traiteur. Malheureusement, la médaille avait son revers : inutile de me tourner vers elle si je voulais qu'on me dise ce que j'avais envie d'entendre.

Mes épaules s'affaissèrent.

— Tu as raison, soupirai-je. Je sais bien que je dois avoir cette conversation avec Grant. Mais je reprends le travail dès demain, et il va falloir que j'aie l'air enthousiaste à l'idée d'organiser un mariage…

Jillian plissa le nez d'un air dégoûté. Elle n'avait jamais été très portée sur les mariages. À ses yeux, c'était bon pour les affaires mais mauvais pour les individus. Et moi, comme une idiote, j'avais été celle qui défendait le concept du happy end des contes de fées.

Jillian sortit le pot de glace de l'évier et me le tendit avec une cuillère propre. Les bords s'étaient enfin ramollis, mais, après une seule bouchée, je n'en voulais déjà plus. Ce n'était pas ce qu'il me fallait. Je rendis le pot à Jillian, mais elle le repoussa.

— Pas de noix, tu t'en souviens ?

— Ah oui !

Je vidai la glace dans l'évier et jetai le carton dans la poubelle à recycler.

— « Pas de noix », répétai-je. Je crois que ça va devenir mon nouveau slogan pour les mecs.

Jillian éclata de rire. Je regardai la crème glacée couler lentement dans la bonde, certaine que je regretterais plus tard de l'avoir jetée. Mais, au moins, je commençais à travailler sur mes objectifs.

— Dis-moi que je vais y arriver, soupirai-je. Dis-moi que je vais finir par ne plus avoir mal.

Jillian m'entoura les épaules de son bras.

— Tu vas y arriver. Un jour, tu te rendras compte que tu n'as pas pensé à lui depuis des semaines, et alors tu seras prête à trouver quelqu'un d'autre. Quelqu'un de plus intéressant. Et tu sais que, si je le dis, c'est que je le pense.

Avec un sourire, je m'appuyai contre elle. La peine était toujours là, oppressante, et mes rêves anéantis pesaient sur ma poitrine comme pour m'étouffer. Mais je me sentais déjà mieux que le jour où j'étais venue m'installer dans cet appartement, car je me rendais compte qu'au moins j'avais la meilleure amie du monde.

Et je ne doutais pas un seul instant que j'aurais besoin de tout son soutien pour entreprendre la saison des mariages la plus remplie de ma carrière.

Chapitre 3

— Le mariage, c'est génial, le mariage c'est génial, le mariage c'est génial, répétais-je inlassablement en faisant les cent pas dans mon bureau tandis que j'attendais mon rendez-vous du matin.

Des classeurs étaient empilés sur ma table de travail, débordants de modèles de faire-part et de photos de gâteaux à l'architecture compliquée faits pour vous ébahir avant de vous plonger dans un coma glycémique.

Je m'emparai d'un marqueur noir et envisageai de dessiner des moustaches sur toutes les mariées rougissantes encadrées dans la pièce. Celle qui m'adressait un grand sourire depuis l'autre bout du bureau méritait au bas mot quelques dents noires.

Je reposai le feutre avant de céder à la tentation et me concentrai sur un espace vide au milieu du mur.

— L'amour, c'est beau. Ce n'est pas un tas de conneries qui vous laisse le cœur brisé et vous fait remettre en question tous les choix de votre existence. Non. Pas du tout.

Après ma discussion de la veille avec Jillian, j'avais cru me sentir mieux et avais même rédigé la liste de mes objectifs avant d'aller me coucher. Je m'étais crue prête à affronter cette journée. Mais, à présent que j'étais sur le point d'organiser une grande cérémonie qui ne serait pas la mienne, je me pris à penser à toutes les fois où j'avais rassuré des futures mariées en panique, et surtout à l'une de mes phrases préférées : « Je fais ce métier depuis suffisamment longtemps pour reconnaître l'amour quand je le vois, et j'ai bien vu la façon dont il vous regarde. »

Grant m'a-t-il jamais regardée avec cet air-là ? L'air de pouvoir faire l'impossible pour me rendre heureuse ?

J'avais vu des hommes assister sans broncher à des discussions interminables sur les gâteaux, les plans de table, les fleurs et la décoration. Une fois, en découvrant sur les lieux de la cérémonie que les cygnes avaient disparu, j'avais même envoyé le marié dans un périple d'une centaine de kilomètres pour en trouver d'autres. Et il l'avait fait. Parce que c'était ce que voulait sa fiancée. Le mien n'avait même pas été foutu de débarquer d'un navire pour m'expliquer pourquoi il n'était pas prêt à m'épouser. Tout le temps que nous avions passé ensuite piégés sur ce maudit rafiot, il avait soigneusement évité de se trouver seul avec moi, rentrant très tard dans la cabine et repartant tôt le matin. À cet instant, j'en avais été soulagée. Mais, à présent, pourquoi ne cessait-il de m'appeler en me demandant de le laisser s'expliquer ? Pourquoi ne l'avait-il pas simplement fait quand il en avait l'occasion ?

Bon, bien sûr, quand il avait voulu s'excuser, je m'étais emparée d'un seau à champagne et avais menacé de lui jeter le lourd objet métallique à la tête s'il prononçait un mot de plus. Je me sentais toujours un peu coupable, mais, en y repensant, il avait de la chance que je n'aie pas joint le geste à la parole. Je visais plutôt bien, et ce seau pesait une tonne. Peut-être avais-je été aveugle depuis le début, incapable de voir l'étincelle qui manquait dans le regard de mon ex-futur mari quand il me regardait. Peut-être avais-je été si emballée de voir mes rêves sur le point de se réaliser que je n'avais pas prêté attention au plus important : que mon fiancé partage mes sentiments.

La cloche au-dessus de la porte de mon bureau retentit, et je plaquai aussitôt un sourire sur mon visage.

— Willa, bonjour !

— Oh, mon Dieu, je suis si contente que vous soyez de retour ! C'était la panique, j'avais peur que tous les meilleurs endroits ne soient déjà réservés !

Apparemment, les faux sourires faisaient plus mal que les vrais : mes joues me brûlaient déjà. Ou peut-être était-ce mon sourire qui était rouillé.

— Inutile de paniquer. Tout est en bonne voie.

Willa s'installa sur le siège en face de moi.

— Alors ? demanda-t-elle, tout excitée. Comment s'est passé votre mariage ? C'était féerique ? Est-ce que je dois faire comme vous et oublier la grande cérémonie pour grimper dans un bateau ?

Mon estomac entama une chute libre. Je m'étais imaginé que tout le monde aurait compris que mon mariage n'avait pas eu lieu. Après tout, la réception prévue pour notre retour avait été annulée, ce qui m'avait fait tomber en disgrâce auprès de mes fournisseurs, surtout ceux qui m'avaient aidée à tout préparer en un délai record. Encore de bons moments en perspective. Malheureusement, Willa n'était pas assez proche de moi pour avoir été invitée, puisque nous venions à peine de commencer l'organisation de son mariage.

Je repris le marqueur noir que j'avais reposé un peu plus tôt et le fis rouler entre mes doigts.

— Je… euh… je n'ai pas été jusqu'au bout de mon mariage.

Le visage de Willa se décomposa. S'il y avait une chose plus désespérante que de m'apitoyer sur mon sort, c'était bien de voir les autres me prendre en pitié.

— Mais la croisière était formidable ! me hâtai-je d'ajouter. Bon, ça m'a un peu gâché le plaisir d'être coincée dans une cabine minuscule en compagnie d'un homme que j'avais envie de jeter par-dessus bord, mais…

À présent, ma cliente avait les yeux écarquillés et les sourcils tellement arqués qu'ils disparaissaient presque sous sa frange.

— Je plaisante, bien sûr ! Je veux dire : c'était gênant, évidemment, mais nous sommes tous les deux adultes et avons toujours de l'affection l'un pour l'autre.

J'en faisais un peu trop, mais je n'arrivais plus à m'empêcher de divaguer. Je voulais lui faire comprendre que j'allais très bien et que je n'avais pas besoin de sa pitié.

— Et la Jamaïque est magnifique, ajoutai-je.

À condition de ne pas être assise à pleurer dans une robe de mariée.

— En plus, sur le bateau, on avait de la glace à volonté. Et des pizzas. Donc vous voyez : je n'ai pas tout à fait perdu mon temps.

Plus je parlais, plus je voyais l'inquiétude s'accentuer sur le visage de Willa. Cela dit, si elle était toujours tentée par un mariage-croisière… eh bien, je lui dirais : « Surtout pas, ne faites pas ça ! » Il y avait trop d'éléments imprévisibles et susceptibles de mal tourner.

— Mais revenons à nos moutons, conclus-je enfin. Pour votre mariage, j'ai réduit la liste à trois emplacements.

Je fis pivoter vers elle le grand écran de mon ordinateur pour lui montrer une série de photographies. Willa venait du Mississippi et rêvait d'un grand mariage sudiste dans une plantation, avec de grands chapeaux, des ombrelles et des litres de thé glacé.

Malheureusement pour moi, changer de sujet ne fut pas aussi simple. Ma cliente s'empara de ma main pour la serrer entre les siennes, l'air profondément apitoyé.

— Oh, ma chérie ! Cet homme n'était pas fait pour vous, c'est évident ! Vous le trouverez, votre prince charmant ! Ne vous en faites pas !

Comme je n'avais jamais été douée pour feindre l'optimisme, j'en revins aussitôt au sujet qui nous occupait. Au moins, celui-là, je le maîtrisais :

— Nous avons donc Splendor on the Green, déclarai-je en agrandissant les photos des mariages qui y avaient eu lieu. J'ai également déniché un ranch en périphérie de la ville, ainsi qu'un country club qui devrait vous convenir. Nous n'avons pas vraiment de plantations dans la région de Vegas, mais ces trois endroits offrent tous des cadres verts et luxuriants.

Willa se pencha sur l'écran pour étudier les options que je lui présentais, tapotant sur ses lèvres un index à la french manucure impeccable.

— Je ne sais pas, répondit-elle enfin. Je préférerais m'y rendre en personne pour me faire une idée.

Ce n'était que la deuxième fois que je la rencontrais, mais je l'avais soupçonnée d'être le genre de femmes à vouloir voir les choses « en personne ».

— J'ai pris tous les arrangements nécessaires pour les visiter aujourd'hui.

— Parfait ! s'écria-t-elle en bondissant de son siège.

Au moins, elle avait assez d'enthousiasme pour nous deux.

— Nous partons dans un instant, mais je me suis dit que vous pourriez d'abord avoir envie de jeter un coup d'œil aux faire-part et aux invitations.

Je lui tendis le classeur, ouvert à la section qui, selon moi, lui plairait.

Je ne pouvais blâmer Willa de vouloir être sûre de ses choix. Moi-même, je m'étais sentie extrêmement nerveuse à l'idée de ne pas pouvoir inspecter à l'avance le lieu où ma cérémonie était censée se dérouler. Et, même si je n'étais finalement jamais arrivée à cet endroit de la plage, j'avais dû envoyer un chèque. Les acomptes que j'avais versés pour le buffet et la réception n'étaient pas non plus remboursables, et j'avais également payé mes fournisseurs pour tous les éléments périssables, comme les fleurs et le gâteau géant, déjà à moitié terminé avant que j'aie l'occasion d'annuler ma commande. Mon banquier devait donc être persuadé que je venais de me marier et de donner une grande fête...

Cesse d'y penser! Ça allait être mon plus gros défi, ces rappels constants d'un mariage qui n'avait pas eu lieu alors que j'organisais les cérémonies d'autres couples. Je devais me concentrer sur mes clients et leurs problèmes. Pas sur les miens.

— Celle-là! s'écria Willa. Elle est parfaite pour nous!

Elle souleva le classeur pour me montrer une invitation ornée de petits cœurs argentés en relief. Celle-là même que Grant et moi avions choisie pour notre réception. Une vague de froid m'envahit. Toutes ces heures passées à écrire les adresses, à glisser les cartons dans les enveloppes assorties, à positionner avec soin le ruban argenté pour que le nœud ne s'écrase pas… Et cette excitation que j'avais ressentie en constatant que tout se passait comme sur des roulettes et que j'étais à deux doigts de mon « happy end »…

— Celles-là sont… (Je me forçai à sourire.) adorables.

Tellement adorables que j'avais tout de suite su que je les voudrais un jour pour mon propre mariage, avant même de connaître Grant.

— Et je suis là pour vous aider à calligraphier les adresses et ce genre de choses si vous en avez besoin, ajoutai-je.

Un défi, c'était un euphémisme. Clairement, ne pas penser à mon mariage avorté allait être l'Everest de tous mes objectifs.

C'était étrange de se garer devant une maison qui avait toujours été pour moi un lieu de réconfort et de bonheur, et de ne ressentir que nausée et appréhension. Je n'avais pas vécu chez Grant bien longtemps. D'abord, j'avais voulu attendre que nous soyons mariés, puis j'avais estimé que c'était du gaspillage de continuer à payer un loyer pour un appartement où je ne dormais jamais. Alors, quelques mois auparavant, j'avais apporté dans cette maison toutes mes affaires et m'y étais installée. Tout ça parce que, quand il m'avait demandée en mariage, j'avais eu la bêtise de le prendre au sérieux. *Quelle idiote!*

J'avais cru pouvoir supporter de le revoir. Après avoir survécu à ma journée, je m'étais dit que j'allais continuer sur ma lancée et rayer la prochaine corvée de ma liste. Mais, à présent, je combattais à grand-peine une envie folle de partir en marche arrière et de rentrer me réfugier chez Jillian...

Qui me dirait de prendre sur moi et d'y retourner.

À moins qu'elle ne soit pas chez elle... Je jetai un coup d'œil à mon portable, puis m'en emparai pour ouvrir l'application où j'entrais tous mes objectifs et mes listes de tâches. Deux éléments subsistaient pour ce jour :

« Récupérer mes vêtements chez Grant et clore le chapitre. Sport. »

J'aurais préféré me rendre d'abord à la salle de sport, mais j'aurais été en sueur et échevelée pour ma confrontation avec Grant. Et, de toute façon, ma tenue de sport se trouvait chez lui. *« Clore le chapitre » : c'était peut-être un peu ambitieux pour un seul après-midi, finalement.*

J'éditai ma liste pour lui faire dire « commencer à clore le chapitre », puis pris une grande inspiration. À présent, je maîtrisais la situation. Mes objectifs étaient étalés devant moi. J'étais prête.

Du moins, c'était ce que je pensais avant d'arriver devant sa porte. Je possédais toujours une clé, mais ce n'était pas ma maison, et Grant et moi avions rompu. Cela dit, sonner me semblait hors de propos étant donné que la quasi-totalité de mes affaires était à l'intérieur. Soudain, un aboiement m'aida à prendre ma décision : je déverrouillai la porte et m'accroupis aussitôt pour laisser Cupidon me sauter au cou. Je passai les bras autour de son encolure et enfouis mon visage dans son doux pelage noir.

— Bonjour, gros bébé ! Tu m'as manqué !

Cupidon me lécha la joue, ce que je choisis d'interpréter comme une façon de me signifier que moi aussi, je lui avais manqué. Ironiquement, c'était à cause de lui que j'avais rencontré Grant. Je venais d'adopter le petit labrador, qui n'avait pas encore de nom, et l'avais amené au parc pour le faire courir. De jeunes hommes jouaient au Frisbee juste à côté, et mon petit chiot fit son travail de petit chiot en s'élançant après le disque jaune. Il s'efforça de le prendre dans sa gueule, mais le jouet était trop grand pour lui et il avait toutes les peines du monde à le transporter. Grant lui sourit, puis s'accroupit pour lui tapoter la tête.

À cet instant, j'étais déjà perdue, entre son sourire à fossettes et sa gentillesse envers mon chien.

Puis l'animal leva la patte et se mit à pisser sur ses chaussures. Rouge comme une pivoine, je bafouillai des excuses, mais Grant ne sembla pas nous en tenir rigueur et me demanda mon numéro. Si ce n'était pas fait pour être le début d'une belle histoire d'amour, je ne savais pas ce que c'était.

J'appelai donc mon petit chien Cupidon, et le nom lui resta. À présent, il avait appris à se tenir, du moins quand il le voulait ou quand on lui trouvait une bonne motivation.

Mon chien faisait donc partie de ces innombrables éléments qui liaient mon existence à celle de Grant. En fait, nos vies étaient si étroitement entremêlées qu'il m'était même difficile de savoir qui j'étais sans lui.

— Dakota ? fit la voix de Grant qui s'approchait dans le couloir.

Malgré la crampe qui me brûlait la cuisse, je restai accroupie auprès de mon chien. Je me sentais plus en sécurité ainsi. Et, honnêtement, j'étais tentée de demander à Cupidon de pisser sur ses chaussures.

— Je commençais à croire que tu ne voudrais plus jamais m'adresser la parole, déclara-t-il.

— Je suis juste venue récupérer quelques affaires. Et, dès que j'aurai trouvé un logement qui tolère les chiens, je reviendrai chercher Cupidon.

Je risquai un regard vers le visage de Grant. Ce visage dont j'étais tombée amoureuse mais qui, à présent, me serrait le cœur.

— Tu peux t'en occuper jusqu'à ce que je trouve une solution, j'espère ? demandai-je.

— Tant qu'il le faudra, répondit-il doucement.

Ses cheveux bruns, naturellement ondulés, étaient plus longs que d'habitude, et il ne s'était pas rasé depuis plusieurs jours. Il n'avait pas encore dû reprendre le travail. Comme toujours, il portait un polo très ajusté. Lorsqu'il était passé me prendre pour notre premier rendez-vous, je m'étais dit qu'il était peut-être un peu trop BCBG pour moi. Cependant, j'avais appris à aimer cet aspect de sa personne, sa façon d'être toujours bien habillé et d'agir comme un vrai gentleman. Il était si différent de mes anciens petits amis…

Je finis par me relever, par crainte que mes genoux ne se bloquent définitivement. La situation me semblait irréelle. C'était la première fois que je revoyais Grant depuis que tout avait changé. Je m'étais attendue à ressentir plus de colère et moins de peine.

— Combien de fois devrai-je te dire que je suis désolé ? demanda-t-il en soupirant, comme si la question elle-même l'épuisait.

Ces quelques mots suffirent à balayer la peine. Je serrai les poings.

— Tu m'as quittée devant l'autel, Grant. Tu m'as laissée toute seule, en grande robe blanche, sur une côte étrangère pendant que tout le monde regardait la pauvre mariée abandonnée. Et, après ça, la première chose que j'ai dû faire en rentrant à la maison, ça a été d'annuler la réception et de donner des explications à tous les fournisseurs avec qui j'ai l'habitude de travailler. Alors tes excuses, ça ne va pas suffire !

Lorsque je l'avais enfin trouvé sur le navire le soir de ce fameux jour, il m'avait simplement dit qu'il n'était pas prêt. Il avait également murmuré un pathétique « je suis désolé », mais j'étais bien trop dévastée à cet instant pour l'écouter.

— Tu ne t'es même pas expliqué, poursuivis-je d'une voix cinglante. Tu ne m'as même pas dit pourquoi.

— J'ai essayé, mais tu as menacé de m'assommer avec un seau à champagne.

Ah, d'accord ! C'était au moment où j'avais vu rouge et où Hulk avait pris possession de moi. Mais, à présent, j'avais mal partout, au-dedans comme au-dehors, à mes muscles comme à mon cœur, et j'avais besoin d'obtenir des réponses.

— Alors maintenant que je ne suis plus armée, dis-moi. Qu'est-ce qui s'est passé ? Et, si tu ne voulais pas m'épouser, pourquoi m'avoir demandée en mariage ?

— Mais je voulais t'épouser, protesta-t-il faiblement en tendant la main vers mon épaule.

Je fis un grand pas en arrière et me cognai contre la porte. Cupidon se plaça devant moi pour me protéger, même s'il ne semblait rien comprendre à ce qui se passait. Il ne cessait de tourner la tête pour nous regarder alternativement, Grant et moi.

— Tout est allé tellement vite, soupira Grant. J'avais besoin de plus de temps.

— C'est toi qui as eu l'idée de la croisière ! assenai-je en plantant mon index dans sa poitrine. Tu as prétendu que ce serait trop stressant de tout organiser et que tu préférais faire ça rapidement pour que nous puissions commencer au plus vite notre vie à deux !

— Oui… Mais ça, c'était avant.

— Avant quoi ?

Grant se passa une main dans les cheveux, terriblement gêné.

— Une de mes ex est passée me voir une semaine avant le mariage…

— Tu… tu m'as trompée ?

Des doigts de glace m'étreignirent le cœur et les poumons, les serrant de plus en plus fort. J'avais envisagé cette possibilité, mais j'avais refusé d'y croire.

— Non ! s'écria Grant en ouvrant de grands yeux bleus. Jamais je ne t'aurais fait ça, Dakota. Je te le jure.

— Il y a beaucoup de choses que je pensais que tu ne me ferais jamais, mais voilà où on en est, répliquai-je en serrant les mâchoires pour retenir mes larmes. Tu as annulé notre mariage pour retrouver une ex ?

Cupidon gémit, et je lui tapotai la tête. La sensation de ses poils sous mes doigts me réconforta, même si des vagues de douleur me traversaient toujours la poitrine.

— Elle a un fils de deux ans. Elle m'a dit que j'étais le père.

Grant fit un pas en avant, trop rapide pour me laisser le temps de réagir, et ses mains se posèrent sur mes épaules. Son corps était si près du mien que je sentais à présent sa chaleur et son parfum si familier.

— J'ai exigé un test de paternité, poursuivit-il, et j'ai décidé d'attendre le résultat pour t'en parler. Je ne voulais pas risquer de tout gâcher entre nous pour rien. Mais, pendant que je m'habillais pour te retrouver ce matin-là en Jamaïque, je n'ai pas pu m'empêcher de penser que j'avais peut-être déjà un fils et que tout allait trop vite. J'ai paniqué.

— Tu aurais pu au moins avoir la décence de venir me l'annoncer en personne au lieu de me laisser comme ça, à poireauter toute seule devant le bateau. Est-ce que tu as seulement idée de la souffrance que ça a été pour moi ? De la douleur que je ressens toujours ?

Ma voix se brisa. Je m'en voulais de lui avoir laissé voir ma peine.

— Je suis désolé. Je me rachèterai, je te le jure. Je t'en prie, donne-moi juste une autre chance. (Ses doigts serrèrent mes épaules.) J'ai reçu les résultats du test de paternité, et l'enfant est bien mon fils, ajouta-t-il.

Le monde autour de moi se brouilla. Je sentais mon cœur battre dans mes tempes, si fort que je n'entendais plus que lui. Il avait un fils. Celui d'une autre. Ç'aurait dû être notre histoire : nous deux, une famille heureuse, des enfants qui nous ressemblaient. Mon rêve. Et, à présent, c'était une autre femme qui le vivait.

— Dakota, je ne sais pas comment être un père. J'ai besoin de toi.

J'avais envie de le prendre dans mes bras en lui assurant que tout allait bien se passer, comme je le faisais naguère quand il rentrait à la maison après une dure journée. Nous nous considérions comme une équipe. C'était nous contre le reste du monde, et nous nous disions qu'ensemble nous pouvions tout surmonter.

Je ravalai le nœud qui s'était formé dans ma gorge et le repoussai.

— Je ne sais pas. Je…

La part logique de mon esprit me soufflait qu'il était important pour Grant de faire partie de la vie de son fils. Que, s'il essayait vraiment, il ferait un très bon père. Mais une autre partie de moi se consumait de jalousie, de colère et de méfiance vis-à-vis de son ex. Je ne savais pas quelle était ma place dans cette histoire ni si je serais capable de l'accepter. Pourquoi diable avait-il choisi de m'en parler seulement maintenant, et pas au moment où tant de peine aurait pu être évitée ?

Retenir mes larmes me demandait à présent une énergie considérable. Les sentant me brûler les yeux, je m'enfonçai les ongles dans les paumes pour faire passer la douleur.

— J'ai besoin de temps pour encaisser tout ça, soufflai-je. Et j'ai aussi besoin de mes affaires.

Je commis alors l'erreur de lever les yeux vers lui. Il semblait si vulnérable, si paniqué… Peut-être avait-il souffert autant que moi ces dernières semaines, mais était-ce pour moi qu'il souffrait ? Ou uniquement à cause de sa situation personnelle ?

— Tu peux t'éloigner un peu ? Pendant que je fais mes sacs ? Je ne peux pas… je ne peux pas supporter ta présence pour le moment !

Il soupira et baissa la tête.

— Bien sûr. Je te laisse la maison pour ce soir. Je vais dormir chez mes parents, tu peux prendre ton temps. Mais n'emporte que ce dont tu as besoin et laisse le reste ici, comme ça tu n'auras pas besoin de tout placer dans un garde-meuble. Laisse-moi au moins faire ça pour toi.

Je me mordis la lèvre, essayant d'ignorer le torrent d'émotions qui se déchaînait en moi.

— D'accord.

— On pourra quand même se parler plus tard ? demanda-t-il, plein d'espoir.

Avec réticence, je hochai la tête.

— Je sais bien que j'ai merdé, mais ce n'est pas parce que je ne t'aime pas, reprit-il d'une voix si intense que je dus me retenir à grand-peine de m'effondrer par terre pour m'abandonner à la peine qui me rongeait les entrailles.

Il déposa un baiser sur ma joue et s'en alla, me laissant seule dans la maison.

Mes larmes se libérèrent alors d'un coup et se mirent à couler le long de mes joues. Je ne pris pas la peine de les retenir ni même de les essuyer. Puis, dès que mon corps cessa de trembler, j'entassai dans mes cartons quelques vêtements et autres affaires, dont j'allais avoir besoin au cours des semaines à venir. Grant absent, j'étais tentée de rester dormir dans son lit confortable au lieu de passer une nouvelle nuit sur le canapé de Jillian, mais entrer dans sa chambre avait suffi à me faire repenser à toutes ces nuits passées serrée contre lui… C'était un terrain trop glissant. Je lui envoyai donc un SMS pour l'informer que je ne passais pas la nuit chez lui et qu'il devrait rentrer pour s'occuper de Cupidon.

Dire au revoir à ma boule de poils me fit horreur, mais il le fallait bien. Je m'assurai toutefois de le gâter de diverses friandises afin qu'il n'oublie pas que c'était moi qu'il aimait le plus.

En repartant, la seule chose qui me semblait claire était que je me sentais plus confuse que jamais.

Chapitre 4

Le cours de circuit-training constituait la première étape de mon plan de remise en forme, mais, après avoir fait mes cartons chez Grant la veille et vécu une nuit particulièrement agitée sur le canapé de Jillian, j'étais percluse de courbatures. Ce matin-là, après l'entraînement, j'eus donc toutes les peines du monde à grimper les trois étages menant à l'appartement de Jillian. J'aurais préféré prendre l'ascenseur, mais j'avais décidé d'emprunter uniquement les escaliers – encore un de ces objectifs stupides que je ne serais même pas capable de suivre jusqu'au bout. En arrivant sur le palier, je massai longuement le nœud qui commençait à se former dans mon dos. Que m'arrivait-il ?

Ce cours était censé m'aider à me sentir forte et épanouie, pas vieille et impotente !

Au moins, mon crochet du droit est toujours aussi redoutable, même si j'ai un peu perdu en vitesse. En frappant l'air de mes poings pendant mon circuit de kickboxing, j'avais pensé à Brendan qui m'avait parlé de mon crochet en se frottant la mâchoire. Plus jeune, j'étais très compétitrice. J'adorais que Brendan ne me laisse pas gagner simplement parce que j'étais une fille, mais je détestais perdre à cause de ma petite taille. Toutefois, en dépit de ma carrure, je parvenais parfois à le surprendre. Comme ce fameux jour où il avait compris ce qu'il en coûtait de trop me taquiner.

Il fallait bien l'admettre : mon penchant pour la compétition n'avait pas disparu. Il était seulement canalisé par des objectifs bien précis qui me permettaient d'organiser de parfaites cérémonies malgré tous les obstacles que la vie plaçait sur mon chemin. Malheureusement pour moi, mon travail exigeait également une bonne condition physique, et, vu ma raideur actuelle, cela pouvait devenir un problème. Par chance, mes rendez-vous du jour étaient tous prévus pour l'après-midi. Je décidai donc qu'un bon bain chaud dans le Jacuzzi de la résidence pourrait faire des miracles pour mes membres courbaturés et m'aider à me sentir prête à affronter la journée. J'en aurais d'autant plus besoin que ma première tâche serait de goûter des gâteaux pour le mariage Phelps/Watson, un couple tellement guimauve que, même du temps où j'étais une incorrigible fleur bleue, j'en étais déjà écœurée. Je ne pouvais qu'imaginer les ravages qu'ils allaient me causer dans mon état actuel de confusion désabusée.

Au moins, le sport m'avait obligée à me concentrer sur mes mouvements et ma respiration, ce qui m'avait permis d'oublier un instant tout ce que Grant m'avait avoué la veille. Mais, à présent, je ne cessais d'y repenser. Ses mots couraient dans mon esprit en une boucle interminable, comme lorsque j'avais essayé de trouver le sommeil. Au cours des dernières semaines, j'avais envisagé pléthore de scénarios et d'excuses qu'il aurait pu inventer, imaginé d'horribles histoires dans lesquelles il ne m'avait jamais aimée et fréquentait une autre femme… À côté de mes pires cauchemars, j'avais presque été soulagée par son explication à peu près acceptable.

Il voulait que je me contente de lui pardonner, et même que je l'aide à faire face à sa nouvelle paternité. Mais, clairement, il me restait encore beaucoup de questions sans réponses. Pourquoi ne s'était-il pas confié à moi au lieu de se fermer comme une huître ? Pourquoi ne m'avait-il rien dit avant le mariage, même sans savoir s'il était vraiment le père ?

Et, enfin, la question qui m'empêchait d'abandonner complètement Grant : et si ma colère me faisait passer à côté de l'amour de ma vie ? Je savais que toute relation comprenait des hauts et des bas. Ce qui était dur, c'était de déterminer si ma relation avec Grant pouvait être sauvée malgré les écarts, les différences et les erreurs passées. Si seulement j'avais disposé d'une boule de cristal, la décision aurait été tellement plus facile à prendre !

Lorsque je sortis de la salle de bains vêtue de mon Bikini rouge, une serviette sur les épaules, Jillian était assise à la table de la salle à manger devant l'écran de son ordinateur portable, une tasse à café fumante à la main.

— Comment ça va, ce matin ? demanda-t-elle.

Elle avait le même air pincé que la veille au soir lorsque je lui avais répété les aveux de Grant. Il n'y avait aucun doute quant au parti qu'elle prenait dans cette affaire.

— Je sais que tu trouves ça stupide d'envisager de lui donner une nouvelle chance, soupirai-je, mais tu n'as pas vu l'expression de son visage. Il vient d'apprendre qu'il a un fils de deux ans. C'est vraiment un tournant dans son existence !

— Oui, tout comme être une mauviette au point de ne pas prévenir la femme qu'on aime de l'annulation du mariage. Ça, ça a marqué un tournant dans vos existences à tous les deux !

— Tu as raison. Je ne prétends pas pouvoir un jour lui pardonner complètement et je n'ai pas forcément l'intention de lui accorder une deuxième chance. Tout ce que je dis, c'est que je comprends sa panique. Il dit qu'il a besoin de moi, et il se trouve que mes sentiments pour lui n'ont pas disparu comme par magie simplement parce qu'il n'est pas descendu sur la plage.

Avant de prononcer ces mots, je ne m'étais pas rendu compte à quel point ils étaient vrais. Mais comprendre ce que cela signifiait dans le grand schéma des choses, c'était là que résidait le véritable défi.

Jillian leva vers moi ses grands yeux bleus, où je lus un insupportable mélange d'inquiétude et de pitié.

— Je le sais bien, Dakota, et c'est bien ce qui m'inquiète. Tu as déjà assez souffert. Si ce mec te fait du mal encore une fois, je vais lui montrer ce que c'est qu'une julienne de valseuses !

Je frissonnai. Depuis que je l'avais vue se servir d'un couteau, cette image était devenue beaucoup trop explicite à mon goût.

— Je suis contente que tu me soutiennes, répliquai-je. À tel point que je vais avoir besoin d'eau de Javel pour faire disparaître cette image de mon cerveau. Mais, comme je te l'ai dit, je ne sais pas vraiment quoi faire. Pour le moment, mon unique projet d'avenir consiste à me glisser dans un Jacuzzi, puis à survivre à une nouvelle journée de travail. Tu veux venir avec moi ?

Jillian refusa d'un geste.

— J'ai plein de factures à rédiger. Mais va t'amuser. Rencontre un mec canon.

À son sourire, je devinai que derrière la taquinerie se dissimulait un souhait réel.

— Je vais voir ce que je peux faire, rétorquai-je en riant.

Sur ces mots, je sortis et empruntai une fois encore les escaliers.

Dans le Jacuzzi, il y avait déjà un vieil homme accompagné d'une femme d'à peu près mon âge. Tous deux me regardèrent approcher, et je faillis changer d'avis et repartir comme j'étais venue. Mais ils auraient pu mal le prendre, et de toute façon j'avais toujours mal au dos. Je m'immergeai donc dans une eau un peu fraîche à mon goût et jetai un coup d'œil au minuteur fixé au mur.

— Vous voulez que je mette en marche les jets ? demandai-je.

— Ils fonctionnent déjà, répondit l'homme.

D'accord. Donc l'eau était tiédasse et les jets inexistants. Grant ne possédait ni piscine ni Jacuzzi, mais il avait une immense baignoire aux jets surpuissants, ainsi qu'un chauffe-eau géant qui durait des heures. En parlant de bain, j'avais l'impression d'en partager un avec cette femme et son père. En Bikini. Doublement gênant.

Pourtant, en écoutant la femme parler de la pluie et du beau temps, je songeai qu'eux, au moins, étaient en bons termes. J'aimais la façon dont elle était aux petits soins pour son père et ne cessait de lui demander comment allait sa douleur au dos. (Apparemment, j'avais le même problème qu'un homme d'une soixantaine d'années. *Génial!*)

Lorsque la femme se pencha pour embrasser l'homme sur les lèvres et lui demanda s'il était prêt à sortir – en ajoutant « chéri » à la fin de sa question – je compris mon erreur. Je parvins toutefois à les saluer de la main. Je ne pus m'empêcher de me demander comment ils faisaient au lit, puis regrettai d'avoir laissé mes pensées prendre ce chemin gênant. Mais, après tout, c'était peut-être ce qu'il me fallait : un fiancé trop vieux pour s'enfuir en courant.

À cet instant, mon portable se mit à sonner. Il était posé un peu plus loin sur une serviette, hors de ma portée, mais je n'osai ignorer l'appel. Pas avec un mariage le dimanche. Il n'y avait pire furie en enfer qu'une mariée quand une urgence était ignorée.

En soupirant, je m'extirpai de ce pathétique pseudo-Jacuzzi et jetai un coup d'œil à l'écran de mon téléphone. *Grant.* Je n'étais pas prête. Mais s'il était arrivé quelque chose à Cupidon ? J'étais absolument folle de mon chien – et bon, d'accord, peut-être un peu folle tout court. Depuis que je l'avais vu la veille, je me languissais de lui.

— Ah, tu as décroché ! s'écria Grant d'une voix emplie de soulagement.

— Cupidon va bien ?

— Oui. Mais tu lui manques. Et à moi aussi. La maison est trop vide sans toi.

Ma gorge se serra. Ce Yoyo émotionnel commençait à me rendre folle. Une heure il me manquait, la suivante je regrettais de l'avoir rencontré. La veille, j'avais été prête à souiller de graffitis les photos de mariées exposées dans mon bureau, et maintenant mon cœur faisait un bond à l'idée d'avoir une nouvelle chance de l'épouser. Je songeai alors à Jillian qui m'avait conseillé la prudence, et mon instinct de survie reprit le dessus.

— Je t'ai demandé de me laisser un peu d'air, Grant.

— Mais c'est vraiment ce que tu veux ? Je me disais que si tu avais eu un peu de temps pour réfléchir à ce que je t'ai dit hier… Honnêtement, j'espérais que tu voudrais prendre le temps d'en discuter plus longuement.

Mes doigts se crispèrent sur mon téléphone. Ce serait si facile d'enfiler mes vêtements, de prendre ma voiture, d'aller chez lui et de me jeter à son cou. Je voulais encore dormir tout contre lui, son bras posé sur ma taille. Son petit sourire à fossettes me manquait, celui qu'il m'adressait le matin quand on se préparait avant de partir au travail – il savait qu'il valait mieux éviter d'engager une conversation avant que j'aie bu mon premier café. Je n'avais pas simplement rompu avec mon ex. J'avais perdu la vie dont j'avais rêvé et l'homme qui me connaissait mieux que quiconque.

Mais, une fois encore, j'ignorais si je pouvais vraiment lui pardonner cette attente interminable en robe de mariée et les jours cauchemardesques qui avaient suivi à bord du navire de croisière.

— Dakota ?

— Je ne sais pas ! répondis-je, ce qui au moins avait le mérite d'être honnête. J'ai beaucoup de travail cette semaine et un mariage dimanche. Je dois m'occuper de tout ça avant de pouvoir envisager de commencer à traiter l'information.

— D'accord. Quand tu seras prête à me parler, tu sauras où me trouver. Bon courage pour le mariage.

Je ne pus m'empêcher de tressaillir. Après avoir organisé près de cinquante mariages en trois ans, je n'avais plus le trac : je me contentais de vérifier mes listes et de prendre les problèmes de front. Mais, depuis mon échec matrimonial, je doutais de ma capacité à organiser d'autres cérémonies. Ce qui était stupide, je le savais.

N'est-ce pas ?

Au moment où je disais au revoir à Grant, un nouveau couple entra dans le Jacuzzi. Cette fois, l'homme et la femme étaient à peu près du même âge. Ils se mirent aussitôt à s'embrasser, très chastement, une petite pression des lèvres de-ci de-là en discutant, en murmurant et en riant. Il émanait d'eux une véritable aura amoureuse.

Plus jeune, je n'avais jamais fait partie de ces petites filles obsédées par les contes de fées et les histoires d'amour. J'étais bien plus intéressée par le sport, probablement parce qu'une partie de moi avait toujours pensé que je devais faire la fierté de mon entraîneur de père pour compenser le fait qu'il soit coincé avec moi. Par la suite, sans vraiment comprendre pourquoi, je m'étais soudain mise à observer les garçons, et pas seulement pour savoir si j'avais intérêt à les intégrer dans mon équipe en cours de sport. Je regardais leurs muscles se mouvoir sous leurs vêtements et m'assurais qu'ils me sourient quand j'attrapais la balle. C'était au cours de cette période que j'avais connu mes premiers papillons dans le ventre, et, après quelques petits copains occasionnels pour comprendre à quel point c'était bon de se tenir la main et de s'embrasser, j'avais finalement saisi pourquoi on faisait tant de cas de l'amour.

Bien sûr, mon travail ne consistait pas tant à être obsédée par l'amour qu'à être capable d'organiser et d'orchestrer le moindre détail d'une cérémonie suivie d'une grande réception, mais j'étais toujours heureuse de voir un couple de futurs mariés visiblement très amoureux entrer dans mon bureau. Sur le bateau de croisière, cependant, la douleur d'avoir été larguée devant l'autel avait été telle que j'avais eu l'impression d'avoir perdu tout ce que j'étais : je regardais les autres couples et voyais de l'amour, de l'amour partout sauf pour moi. En les contemplant, j'avais senti monter en moi tant d'amertume que j'avais cru ne plus jamais pouvoir être heureuse.

À présent, j'observais subrepticement le couple qui s'embrassait dans le Jacuzzi, essayant de déterminer à quel niveau se trouvait mon amouromètre, qui pouvait aller de la haine à l'exaltation empathique. Les voir ne m'emplissait pas de bonheur, mais je n'avais pas non plus envie de leur jeter au visage un baquet d'eau froide en leur disant de se trouver une chambre. Je devais donc être en progrès.

Toute à ma recherche du progrès, j'étais devenue quelqu'un de louche – c'était du moins ce que devait penser le couple du Jacuzzi, à en juger par les œillades suspicieuses qu'ils me lançaient. D'accord, je les regardais fixement. Mais, pour ma défense, je regardais surtout « à travers eux ».

Bon, mon amouromètre envers eux descendait, c'était une certitude.

— Les jets sont nuls, vous ne trouvez pas ? lâchai-je avec un sourire forcé.

Parler n'était apparemment pas la solution, puisque l'homme serra la femme contre lui comme pour la protéger.

Quelques minutes plus tard, puisque je me sentais tellement plus détendue, je décidai qu'il était temps de traîner de nouveau mon corps meurtri et humilié jusqu'au troisième étage. Jillian était toujours penchée sur son clavier, entourée de piles de papiers. À la vue de mes valises dans un coin et des deux gros cartons que j'avais apportés la veille, je me demandai s'il ne vaudrait pas mieux mettre de côté ma fierté et retourner chez Grant. Lui, au moins, avait une chambre d'amis, et je pourrais dormir avec Cupidon roulé en boule au pied de mon lit.

Mauvaise idée. Il s'imaginerait que ça va mieux entre nous, et ce n'est définitivement pas le cas.

Je ne serais pas une de ces femmes qui se laissaient malmener et continuaient à suivre leur fiancé comme de bons petits toutous. J'avais assez vu ce genre de mariées dans mon bureau. Non. Si Grant voulait une deuxième chance, il devrait la mériter.

— J'ai oublié de te prévenir que je travaille ce soir, déclara Jillian. J'ai des semaines de folie en ce moment, mais on va prendre le temps de faire la fête dimanche après le mariage, tu verras.

Ouais, en s'effondrant dans le canapé et en remerciant notre bonne étoile d'en avoir terminé, comme toujours après un mariage. Je hochai néanmoins la tête pour lui montrer que j'étais partante et partis me préparer pour ma séance de dégustation de gâteaux en me disant qu'au moins, même si mon couple de futurs mariés dégoulinait de guimauve, je pourrais me shooter au sucre. Le soir venu, en revanche, je devrais résister à la tentation d'acheter un litre de crème glacée à engloutir à même le pot devant la télé. Les fins de soirées solitaires faisaient partie des pires moments, ceux où Grant me manquait le plus.

Je devrais peut-être appeler Brendan. Ou même passer le voir au travail. Je n'avais encore jamais visité le nouveau casino : j'évitais autant que possible cette partie de la ville, trop touristique à mon goût. Mais pour une fois ce serait différent. Et j'avais envie de revoir Brendan. Au départ, je m'étais promis d'attendre d'avoir redressé la barre dans ma vie pour reprendre contact avec lui, mais, au vu des derniers événements, cela risquait d'être un peu plus long que prévu. Et, quelle que soit ma décision au sujet de Grant, j'aurais besoin de tout le soutien que je pourrais trouver.

Mais… et si je me mettais à pleurer devant lui encore une fois ? Ce serait trop gênant !

Je me répétai encore et encore que je n'avais besoin de personne. Que je m'en sortirais très bien toute seule.

Mais quelque chose me disait que je risquais d'attendre encore longtemps avant d'y croire vraiment.

Chapitre 5

La recherche d'appartement ne se passait pas très bien. Vegas était un véritable choc des extrêmes, ce qui allait bien à l'ambiance de la ville mais ne facilitait pas les prospections immobilières. J'avais le choix entre des appartements de luxe, dont le loyer me laisserait sur la paille, et d'ignobles gourbis au fond de ruelles coupe-gorges. Je trouvai bien quelques logements qui s'approchaient d'un juste milieu, mais il aurait fallu que je traverse les zones les plus encombrées aux heures de pointe, quand les gens se ruent en masse vers le quartier des grands casinos pour assister à un spectacle ou profiter de l'un des innombrables buffets à volonté. Avec tout le temps que je passais déjà en voiture, j'avais les larmes aux yeux rien qu'à l'idée de me retrouver coincée dans ces embouteillages.

Au bureau, entre deux rendez-vous, j'envoyai des mails à quelques résidences pour me renseigner sur les logements disponibles, puis rappelai mon père qui m'avait laissé un message. Lorsque je lui appris que je n'avais pas encore trouvé d'appartement, il répondit :

— Je peux débarrasser ta chambre, si tu veux. Tu sais que je serais heureux de t'avoir à la maison.

— Je sais, mais, comme je te l'ai déjà dit, j'aurais trop de route à faire pour aller au travail. Et puis tu ne serais pas aussi heureux d'accueillir Cupidon…

— Je pourrais prendre des cachets contre les allergies. Et s'il reste dehors la plupart du temps…

C'était hors de question. Même si Cupidon aimait se dépenser, chasser les papillons et les lézards ou courir après un bâton, c'était surtout un chien d'intérieur pourri gâté qui ne pouvait se passer de ses longues siestes dans la fraîcheur de l'air conditionné et dormait toujours au pied de mon lit. Sans compter que le jardin de mon père était minuscule et n'offrait presque plus d'ombrage depuis la grande névrose du pollen : le maire avait interdit aux habitants de planter de nouveaux oliviers et leur avait demandé de tailler presque à ras les arbres déjà existants.

— Mais je ne vais pas tarder à trouver quelque chose, mentis-je en refermant sur mon écran l'onglet de recherche d'appartement avant d'ouvrir mon agenda. Comment sont les garçons de l'équipe, cette année ? Vous étiez au camp d'entraînement ce matin, c'est bien ça ?

Je notai quelques rendez-vous et ajoutai des notes sur ma liste de tâches tandis qu'il me parlait de ligne de défense, de *zone blitz* et des excellents résultats du quarterback qu'il entraînait depuis des années. Pour mon père, l'été n'était pas synonyme de pause footballistique. Il y avait toujours des camps d'entraînement, et, à l'approche de la nouvelle saison, il torturait ses gars avec un rythme soutenu de deux entraînements par jour.

— Au fait, j'ai oublié de te demander : Brendan West est venu te voir ? Sa mère m'a appelé, elle m'a appris qu'il était de retour à Vegas.

— Oui, je l'ai vu en coup de vent l'autre jour. On a prévu de se revoir.

La veille au soir, j'avais décidé que j'avais besoin d'apprendre à être seule. J'avais tendance à sauter d'une relation à l'autre et n'étais jamais restée célibataire bien longtemps. Mais cela ne devait pas m'empêcher de prendre des nouvelles d'un vieil ami, pas vrai ? Le but était de ne plus ressentir le besoin d'être avec quelqu'un, pas de se changer en ermite. Alors, dès que papa eut raccroché, je sortis la carte de Brendan.

J'avais déjà composé la moitié de son numéro quand la porte de mon bureau s'ouvrit à la volée. Tout d'abord, éblouie, je ne pus distinguer qu'une silhouette noire qui se découpait sur un rectangle de soleil aveuglant. Puis la porte se referma, mon regard s'ajusta et je lâchai une exclamation de surprise.

— Je sais ! s'écria d'un ton larmoyant Valentina, une de mes futures mariées préférées et, en temps normal, une des plus calmes. Marcus préfère les blondes, poursuivit-elle, et il me taquine toujours en me disant qu'il m'aime malgré ça. Alors, hier soir, je me suis dit que j'allais lui faire une surprise en me faisant décolorer, et alors… alors voilà ce qui est arrivé ! s'écria-t-elle en soulevant ses cheveux. Et c'est demain qu'on prend les photos pour les invitations ! Elles vont paraître dans le journal et… Oh, merde ! Il y aura des photos partout, et je vais avoir cette tête !

Je me rendis compte que j'étais restée bouche bée et me forçai à reprendre contenance. Non seulement sa chevelure avait pris une couleur orange cuivré, mais elle était toute cassée et desséchée. Elle ressemblait plus à une punk qu'à une future mariée, et même les punks risqueraient de trouver la comparaison insultante. Je modérai toutefois l'expression de mon visage, soucieuse de ne pas trahir mes véritables pensées et désireuse de la rassurer.

— Qui… qui t'a fait ça ?

— Une coiffeuse du centre commercial, Celia, de chez *Classy Cuts*. Je suis passée devant le salon, j'ai vu une offre spéciale et, comme je te l'ai dit, je voulais faire une surprise à Marcus. J'essayais d'être un peu spontanée.

Son menton se mit à trembler, puis elle éclata en sanglots. Je notai mentalement de déconseiller ce salon de coiffure à mes mariées et m'emparai du téléphone. À la page deux du fascicule que j'offrais à tous mes nouveaux clients, je leur recommandais pourtant de ne pas opérer de changements drastiques à leur apparence juste avant la cérémonie. Apparemment, j'allais devoir ajouter un *addenda* pour donner le même conseil au sujet des photos, ainsi que de tout événement lié au mariage.

Le mariage de Valentina Maddox ne constituait pas seulement un tournant dans son existence, c'était également un événement mondain, où la quasi-totalité des notables de la ville serait invitée. Le *Beacon* avait consacré un article entier à ses fiançailles avec Marcus Beecham, en qualifiant le couple de « royautés de Vegas ». Les deux jeunes gens étaient en effet les héritiers des deux plus gros propriétaires de casinos de la région, descendants de familles qui étaient déjà là du temps où la ville n'était qu'un fort au milieu du désert. La moindre étape de leurs fiançailles et de leur mariage allait être couverte par la presse, le moindre détail analysé. Avec une telle visibilité, organiser leur mariage allait me faire une publicité d'enfer et, avec un peu de chance, m'assurer un avenir florissant. À condition, bien sûr, que tout se passe bien. Par chance, j'étais particulièrement efficace sous pression.

— Donnez-moi une minute, répliquai-je calmement, et nous allons trouver une solution. D'accord ? Il n'y a pas de quoi s'inquiéter.

En vérité, je n'avais pas la moindre idée de ce que j'allais bien pouvoir faire. Je composai le numéro de *Fusion Locks*, mon salon de coiffure favori, et demandai à la réceptionniste de prévenir Raquel que Dakota Halifax l'appelait pour une urgence.

Valentina renifla et essuya les larmes qui inondaient ses joues. Au vu des cernes rouges qui s'étalaient sous ses yeux, elle devait déjà pleurer depuis un bon moment. D'ordinaire, elle était plutôt du genre à blaguer et à s'agiter joyeusement sur son siège en discutant des détails de son mariage, et j'en étais d'autant plus désolée pour elle. *Je vais faire tout mon possible pour qu'elle redevienne la femme pleine de vie qu'elle était*, me promis-je.

Lorsque Raquel prit mon appel, je lui expliquai mon urgence capillaire.

— Je sais bien que tu es déjà très prise, mais elle a des photos de mariage prévues pour demain, et sa coupe et sa couleur se sont… eh bien, mal passées, c'est le moins qu'on puisse dire. Tu es la seule personne que je connaisse qui pourrait être en mesure d'arranger ça. Je sais, me hâtai-je d'ajouter devant l'expression désemparée de Valentina, que tu en seras capable.

Raquel resta silencieuse un moment. Je l'entendais tourner des pages, probablement celles de son cahier de rendez-vous.

— Hmm… je suis censée aller déjeuner dans un quart d'heure… Mais tu sais quoi ? Si tu m'apportes de quoi manger, je peux m'occuper d'elle pendant ma pause.

— Merci ! Je te revaudrai ça !

J'étais une habituée du salon de coiffure de Raquel et la recommandais toujours chaleureusement à mes amies et clientes. Ses talents tenaient presque du miracle.

À peine eus-je raccroché le téléphone que j'adressai à Valentina un sourire rassurant.

— Tu as de la chance. On va pouvoir t'arranger ça, mais il faut qu'on file immédiatement. Ça va aller. Tu vas voir.

Et, dans le cas contraire, il y aura toujours moyen de trouver un joli chapeau pour la séance de photos. Sur elle, un Borsalino serait du plus bel effet. Ou peut-être même un voile, mais cela risquait d'être un peu bizarre avant le mariage. Oh, et puis après tout ! Les célébrités posaient parfois en robe de mariée bien avant la cérémonie. Si une actrice pouvait le faire en couverture de *Closer*, cela pouvait très bien servir de solution d'urgence à une princesse de Las Vegas.

Je me hâtai d'acheter un sandwich, puis nous montâmes en voiture pour foncer à tombeau ouvert vers le salon de coiffure. Là, les odeurs chimiques des colorations et des permanentes, mêlées aux parfums des soins capillaires, emplissaient l'air sur fond de bavardages, de bourdonnement de sèche-cheveux et de musique radiophonique.

— Dakota ! s'écria Raquel en s'approchant pour m'embrasser.

Cette femme était une véritable boule d'énergie que contenait à grand-peine un petit corps menu de Portoricaine, à la peau hâlée et à la longue chevelure noire. Le genre de beauté exotique que les hommes s'arrêtent pour regarder.

— Comment ça va ? me demanda-t-elle d'un air compatissant.

Raquel avait été invitée à ma réception, elle était donc au courant de l'annulation de mes noces. Qu'est-ce qui m'avait pris d'annoncer à tout le monde mon projet de mariage ? À présent, j'avais l'impression de devoir parler de mon échec à tous les coins de rue. Si seulement je n'avais pas rédigé ce stupide article...

— Ça va, répondis-je.

Raquel haussa un sourcil sceptique, puis se tourna pour la première fois vers Valentina.

— Mon Dieu ! s'écria-t-elle en ouvrant de grands yeux.

Cela suffit à faire de nouveau éclater en sanglots la pauvre Valentina.

— Non, pas de panique, ma chérie ! s'empressa d'ajouter Raquel. Je vais te faire un look extra en moins de deux, tu vas voir !

Elle me lança subrepticement un regard effaré, puis indiqua un fauteuil à Valentina. Je n'avais plus qu'à espérer que ce regard annonçait une mission difficile mais néanmoins réalisable, même si bon nombre de cheveux devaient périr dans la bataille.

Une heure plus tard, Valentina pleurait de nouveau. Cette fois pourtant, elle versait des larmes de joie. Raquel lui avait administré un traitement hydratant ultrapuissant à base d'algues et de sérum de serpent – je ne voulais pas savoir ce que c'était – avant de lui recolorer les cheveux pour leur faire retrouver leur teinte brune naturelle. Elle les avait ensuite coupés en un carré dégradé, avec de longues mèches sur le devant et une frange épaisse sur le front. À présent, Valentina était encore plus jolie qu'avant son accident capillaire et avait retrouvé son fameux sourire.

La facture était exorbitante – apparemment, le traitement à base de reptile n'était pas donné –, mais ma future mariée ne cilla même pas en découvrant le montant. Elle ne cessait de nous embrasser, Raquel et moi, en répétant d'interminables remerciements.

Rien qu'à avoir assisté à la transformation, j'étais épuisée. Je dis au revoir à Valentina après lui avoir assuré que tous les préparatifs de son mariage se passaient bien, puis m'effondrai sur le bureau de la réception.

Raquel posa la main sur mon bras.

— J'ai mon dernier rendez-vous de la journée dans dix minutes. Dès que j'en ai terminé, je te fais un balayage caramel avec une couleur un peu plus prononcée vers les pointes pour un effet plus doux et naturel.

— Oh non, ce n'est pas la peine !

— Si, si. Quand une femme subit une rupture, elle a besoin de changement. Crois-moi, tu me remercieras.

Je m'apprêtais à protester, mais elle avait raison : j'avais besoin de me booster le moral, alors autant en faire profiter mes cheveux. Par chance, j'avais apporté mon ordinateur portable. Il était temps de me mettre à la rédaction de mon prochain article, et, à en juger par le désastre du jour, je me devais de rappeler aux femmes certaines bases au sujet de leurs cheveux. Ce que j'appréciais chez Valentina, c'était qu'elle ne s'offusquerait pas si je me servais de sa situation comme d'un exemple pour mettre en garde d'autres futures mariées. Bien sûr, je ne citais jamais de noms, mais certaines de mes clientes s'étaient déjà senties personnellement agressées par ma chronique.

J'eus le temps de rédiger un rapide premier jet avant que Raquel soit prête à s'occuper de moi. Elle m'installa dans son fauteuil, une cape en plastique sur les épaules, puis se mit aussitôt à parler à toute allure :

— Ce Grant, je ne sais pas ce qui lui a pris ! Il ne retrouvera jamais une femme qui t'arrive à la cheville. Je sais bien que je ne le connais pas, mais c'est évident que c'est un abruti.

— Je crois qu'il n'était juste pas prêt.

J'hésitai à parler à Raquel du fils de Grant. J'avais besoin de m'en plaindre auprès de quelqu'un qui ne s'était pas déjà formé une opinion irréversible, comme Jillian. Mais, à cet instant, Raquel fit pivoter mon fauteuil et se remit à jacasser en étalant de la couleur sur mes pointes.

— Ouais, c'est définitivement un abruti. Peut-être pas autant que ce Joe qui a perdu tout son argent au black-jack et qui est venu s'installer chez toi sans te demander ton avis, mais…

— Oui, ça a été un vrai cauchemar de le faire décamper après notre rupture. Mais je ne devrais pas te raconter tout ça, ajoutai-je en secouant la tête.

Je ne devrais probablement pas non plus lui parler du fils de Grant, mais il y avait quelque chose dans les salons de coiffure qui vous donnait envie de raconter votre vie dans ses moindres détails. C'était un peu comme une séance de thérapie, mais avec moins de mouchoirs en papier et plus de produits chimiques. Je lui expliquai donc toute la situation.

Lorsque j'eus terminé, Raquel fit brutalement pivoter mon siège pour me faire face.

— Ouah ! s'écria-t-elle. Il n'était pas au courant ?

— Apparemment pas. Mais la mère de son fils n'aurait pas pu choisir un pire moment pour le lui annoncer. Il dit qu'il a paniqué, ce que je comprends. Vraiment. Mais, s'il m'avait vraiment aimée, il m'aurait épousée malgré ça, tu ne crois pas ?

Raquel s'empara d'une nouvelle mèche qu'elle recouvrit d'une substance visqueuse et violacée.

— Je ne sais pas, répondit-elle enfin. Les enfants, ce n'est pas rien. Je n'arrive même pas à imaginer ce qu'on doit ressentir en apprenant d'un seul coup qu'on est parent. En même temps, moi, j'ai porté ma choupette pendant neuf mois avant de l'avoir. La surprise, ça a été de découvrir la quantité de caca et de hurlements qu'une si petite chose peut produire.

Une photo de la petite fille qu'avait eue Raquel à tout juste dix-huit ans était collée dans un coin du miroir. Elle avait épousé le père à l'annonce de sa grossesse, puis avait divorcé un an et demi plus tard. Je le savais, car nous avions déjà planifié son second mariage, même si elle n'avait pas encore trouvé de fiancé. À présent, sa fille avait presque l'âge d'aller à l'école.

Je me mordis la lèvre.

— Tu penses que je devrais lui accorder une seconde chance ?

— Il en veut une ?

— C'est ce qu'il prétend, en tout cas. Je suis en colère contre lui, mais je l'aime toujours. L'ennui, c'est que personne ne m'a jamais fait autant de mal que lui. C'est pour ça que je n'arrive pas à me décider.

Raquel repoussa le chariot où étaient posés la teinture et le papier alu.

— C'est ta décision, *chica*, mais si tu veux mon avis, avec le corps et les cheveux que tu as, tu vas attirer les hommes comme des mouches. Tu devrais peut-être en profiter un peu avant de te décider à te caser de nouveau.

Elle était si enthousiaste que je n'osai lui avouer que les seuls hommes que je côtoyais en ce moment s'apprêtaient à épouser mes clientes. Cela faisait si longtemps que j'avais renoncé aux rendez-vous… C'était mon choix, du moins je le pensais… Mais, si Grant n'était pas sûr de ce qu'il voulait, comment pouvais-je l'être moi-même ? Peut-être y avait-il un autre homme quelque part qui m'attendait, un homme qui saurait me rendre heureuse.

Ou peut-être devais-je simplement m'en tenir à mon plan initial : oublier les hommes et me concentrer sur moi, mon projet de remise en forme et ma recherche d'appartement. Bientôt, j'aurai un logement bien à moi, où je pourrais vivre avec le seul mâle dont j'avais besoin. Mon chien. Et tant pis s'il buvait l'eau des toilettes.

Ce qui me faisait le plus mal, c'était que je n'avais jamais été le genre de filles à avoir besoin d'un homme. Je savais parfaitement me débrouiller seule et mettais un point d'honneur à régler moi-même mes problèmes. Qu'était-il arrivé à cette fille ? Il était temps que je la retrouve, car les angoisses et les larmes commençaient sérieusement à m'user.

Lorsque Raquel m'eut rincée et coiffée, je me regardai longuement dans le miroir. Elle avait raison. J'avais besoin de changement.

J'avais besoin de me rappeler qui j'étais avant que Grant et le mariage annihilent tout le reste.

Chapitre 6

Prête-à-Marier, par Dakota Halifax

Histoires à faire dresser les cheveux sur la tête

Une coiffure parfaite n'est pas indispensable pour votre grand jour, mais il est naturel de vouloir être à son avantage. Voici donc quelques trucs à faire et à ne pas faire pour vos cheveux.
Tout d'abord, ne sautez pas sur les offres spéciales d'un coiffeur inconnu. Bien sûr, ce coiffeur peut être génial, mais est-ce vraiment d'une coiffure « discount » dont vous avez envie ? Voulez-vous passer le reste de votre vie à regarder vos photos de mariage en regrettant de ne pas avoir pris le parti le plus sûr ?
Ensuite, choisissez un style qui vous correspond. Vous devez être à l'aise, et la coiffure doit pouvoir tenir toute la durée de la cérémonie et de la réception, sans oublier que vous allez probablement danser. Pensez également à prendre en compte les éventuels caprices de la météo. Je

sais : à moins d'être voyante, il est difficile de prévoir exactement le temps qu'il fera. Mais, s'il pleut, votre coiffure sera ruinée. Prévoyez donc au moins une zone couverte où vous abriter.

Assurez-vous que votre coiffure, vos accessoires et votre robe aillent bien ensemble. Ils sont faits pour se compléter, pas pour se faire la guerre. Évitez tout changement drastique, surtout juste avant le grand jour, mais également avant les séances de photos. Rappelez-vous qu'une teinture et une permanente agressent vos cheveux, et qu'au lieu d'obtenir la brillance et le volume recherchés vous risquez de donner l'impression d'avoir mis les deux doigts dans la prise. La bonne nouvelle, c'est que la plupart des problèmes ont une solution – à condition d'être prête à perdre un peu de longueur ou à vous payer des extensions. Et, dans le pire des cas, vous pourrez toujours vous trouver un voile plus couvrant. Quoi qu'il en soit, mon conseil numéro un est de trouver un coiffeur qui sait ce qu'il fait. Pratiquez toujours un test, et faites-vous colorer ou couper les cheveux au moins deux semaines à l'avance. Vous auriez horreur qu'un incident se produise, mais ce serait encore pire si vous n'aviez pas le temps d'arranger les choses.

Pour finir, j'aimerais adresser une petite dédicace à Fusion Locks, mon salon de coiffure préféré. Prenez rendez-vous, et faites-le en avance. Croyez-moi, vous ne serez pas déçue.

Mes pieds chaussés d'escarpins posés sur mon bureau, je relus mon article une dernière fois avant de cliquer sur « Envoyer ». J'allais bien finir par devoir aborder le sujet de ma débâcle nuptiale, mais en quoi cela aiderait-il les femmes à préparer leur mariage ? Pour le moment, le problème de la coiffure me semblait bien plus important. Je n'avais d'ailleurs cessé d'admirer la mienne devant toutes les surfaces polies qui s'étaient présentées devant moi depuis ma sortie du salon de coiffure. Avoir pris la décision de redevenir celle que j'étais naguère m'avait fait un bien fou : je pouvais presque regarder les mariées souriantes encadrées sur les murs de mon bureau sans être prise d'une soudaine envie de les estropier.

En fait, je me sentais tellement bien que je décidai de faire passer de Fuchsia à Corail la couleur de ma liste de tâches spéciale aigreur amoureuse. Je n'étais plus en colère, mais j'étais encore loin de la méfiance Moutarde. J'étais toutefois résolue à y arriver.

Mon portable se mit à sonner, et, comme c'était Jillian, je décrochai.

— Tu as lu la rubrique mondaine de Phoebe aujourd'hui ? demanda-t-elle.

— Non, pourquoi ?

Je reposai les pieds au sol et parcourus ma pile de courrier, à la recherche de mon exemplaire du *Beacon*.

— Est-ce que j'ai raté un potin juteux ? demandai-je.

La plupart du temps, les articles de Phoebe se résumaient à « telle célébrité se produit en tel endroit, et telle autre a été repérée dans tel club ». Je ne comprenais pas pourquoi les gens lisaient ça, mais il fallait croire que sa rubrique était populaire.

Même si j'avais appris depuis longtemps à bien m'entendre avec les filles, Phoebe Pratt, chroniqueuse mondaine de son état, faisait exception. Elle se voyait comme le centre névralgique de la vie mondaine de Vegas, et il fallait bien admettre qu'elle semblait connaître tout le monde, ce qui signifiait qu'elle se rendait régulièrement aux mariages de mes clients. Elle avait toujours une critique à formuler sur l'organisation des réceptions et adorait m'expliquer en quoi elle aurait pu faire mieux. J'avais appris par les autres chroniqueurs du *Las Vegas Beacon* que Phoebe avait proposé une idée de chronique qui avait été rejetée au profit de « Prête-à-Marier » et que, depuis ce jour, elle me haïssait.

Il y avait aussi eu cet incident au cours duquel elle avait essayé de se jeter au cou de Grant. Par conséquent, inutile de préciser que je l'évitais autant que possible. Ce n'était heureusement pas trop difficile, puisque je n'avais pas à me rendre très souvent au siège du journal.

— Ne lis pas ça ! voulut me prévenir Jillian. Et, si tu le lis quand même, sache que je suis volontaire pour aller arracher les yeux de cette femme, même si je dois la poursuivre jusqu'au fin fond du club où elle rôdera ce soir !

Les pages de mon journal se collaient ensemble. J'aurais sûrement dû me contenter de la version numérique, mais j'aimais me faire livrer mon exemplaire au bureau pour voir mes articles imprimés, c'était ma petite fierté. Lorsque je parvins enfin à l'ouvrir, je tournai les pages jusqu'à trouver la fameuse rubrique. Phoebe essayait toujours de me pousser à lui fournir des informations croustillantes sur mes clients les plus connus, comme la fois où je m'étais occupée du mariage de la fille du gouverneur. Je lui avais répondu que je refusais d'être impliquée là-dedans et que, de toute façon, le secret professionnel m'interdisait de lui parler.

— Sérieusement, ne lis pas ça, répéta Jillian.

Je parcourais déjà en diagonale les premières lignes de l'article qui détaillait les aventures d'une jeune starlette ivre morte en boîte de nuit.

Soudain, un peu plus bas, j'aperçus mon nom. Je clignai des yeux, pensant halluciner. Je ne pouvais pas apparaître dans la rubrique mondaine ! Pas moi ! Je n'avais même pas de vie sociale ! Abasourdie, je lus le paragraphe :

Il y a quelques semaines, ma cochroniqueuse et fameuse organisatrice de mariage, Dakota Halifax, a écrit un article sur ses noces à venir avec toute l'excitation d'une jeune mariée.

Malheureusement, ses plans si bien étudiés ne l'ont pas empêchée de se faire plaquer devant l'autel. Nous ignorons les détails de l'affaire, car ses amis ont refusé de s'exprimer, et son ex-fiancé a prétendu ne pas vouloir parler de ce jour désastreux. Nous avons toutefois fini par lui arracher la réponse suivante : « J'aime Dakota, et je l'aimerai toujours. » Alors, a-t-il seulement paniqué ou bien est-ce notre organisatrice de mariage qui n'est plus à la hauteur ?

J'avais le souffle un peu plus court à chaque phrase que je lisais. Une rage meurtrière bouillonnait en moi. Plus question de Moutarde. Pour ce qui était des niveaux de colère, j'entrais en zone Fuchsia. Je serrai les poings sur le journal qui se froissa entre mes doigts.

— Je vais la tuer, grinçai-je.

— Comme je te l'ai dit, si tu as besoin d'une complice, je suis là.

— Comment ont-ils pu publier ça ? Comment ont-ils su que je m'étais fait plaquer ? Est-ce que Phoebe t'a contactée ?

L'hésitation à l'autre bout du fil fut éloquente.

— Je n'ai pas décroché quand elle m'a appelée, répondit enfin Jillian. Et j'ai ignoré son message. Je pensais qu'elle laisserait tomber…, qu'elle était seulement curieuse. Je n'aurais jamais cru qu'elle en parlerait dans sa rubrique.

— Je n'oserai plus jamais sortir ! Elle me fait passer pour une désespérée !

À cet instant, en vérité, j'étais bel et bien désespérée. Au point de vouloir coincer Phoebe Pratt contre un mur pour lui faire bouffer son article. Littéralement. J'allais lui fourrer son torchon au fond de la gorge.

— Je pars au journal, annonçai-je. S'il y a une caution à payer pour me faire sortir de prison, je t'appellerai. Pour l'argent, il faudra que tu ailles voir Barry, de chez *Barry Bonds*.

J'avais déjà eu besoin de ses services de prêteur après des enterrements de vie de jeune fille qui avaient mal tourné. Il était plus diligent que beaucoup de ses collègues et particulièrement conciliant, une qualité indispensable quand on s'occupait de futures mariées hystériques capables de briser un miroir par la simple puissance de leurs hurlements.

— Écoute, je sais que ça craint, déclara Jillian, mais je t'ai appelée pour prendre de tes nouvelles et imaginer ce qu'on pourrait faire à Phoebe, pas pour te pousser à partir en expédition punitive. Et puis on est vendredi après-midi, tout le monde part en week-end. À mon avis, Phoebe est déjà en route pour une quelconque soirée dans la jet-set.

— Très bien, soupirai-je. J'irai la traquer lundi. Mais seulement parce que je n'ai pas la moindre envie de passer le week-end à écumer tous les clubs de la ville à sa recherche.

Je me demandai si Phoebe décrocherait si je l'appelais. Probablement. Rien que pour le plaisir de me narguer. Non, il me fallait une vraie confrontation. Face à face.

— Je travaille ce soir, je fais le traiteur pour une bar-mitsvah, ajouta Jillian. Je ne sais pas à quelle heure ça va finir, mais j'espère avoir tout rangé et être à la maison pour 21 heures. Tu ne vas rien faire de stupide entre-temps ?

— Non. J'ai reçu un nouveau catalogue de matériel de bureau.

Je caressai la couverture glacée et, rien qu'à la pensée de tous les outils organisationnels que recélaient ces pages, je sentis s'apaiser la pulsation qui battait dans mes tempes.

— Je suis une femme indépendante maintenant, tu te rappelles ? ajoutai-je.

— Ouais. Tant que tu ne te fais pas arrêter pour agression sur une pseudo-jet-setteuse.

— Toutes les bonnes choses ont une fin, rétorquai-je en riant.

Sur ces mots, je lui souhaitai bonne chance pour son travail du soir et raccrochai. C'était pour cette raison que nous étions si proches : dès que l'une de nous était en colère, l'autre savait exactement ce qu'il fallait dire pour l'apaiser tout en reconnaissant le caractère craignos de la situation.

Soudain, le carillon de la porte retentit, et Brendan apparut. Sa haute taille et sa large stature me frappèrent de nouveau, surtout au souvenir du garçon maigrichon que j'avais connu. Ce jour-là, il portait une chemise bleu marine avec une cravate noire, et ses cheveux étaient bien peignés. Un vrai look d'homme d'affaires, à la fois intimidant et sexy.

Non, je ne viens pas de trouver sexy Brendan West, le mec avec qui je grimpais aux arbres et chez qui j'allais dormir à l'époque où on regardait en boucle des films de baseball et de hockey.

— Salut, dit-il avec un sourire enfantin qui vint adoucir son air sérieux.

Ouaip, sexy. Définitivement.

Quand il s'approcha, je remarquai qu'en plus il sentait bon. Une odeur à la fois fraîche et boisée.

— Je sais que tu es un peu surbookée en ce moment, commença-t-il, mais je passais devant ton bureau et j'ai vu de la lumière, alors je me suis dit que j'allais tenter ma chance et te demander si tu avais quelque chose de prévu pour ce soir.

— Des projets tristes et pathétiques, comme m'affaler sur le canapé qui me sert de lit avec un carton de nourriture à emporter.

Brendan sourit d'un air amusé.

— Je te savais dévergondée, mais là…

J'éclatai de rire et glissai le catalogue dans mon sac.

— Et toi, qu'est-ce que tu avais en tête ? demandai-je

— Je te jure, c'est le meilleur resto italien de la ville !

— *Mamma mia*, jé né dis jamais non à oune bonné plat *di pasta* ! répondit Brendan avec le pire accent italien que j'aie jamais entendu.

Je secouai la tête d'un air navré mais ne pus m'empêcher d'éclater de rire.

— Tu n'as pas changé… Toujours à faire le clown !

— Tu sais ce qu'on dit. Chassez le naturel…

Il passa devant moi afin d'ouvrir la porte du restaurant et s'effaça pour me laisser entrer. Au passage, il attrapa une mèche de mes cheveux.

— Ils ont changé depuis l'autre jour. Ça te va bien.

— Merci. Je viens de passer chez le coiffeur. Je n'arrive pas à croire que tu t'en sois rendu compte.

Grant me disait souvent que j'étais belle, mais il ne remarquait jamais mes nouvelles coupes de cheveux, tenues ou boucles d'oreilles. Cela ne me dérangeait pas, mais j'étais heureuse que quelqu'un d'autre que moi apprécie le travail de Raquel.

— Dans mon travail, répliqua-t-il, tout est dans les détails.

— Comme le diable, répliquai-je. (Il fronça les sourcils d'un air perplexe.) Tu sais : « Le diable est dans les détails. » C'est un dicton.

Un demi-sourire se dessina sur ses lèvres.

— Alors oui, comme le diable, s'esclaffa-t-il. Ce qui rend ma mère très fière !

J'éclatai de rire, soulagée que les choses entre nous soient redevenues si simples aussi vite. Je ne supportais plus les relations compliquées.

— Dakota, Dakota, Dakota ! s'écria une voix féminine.

Antonia, la patronne du restaurant, qui faisait parfois le traiteur pour mes petits mariages, s'avançait vers moi en secouant la tête. Ce n'était pas la réaction que j'obtenais habituellement en venant dîner ici.

— J'ai tout lu dans le journal ce matin, poursuivit-elle. Votre mariage…

Elle s'interrompit et s'empara de ma main pour la tapoter avec douceur.

— Comment allez-vous ? J'ai lu l'article à Enrico, et il a dit : « Quel genre d'hommes laisse tomber une aussi gentille fille ? »

Elle me dévisagea un instant comme si elle attendait une réponse, puis se tourna vers Brendan en fronçant les sourcils.

— Ce n'est pas lui, si ? Je le voyais plus petit. Les cheveux plus foncés.

Je me sentis rougir et fus de nouveau prise d'une furieuse envie de retrouver Phoebe pour l'étrangler. Lui faire payer d'avoir rendu une situation humiliante plus mortifiante encore.

— C'est un ami, expliquai-je. Nous sommes seulement venus dîner.

— Oh ! Dans ce cas, j'ai un neveu célibataire. Il travaille en cuisine. Je pourrais peut-être vous présenter ?

Au lieu de repousser son offre ou même de tenter de lui expliquer que je n'étais pas du tout d'humeur pour un rendez-vous arrangé, je répondis :

— Ma foi, s'il fait bien les lasagnes, c'est vendu !

Aussitôt, un grand sourire lui étira les lèvres. J'espérais qu'elle avait compris que je plaisantais.

— Vous désirez manger ici ce soir ou prendre à emporter ? demanda-t-elle alors.

J'avais pensé dîner sur place, mais je me rendais compte à présent que tout le monde allait me poser des questions sur mon mariage raté. Je me surpris à jeter un coup d'œil furtif en direction de la porte, à la recherche d'une échappatoire.

Brendan posa la main sur mon épaule.

— Tu veux qu'on aille chez moi ? proposa-t-il. Pour manger tranquillement sur le canapé ?

Après toutes ces années, il était toujours capable de lire dans mes pensées.

— Parfait ! répondis-je.

Après avoir passé commande, nous attendîmes dans l'entrée qu'on nous apporte nos plats. Je croisai le regard de Brendan qui m'adressa un sourire gêné. Rien à voir avec le grand sourire franc qu'il arborait un peu plus tôt.

— Je ne veux pas que tu aies pitié de moi, protestai-je.

C'était sorti plus durement que je ne l'avais voulu, mais j'avais besoin qu'il arrête de me regarder comme ça. J'avais déjà subi trop de regards compatissants ces derniers jours et je ne pouvais plus le supporter. Surtout venant de l'homme qui, l'espace de quelques heures, m'avait fait tout oublier. Je voulais retrouver notre insouciance.

— D'accord, pas de pitié ! fit-il en levant les deux mains en signe d'apaisement. Une femme qui se marie pour des lasagnes a visiblement le sens des priorités. Je trouve ça admirable.

Je serrai les lèvres pour m'empêcher de sourire. Je n'allais pas lui faire ce plaisir. Puis, comme les coins de ma bouche se soulevaient malgré moi, je lui assenai un coup de coude pour faire bonne mesure.

— Tu es aussi violente que dans mes souvenirs, s'esclaffa-t-il.

— La prochaine fois, tâche de ne pas l'oublier ! rétorquai-je.

Il m'adressa un grand sourire, et je me remémorai une fois encore nos jeux d'enfants. Toutes ces parties de football, de baseball… Courir dans le désert et se dissimuler sous des buissons malingres pour échapper aux « flics »… Tout avait commencé en CE1, le jour où il m'avait jeté un bâton à la tête et où je lui avais fait tâter de mon fameux crochet du droit. Je refusais d'être la fille qui se laissait malmener. J'étais déjà la petite nouvelle qui avait déménagé en cours d'année scolaire et j'accusais encore le coup du divorce de mes parents. Il n'aurait plus manqué que j'ajoute « mauviette » à la liste.

Brendan s'était frotté la joue et s'était excusé pour le bâton, prétendant ne pas avoir remarqué que j'étais une fille, ce qui avait bien failli lui valoir un nouveau coup de poing. Pour sa défense, je portais les cheveux très courts cette année-là. Je ne savais pas ce qui m'avait pris, mais disons que ce n'était absolument pas flatteur. L'unique avantage de cette coupe était l'absence totale d'entretien, ce qui à l'époque était ma principale préoccupation.

Après ce jour, Brendan et moi avions commencé à jouer ensemble. Au fil du temps, je m'étais retrouvée la seule fille au milieu d'un groupe de garçons. Les jeux avaient évolué avec les années, mais c'était toujours resté très physique, hormis quelques séances de jeux vidéo pour souffler un peu. Je m'entendais assez bien avec les autres garçons, mais Brendan et moi avions de réelles affinités. Pour mes neuf ans, il m'avait même demandée en mariage avec en guise de bague de fiançailles un bonbon en forme d'anneau.

— Qu'est-ce qui t'arrive ? demanda-t-il en plissant les yeux d'un air suspicieux, comme s'il me soupçonnait de mijoter quelque chose.

— Rien, je pensais juste à nous deux quand on était petits. Ça me fait bizarre de te regarder et de reconnaître en toi le garçon que j'ai connu, mais tellement différent.

— Toi aussi, tu as changé, rétorqua-t-il en me détaillant, son regard s'attardant sur mes escarpins Mary Jane en daim rouge. Déjà, je ne me serais jamais attendu à te voir aussi féminine.

— Navrée de te décevoir.

— Je ne suis pas déçu, répliqua-t-il en m'entourant les épaules de son bras. C'est juste que… enfin… tu étais toujours en jean, tee-shirt et chandail. Au baseball, tu étais capable de lancer une balle courbe qui rendait tous les gars jaloux.

— Arrête, tu vas me faire rougir, ironisai-je en agitant la main devant mon visage.

Je fus récompensée par un éclat de rire.

— Et maintenant tu es devenue cette femme en jupe et talons hauts, et tu organises des mariages. Qu'est-ce qui t'est arrivé ?

— Le plus important dans mon métier, c'est le contrôle. Les robes, les gâteaux et les décorations viennent en second, même si j'ai appris à aimer tout ça. Pendant mes années de lycée, mon côté féminin a pris le dessus et je me suis rendu compte que j'aimais bien me pomponner. Et que je pouvais faire du sport tout en étant habillée comme une fille. Je faisais partie de l'équipe de foot, puisque les joueurs de football américain ne semblaient pas vouloir de moi. Comme mon père était l'entraîneur, j'aurais pu faire pression pour être acceptée, mais, à l'époque, je voulais avoir une activité qui me sépare un peu de papa. Quelque chose dont il serait quand même fier.

— Je suis certain qu'il l'était.

— Il venait voir tous mes matchs. C'est même arrivé que son équipe joue en même temps que moi et qu'il demande à son assistant de le remplacer. Ça m'émerveille toujours quand j'y pense.

Soudain, un mouvement au fond du restaurant attira mon attention. Antonia conversait avec un grand garçon dégingandé qui avait l'air à peine sorti du lycée. Elle me montra du doigt, et je devinai qu'il s'agissait du neveu avec qui elle avait décidé de me caser.

Aussitôt, je plongeai derrière Brendan pour me cacher, même si je savais bien que c'était déjà trop tard.

— Qu'est-ce que tu… Oh ! s'esclaffa Brendan qui venait de comprendre la situation. Il est tout à fait ton genre, D.J. ! Il vient sûrement de fêter ses dix-huit ans !

— Tu ne m'aides pas vraiment, là, murmurai-je en m'agrippant à l'arrière de sa chemise.

Je me hissai sur la pointe des pieds pour regarder par-dessus son épaule et voir si Antonia me montrait toujours du doigt. Je ne comprenais pas vraiment ce qui me prenait de me cacher, mais, dans ma panique, ça m'avait semblé être la meilleure solution.

Antonia nous rejoignit – seule, Dieu merci – et nous tendit des sacs en papier qui fleuraient bon l'ail et la marinara. Aussitôt, mon estomac exprima son approbation. Je m'emparai de notre dîner en m'efforçant de dissimuler le fait que je m'étais servie de

Brendan comme bouclier. Même si, au passage, j'avais remarqué qu'il constituait un très robuste bouclier.

Une fois que nous fûmes remontés en voiture, je pus enfin me détendre. En conduisant, Brendan chantonnait avec la radio et remuait la tête au rythme de la musique tandis que je me relaxais sur le siège passager, heureuse d'avoir quelqu'un avec qui passer mon vendredi soir.

— Alors, ça te plaît d'être de retour ? demandai-je. Qu'est-ce que tu fais exactement au casino ?

— Pour l'instant, ça va. Certains de mes plus beaux souvenirs sont rattachés à cette ville.

Il me jeta un regard, et une douce chaleur emplit ma poitrine. Puis il se retourna vers la route. La lumière des lampadaires soulignait son profil et la ligne de son bras posé sur le volant.

— Je m'occupe de la sécurité des flambeurs et je fais en sorte que personne ne vole le casino, poursuivit-il. Et, si voleur il y a, je m'arrange pour l'attraper avant qu'il s'échappe. Je fais aussi beaucoup de vérifications de cartes d'identité pour empêcher les mineurs de jouer et je m'occupe des gens bourrés qui foutent la merde. Et sinon on me confie un certain nombre de missions top secret que je ne suis pas autorisé à divulguer.

Il avait parlé d'un ton léger, mais je devinais qu'il prenait son travail très au sérieux.

— En gros, répliquai-je, tu passes tes journées à te la jouer façon James Bond.

Les phares d'une voiture illuminèrent un instant son sourire.

— Et toi ? demanda-t-il. Tu n'as pas fini de m'expliquer comment tu en es arrivée à organiser des mariages. Tu étais trop occupée à te cacher derrière moi.

— Si j'avais su que tu étais quasiment un espion, je t'aurais demandé de me trouver une meilleure technique d'évitement, rétorquai-je en détendant ma ceinture de sécurité pour me tourner vers lui. En fait, tout a commencé quand la mère d'une amie s'est mariée et que j'ai été invitée. J'ai été émerveillée par la quantité de fleurs, les décorations et les serveurs qui nous apportaient des plats tous plus incroyables les uns que les autres. Et puis tout le monde avait l'air tellement heureux… J'ai commencé à me demander comment tout cela avait été rendu possible. Je l'ai pris comme un défi, je voulais savoir si je serais capable d'organiser moi-même un tel événement. Alors je me suis renseignée, et, comme j'ai toujours été une maniaque de l'organisation, ça a plutôt bien marché. Ce qui me plaît le plus, c'est que malgré le nombre de mariages dont je me suis occupée, tous sont différents, et il y a toujours quelque chose de nouveau. Il y a toujours des problèmes à régler au dernier moment, et j'aime la montée d'adrénaline que ça me procure.

Sauf pour mon propre mariage. Là, j'ai été incapable de détecter le problème qui allait tout briser. Je repoussai bien vite cette pensée importune et haussai les épaules.

— Et il y a aussi que j'adore donner des ordres à tout le monde, ajoutai-je pour conclure.

— Tu as toujours aimé ça, me taquina Brendan, ce qui lui valut une petite tape sur le bras.

Il bifurqua dans un nouveau quartier résidentiel et s'arrêta dans l'allée d'une maison à un étage, aux murs bruns et au toit de tuiles rouges, avec un grand palmier dans le jardin. En quelques minutes, nous fûmes assis à la table de la cuisine, à piocher joyeusement dans nos sacs en papier. Dès qu'un silence s'installait dans la conversation, mon esprit se mettait à divaguer. Au départ, il se concentra uniquement sur le bonheur d'avoir retrouvé Brendan, de pouvoir rire et plaisanter avec lui comme avant. Puis, très vite, je me surpris à penser à quel point lui et Grant étaient différents. Pas seulement physiquement, mais jusque dans leur mode de vie. Dans la maison de Brendan, les éléments de décoration étaient rares et des piles de désordre s'accumulaient çà et là, titillant la maniaque du rangement qui sommeillait en moi. Grant, quant à lui, employait une femme de ménage en plus d'être lui-même très ordonné, et la décoration de sa maison était constituée essentiellement d'œuvres d'art qu'il dénichait dans des galeries réputées. Il avait étudié l'art en option à la fac et connaissait l'histoire du moindre tableau qu'il achetait.

Chez Brendan, j'avais l'impression que les photos qui décoraient les murs avaient été vendues avec la maison. Je ne m'intéressais pas particulièrement à l'art ni ne me formalisais de ce genre de choses, mais j'avais tendance à observer le style d'une personne, de sa voiture et de son logement pour tenter de percer sa personnalité. Lorsqu'il s'agissait de futurs mariés, mon taux de réussite s'élevait à soixante-quinze pour cent.

— Ça te plaît ? demanda Brendan en désignant la photographie que j'étais en train d'observer.

— Tu l'as trouvée où ?

— Ça venait avec la maison.

Je fis de mon mieux pour dissimuler une brève bouffée de fierté.

— Je vais refaire la déco, ajouta-t-il. Je pensais à des affiches de films.

— Dans la cuisine ?

— Pourquoi pas ?

Je haussai les épaules. Je ne trouvais aucune réponse à sa question, à part que c'était inhabituel, et cette raison ne me semblait pas assez bonne.

— J'imagine que tu auras aussi des posters de sport collés sur tous tes murs, comme quand tu étais gosse, dis-je.

— Oui, il y en a déjà dans ma chambre. C'est la seule pièce que j'ai décorée pour le moment. Mais maintenant, comme je suis devenu vachement plus adulte et prétentieux, je les fais encadrer. Et, quand je t'aurai montré mon maillot de Steve Young dédicacé et encadré, tu seras priée d'avoir l'air dûment impressionnée, ajouta-t-il en me claquant le genou.

— Je n'y crois pas ! Tu as un maillot signé ?

Il hocha la tête, et un sourire lui creusa la joue.

— Alors, on ne se moque plus de mes choix de déco, Madame la Snobinarde ? s'esclaffa-t-il en se levant. Allez viens, je vais te montrer.

Il me tendit la main pour m'aider à me lever. Je claquai ma main dans la sienne et le laissai faire. Dans le salon, en face d'un grand canapé inclinable muni de porte-gobelet, trônait un écran géant. Je repérai également une PlayStation sur le meuble multimédia. Apparemment, il n'avait pas perdu sa passion pour les jeux vidéo. Moi, cela faisait des années que je n'avais plus touché une manette. Je n'étais pas mauvaise à l'époque, mais je n'avais jamais été capable de rester assise pendant des heures comme Brendan et les autres. Je passais mon temps à essayer de les pousser à venir jouer dehors, malgré la chaleur infernale qui régnait en été à Vegas.

Brendan ouvrit la porte de sa chambre. À l'image de la cuisine, il y régnait un désordre organisé. Des vêtements traînaient un peu partout, et le haut de son armoire était un véritable bazar. Sur les murs, en revanche, étaient joliment encadrés des posters des 49ers, des Colorado Avalanche et de Steve Young. Et au milieu trônait fièrement un maillot de football écarlate, avec le nom de « Steve Young » griffonné sur le chiffre huit.

— Non seulement il est signé, déclara Brendan, mais j'étais là quand Steve l'a fait ! C'était l'année où il a pris sa retraite.

Quand nous étions gamins, Brendan et moi regardions toujours les matchs ensemble, et nous nous entendions au moins sur une chose : le quarterback des 49ers était le meilleur de tous, et haut la main. Papa regardait les matchs avec nous, criant sans cesse sur les joueurs et leur adressant par moments un signe de tête approbateur, comme s'il avait affaire à sa propre équipe.

— Eh bien, tu avais raison, je suis impressionnée ! C'est génial que tu aies pu voir Steve Young ! Personnellement, je n'irais pas décorer ma chambre avec un maillot de football, mais ça ferait très bien dans le salon ou la salle de jeux. Un peu comme tes posters « adultement » encadrés, ajoutai-je avec un sourire.

À cet instant, l'alerte mail de mon portable retentit. Je ne recevais une alerte que pour mes clients, auxquels je promettais d'être toujours disponible en cas d'urgence. Je leur fournissais également mon numéro de portable, mais certains préféraient les mails, généralement les plus aimables.

— Excuse-moi, il faut que je regarde ce que c'est. J'ai un mariage dimanche, il faut que je vérifie s'il s'agit d'un problème urgent ou d'un truc à ajouter à la liste de ce que je dois faire plus tard.

Ce n'était pas Erika, la mariée du week-end, mais une autre dont la cérémonie était programmée pour l'hiver : « J'ai le regret de vous informer que j'ai choisi une autre solution… » Tendue, je parcourus en vitesse le reste du message. D'une phrase expliquant qu'elle n'était pas certaine que j'aie tout ce qu'il fallait pour lui assurer un mariage sans accroc, je déduisis qu'elle avait lu l'article de Phoebe. Cette cliente était venue me voir quelques semaines auparavant pour m'implorer de prendre les choses en main, car elle-même était débordée. J'avais déjà réservé une salle et commencé à m'occuper des invitations. Tout ce travail pour un misérable acompte ! Non seulement j'avais des fonds très limités, mais en plus mes clientes allaient se mettre à tomber comme des mouches sous les coups d'un insecticide nommé Phoebe ! Tout ça parce qu'un homme dont je n'étais même pas censée contrôler les actes avait choisi de ne pas m'épouser. Elles pouvaient remettre en cause mes capacités à me choisir un fiancé si elles voulaient, mais pas mes compétences d'organisation ! Cela n'avait rien à voir !

— Tout va bien ? demanda Brendan.

Je réglai mon portable sur silencieux et le rangeai.

— Super.

Il ne répondit pas mais me jeta un regard suspicieux.

— Cela dit, ajoutai-je, j'aurais bien besoin d'un petit verre. On aurait dû prendre une bouteille de vin pour accompagner le dîner.

— Alors on a de la chance, parce que j'ai quelques bouteilles toutes prêtes pour ce genre d'occasion.

Une fois revenus dans la cuisine, Brendan nous versa deux verres de vin. J'avalai quelques longues gorgées, mais cela ne suffit pas à me faire oublier ce mail. Je n'allais tout de même pas commencer à perdre mes clients pour une raison aussi stupide ! Pas au moment où mon affaire marchait enfin comme je l'avais toujours voulu ! Une question étrange me traversa alors l'esprit : si je me remettais avec Grant, les gens verraient-ils ça comme un succès parce que j'aurais réglé tous nos problèmes ou comme un échec parce que je serais revenue vers l'homme qui m'avait plaquée ? Mais non. Je ne prenais pas les grandes décisions de ma vie en fonction de ce qu'en pensaient les autres.

Les choses sont compliquées, songeai-je. *Bien plus que ne peuvent le dire quelques lignes condescendantes dans un article de journal.*

Je fis tourner mon vin dans mon verre, songeuse, puis relevai les yeux vers Brendan.

— Qu'est-ce que tu ferais si on t'apprenait que tu as un fils que tu n'as jamais connu ?

Brendan se figea, son verre à quelques millimètres de ses lèvres, puis le rabaissa lentement.

— Euh… je ne sais pas. Pourquoi ?

— Je veux dire : est-ce que ça te ferait flipper ?

— Et comment !

Il inclina la tête pour m'observer, l'air d'attendre des explications, mais je ne me sentais pas prête à étaler mon linge sale – ou plutôt celui de Grant – devant lui. Même si j'étais très à l'aise avec Brendan, je ne voulais pas le mêler à mes histoires. Chaque aspect de ma vie devait rester cloisonné dans son propre compartiment, exactement comme ce que je rêvais de faire à ce tas de courrier étalé sur le plan de travail. Je frémis en remarquant les pommes et les oranges également éparpillées sur la surface, sans la moindre corbeille pour les contenir.

J'achevai de vider mon verre, puis m'avançai vers la porte-fenêtre de la terrasse.

— Cupidon serait tellement heureux de pouvoir courir dans ce jardin…, soupirai-je. C'est mon chien, ajoutai-je devant le regard ébahi de Brendan. Quand je vivais dans mon dernier appartement, il supportait mal d'être tout le temps enfermé. Il n'y avait qu'une petite bande de gazon pour tout l'immeuble.

Brendan me rejoignit devant la porte-fenêtre.

— Quelle race ?

— Labrador noir. Je l'ai laissé chez mon ex pour le moment, en attendant de me trouver un appart à moi.

Moi qui voulais éviter de parler de Grant, c'était gagné ! Mais, vu la façon dont nos vies étaient entremêlées, c'était inévitable.

— Ça craint. Tu ne peux pas le prendre avec toi là où tu habites ?

Je secouai la tête.

— Je te l'ai dit, je dors sur un canapé en ce moment, je n'ai pas beaucoup de place. Et, de toute façon, la résidence de Jillian n'accepte pas les gros chiens.

— Si tu veux le loger ici, ça ne me dérange pas. J'ai plein d'espace et je cours tous les matins…

Ça, je m'en doute, songeai-je en admirant sa silhouette pour la deuxième fois de la soirée. Un instant, je me sentis mal à l'aise : après tout, c'était Brendan. Oui, mais un Brendan version 2.0.

— … le prendre avec moi, poursuivait ce dernier sans se rendre compte que j'avais cessé d'écouter. Et tu pourrais venir le voir quand tu voudrais. Je t'assure, ça ne me dérangerait pas.

— Tu es sérieux ?

— Bien sûr. Je te donnerais une clé, comme ça tu pourrais lui rendre visite n'importe quand.

— Tu m'offres la clé de ta maison ? Comme ça ? Et si je venais tout saccager en ton absence ?

J'étais plutôt tentée de tout nettoyer et organiser, mais ça, jamais je ne l'aurais reconnu !

— Mon instinct me dit de te faire confiance. Je sais bien que d'une certaine manière on vient de se rencontrer, mais je n'ai pas l'impression que tu aies beaucoup changé. Enfin, à part les vêtements, le travail et…

Il me regarda longuement de haut en bas, comme s'il comptabilisait les différences, et je retins un sourire. Pensait-il à moi de la façon dont je venais de penser à lui ou avais-je déjà trop bu ?

— Bon, d'accord, beaucoup de choses ont changé, reprit-il en haussant les épaules avant de s'adosser contre l'encadrement de la porte. Mais pas qui nous sommes. Je te connais mieux que tu ne le penses,

D.J. Halifax. Après tout, combien de fois est-on restés dormir l'un chez l'autre quand on était gamins ?

— Tous les week-ends où nos parents se laissaient convaincre. Jusqu'au jour où tu m'as demandée en mariage et où mon père a pété un câble.

Une étincelle s'alluma dans les yeux de Brendan, ces yeux marron qui, à l'époque, arrivaient à dire tant de choses en un seul regard. *À trois, sors discrètement des buissons. On va les avoir.*

— C'est vrai, dit-il. Après ça, j'ai été banni des soirées pyjama.

— J'ai essayé de lui expliquer que ce n'était pas le genre de fiançailles qui impliquaient des baisers, mais je crois que c'était la première fois qu'il se rendait compte que j'allais un jour embrasser un garçon.

Une réminiscence de mon neuvième anniversaire surgit soudain dans mon esprit. Brendan et moi étions assis sur une branche de l'olivier de mon jardin. Il m'avait demandé si je l'épouserais quand on serait « vieux, genre au moins vingt ans », et je lui avais répondu que oui, mais que, pour être vraiment fiancés, il me fallait une bague. J'étais très fière de mes connaissances sur le sujet. Brendan avait alors sorti un bonbon en forme d'anneau du rouleau qui traînait dans sa poche et avait tenté de me le passer au doigt. Comme le trou était trop petit, il avait sucé le bonbon pour l'ajuster, le ressortant de temps en temps de sa bouche pour voir si ça passait. Ainsi, je m'étais retrouvée fiancée à l'âge de neuf ans.

Malheureusement, dès que j'avais annoncé l'heureuse nouvelle à mon père, il s'était empressé de m'enlever ma bague collante et couverte de terre, puis avait décrété que Brendan n'avait plus le droit d'entrer dans ma chambre ni de dormir à la maison. Au cours des quatre années qui avaient suivi, Brendan s'était de temps en temps glissé dans ma chambre lorsque mon père était à l'entraînement, mais nous ne nous étions jamais embrassés. À présent, cependant, je me surprenais à attarder mon regard sur la courbe de ses lèvres…

Puis je repris mes esprits. C'était la première bonne soirée que je passais depuis… eh bien, depuis l'annulation de mon mariage. Voilà pourquoi ces pensées malvenues me traversaient l'esprit. Mais était-ce une raison suffisante pour refuser une excellente proposition qui me permettrait de rendre visite à mon chien quand bon me semblerait sans être obligée de voir mon ex ? Honnêtement, cette solution temporaire me semblait parfaite.

— Tu es sûr que ça ne t'embête pas de prendre mon chien chez toi ? Il est bien dressé et demande très peu d'entretien. Bon, il perd un peu ses poils, mais il lèche toujours les assiettes. Je le vois un peu comme une sorte de lave-vaisselle dernier cri.

— Ça ne m'embête pas du tout. Je trouve même que j'y gagne pas mal : j'obtiens un compagnon à fourrure, et ça me permettra de te voir plus souvent.

Soudain, je me sentis plus légère. D'ordinaire, j'aimais que mes plans soient suivis à la lettre et redoutais toute improvisation, mais quelque chose me disait que cette légère entorse à mes habitudes allait me faciliter l'existence.

— Viens, me dit Brendan, on va regarder un film ou jouer à un jeu vidéo. J'ai le dernier James Bond, et avec les nouveaux graphismes tu ne vas peut-être pas passer tout ton temps bloquée dans un coin, cette fois-ci.

— Oh, ça va ! Le mur se refermait toujours sur moi quand j'essayais de tourner dans un coin. Les briques tournoyaient autour de moi, et je ne voyais plus rien jusqu'à ce que quelqu'un arrive par-derrière pour me tirer dessus et que mon écran devienne rouge.

Brendan éclata de rire, s'empara de la bouteille de vin et me fit signe de passer dans le salon. En le suivant, je songeai que non seulement ce nouvel arrangement avec Brendan et Cupidon allait me faciliter l'existence, mais qu'en plus j'allais bien m'amuser.

Partie II

Colère Corail – Élevé

(Risque élevé de crises de larmes,
de panique, de respiration rapide et
d'envie de laisser tomber ou de s'évanouir.)

« La prudence de la meilleure tête est souvent
paralysée par la tendresse du cœur. »

Henry Fielding

Chapitre 7

— Mais, bordel, où sont mes colombes ? m'écriai-je dans mon kit mains libres Bluetooth.

J'avais sûrement l'air d'une folle furieuse qui parlait toute seule, mais, à cet instant, c'était bien le dernier de mes soucis. J'aurais bien voulu parler à une personne réelle, mais j'avais dû me contenter d'une messagerie vocale. Mes premiers messages avaient été courtois : une déclinaison de « Bonjour, pourriez-vous me donner une fourchette horaire pour la livraison des colombes, s'il vous plaît ? ». Mais au quatrième ma patience avait atteint sa limite.

Jillian sortit de l'immense tente où devait se tenir la réception. Son équipe s'affairait un peu partout pour installer les tables et les chauffe-plats.

— Alors ? demanda-t-elle.

— Toujours pas de réponse. Je ferais mieux d'aller voir comment va la mariée. Si tu aperçois un mec avec une camionnette remplie d'oiseaux, appelle-moi.

Je partis à grands pas vers l'allée qui menait à l'autel, remettant en place au passage une colonne ornée de fleurs.

Dix mois de travail étaient en train de se concrétiser, et ces satanées colombes manquaient à l'appel. Il y avait aussi eu le témoin qui avait oublié les alliances, mais j'avais déjà envoyé le père du marié les chercher, et il devait être de retour dans les cinq minutes. Au matin, Erika avait piqué une mini-crise de nerfs à la vue du bouton qui était apparu sur son menton, mais après quelques compresses de thé glacé, un cataplasme au dentifrice, de la Visine et la magie d'un bon fond de teint, son visage semblait avoir retrouvé sa perfection, malgré un maquillage légèrement plus appuyé que d'ordinaire. Aux dernières nouvelles, elle était d'humeur plus enjouée que stressée. Malheureusement, son euphorie risquait de ne pas durer très longtemps si mes oiseaux n'arrivaient pas très vite et compromettaient l'instant magique où les mariés s'embrassaient sous un lâcher de colombes. Connaissant Erika comme je la connaissais, il y aurait du sang et des larmes si ce moment maintes fois rêvé tombait à l'eau.

Cette idée des colombes était étrangement populaire. Je n'avais jamais compris cette envie de risquer des emmerdements supplémentaires – au sens propre – le jour de son mariage. D'accord : se faire chier dessus par un oiseau était censé porter chance, mais j'étais prête à parier que personne n'irait penser à se réjouir en essayant tant bien que mal de nettoyer toute cette « chance » collée dans ses cheveux. Sans parler de l'effet peu ragoûtant sur les photos de mariage.

Au moins, ils ont engagé Louie pour prendre les photos. Si quelqu'un se fait chier dessus, il saura photoshoper ça. Enfin, si les colombes se décident un jour à ramener leurs fesses emplumées.

Je fusillai du regard mon portable désespérément muet. Puis, comme il ne sonnait toujours pas, je le glissai dans mon soutien-gorge pour être sûre de le sentir vibrer en cas d'appel et partis vérifier que les mariés et leurs invités étaient bien habillés et prêts à prendre place.

Sérieusement, les animaux allaient finir par causer ma perte. Un mois auparavant, j'avais eu affaire à des chevaux. Ma mariée en avait un qui, pour la citer, devait « participer au mariage sans quoi sa famille ne serait pas complète ». Cinq minutes après le début des photos, ce foutu canasson s'était dit que le bouquet de la mariée semblait délicieux, le lui avait arraché et s'était enfui au galop, des tulipes rouges dépassant de la bouche. Sans réfléchir, je m'étais mise à courir après le stupide animal, en talons hauts et sans avoir la moindre idée de ce que je ferais si je parvenais à l'attraper. Par chance, un témoin était venu à mon secours, et, à nous deux, nous étions parvenus à acculer le cheval dans un coin. Le témoin l'avait attrapé par la bride, et je lui avais arraché le bouquet de tulipes mutilé. Puis, heureusement pour le reste des photos, j'étais parvenue à recréer un bouquet à peu près présentable en empruntant des fleurs aux demoiselles d'honneur et au décor.

La plupart du temps, mon ingéniosité m'aidait à me sortir de toutes les situations. Mais, en l'occurrence, je me voyais mal faire apparaître des colombes. Peut-être devrais-je armer de lance-pierres quelques-uns des plus jeunes enfants pour voir s'ils pouvaient au moins dénicher quelques volatiles ordinaires. Rien de tel que les pigeons et les corbeaux pour créer une ambiance romantique...

Lorsque j'entrai dans le bâtiment agréablement climatisé qui hébergeait les vestiaires, une voix grave m'interpella. Je tournai la tête et vis le témoin du marié s'avancer vers moi à grands pas. Il n'était pas venu à la répétition la veille et était donc déjà sur ma liste noire.

— C'est vous, l'organisatrice ? demanda-t-il en posant une main sur mon épaule.

Il me regardait de haut en bas avec un petit sourire suffisant, et quelque chose me dit que beaucoup de femmes étaient déjà tombées, victimes de ce sourire. Je connaissais bien ce genre de mecs. Ils s'imaginaient pouvoir ajouter à leur tableau de chasse toutes les femmes célibataires du mariage, qui bien entendu se sentaient tellement seules et désespérées.

— Je m'appelle Clark, se présenta-t-il en faisant courir les doigts le long de mon bras. Vous me réservez la première danse ?

Non seulement je n'étais pas impressionnée, mais je n'avais pas le temps de m'occuper de lui et de ses techniques de drague minables.

— Clark ? fis-je.

Il haussa un sourcil. Apparemment, il se prenait vraiment pour un Casanova.

— Oui, chérie ?

Je me penchai vers lui jusqu'à ce que mes lèvres se trouvent à quelques centimètres de son oreille et murmurai :

— Votre braguette est ouverte. Il faudrait penser à y remédier avant la cérémonie.

Je détachai sa main de mon bras, lui adressai un bref sourire glacial et partis prendre des nouvelles de ma mariée.

En chemin, je ne pus m'empêcher de songer qu'en me remettant sur le marché des célibataires j'aurais immanquablement affaire à des cas comme ce Clark. Étais-je censée tomber en pâmoison devant ce genre d'approche ? Non, c'était au-dessus de mes forces. Mais cela faisait tellement longtemps que je n'étais pas sortie avec un homme que j'en avais presque oublié comment flirter. *Si je me décide à avoir des rencards, je vais devoir ajouter quelques objectifs supplémentaires à cette partie de mon programme de vie…*

Je m'apprêtais à frapper à la porte de la pièce réservée à la mariée quand mes seins se mirent à vibrer. Aussitôt, je pressai le bouton de mon kit mains libres.

— Allô ?

— C'est moi, annonça une voix rauque.

— Moi qui ?

— Moi, Ed. Les colombes sont là, on est prêts.

Je poussai un soupir de soulagement. *Alléluia !* Avec une autre cliente en moins – j'avais reçu son message pendant la nuit – et Phoebe qui semblait déterminée à me faire passer pour une incompétente, j'étais plus que jamais sous pression pour que ce mariage se déroule sans accroc.

— Installez-vous derrière les colonnes de l'autel. J'arrive dans quelques minutes pour vous expliquer le minutage.

À peine eus-je raccroché que mon téléphone sonna de nouveau. C'était Jillian.

— Le mec des colombes est arrivé, dit-elle. Il a commencé à sortir les oiseaux, mais ils chient partout ! Une chance que le buffet soit dans la tente !

— Oui, je viens de lui parler. Si tu le vois partir dans une autre direction que celle de l'autel, indique-lui où il doit aller, tu veux bien ? Moi, je dois aller voir la mariée. La cérémonie commence dans dix minutes.

— Le buffet est déjà en place, répondit Jillian, et je surveille le mec aux oiseaux.

Dieu merci, mon amie était tout aussi perfectionniste que moi ! Quand c'était elle qui faisait le traiteur, je savais que non seulement le buffet serait parfait, mais qu'en plus elle accepterait de me venir en aide pour régler les menus détails de la cérémonie. C'était pour cette raison que je la recommandais fortement à tous mes clients.

Je frappai avant d'entrer dans les quartiers de la mariée. Erika, resplendissante dans sa robe Krikor

Jabotian, était entourée de ses demoiselles d'honneur dans un méli-mélo de blanc et de crème, de corail et de vert citron. Ce mariage faisait partie de mes événements à plus haut budget, même si l'union Maddox/Beecham le faisait paraître insignifiant en comparaison. Après avoir perdu quelques clients, je n'avais déjà plus droit à l'erreur, mais le mariage de Valentina Maddox m'infligeait une pression supplémentaire en raison de sa couverture médiatique qui pouvait aussi bien me faire que me défaire. Tout irait bien tant que j'évitais les complications, et j'étais prête à donner ma vie pour m'assurer que tout se passerait sans anicroche. Cela dit, étant donné que le mariage n'aurait lieu que dans quelques mois, cette pensée n'était pas assez rassurante pour envisager la location de ce bel appartement très bien situé que j'avais déniché la veille grâce à une annonce en ligne. Mes revenus étaient toujours imprévisibles, avec de grosses entrées d'argent suivies de minuscules acomptes, et je ne pouvais pas encore me permettre d'engager de telles dépenses.

— Dakota ! hurla Erika en m'apercevant. Vous arrivez à croire que le grand jour est enfin arrivé ?

Toutes mes mariées m'avaient posé la même question, ou une variante, juste avant la cérémonie. Moi-même, je l'avais posée à mon reflet le matin du jour où j'aurais dû me marier.

Toute la journée, j'avais été dans mon élément, concentrée sur mes tâches et la résolution des problèmes. Mais cette question me fit l'effet d'un coup de poing dans le ventre. D'un seul coup, les plus infimes détails de la scène me sautaient aux yeux : la minutieuse disposition de chacune des pièces florales du bustier d'Erika, qui donnaient à sa robe un aspect ancien et moderne à la fois, les plis parfaits de sa volumineuse jupe couleur crème, son maquillage sans défaut, les pinces ornées de perles qui maintenaient son chignon et son visage qui irradiait le bonheur et l'espoir.

Ce n'était pas pareil que de voir un couple heureux pendant un rendez-vous à mon bureau. C'était un jour magique. Une histoire d'amour qui, simultanément, s'achevait et débutait. Pourtant, pour la première fois depuis que j'organisais des mariages, je ne ressentais ni espoir ni bonheur. Ni pour elle ni pour moi. Dieu merci, je n'éprouvais pas non plus d'aigreur : je souhaitais sincèrement que leur mariage soit parfait. Mais je me sentais vide. Perdue. C'était absurde. J'avais une nouvelle coiffure du tonnerre, un plan de vie avec un code couleur, et, même si j'avais perdu quelques clients, il m'en restait bien assez pour m'occuper l'esprit.

Alors pourquoi ce sentiment d'échec me collait-il à la peau ? Mon cerveau m'enjoignait d'arrêter, mais mes émotions refusaient d'écouter. Cependant, comme avec le témoin dragueur, je n'avais pas le temps de m'occuper de ça.

— Je n'arrive pas à y croire ! m'écriai-je avec un sourire forcé. Et vous êtes sublime ! Bien que ça, ce ne soit pas une surprise !

Je me tournai ensuite vers les demoiselles d'honneur.

— Vous êtes toutes sublimes.

Allier le vert citron au rouge corail était un choix audacieux, tout comme le lâcher de colombes et la robe haute couture bouffante qui, mal portée, aurait menacé d'engloutir la jeune mariée. Mais Erika était une mariée aventureuse, et je l'admirais pour cela.

— Y a-t-il quelque chose que je puisse faire pour vous ? demandai-je.

C'était une question dangereuse, à laquelle on me répondait souvent par des requêtes impossibles à la dernière minute, mais je la posais chaque fois. Je ne pouvais pas m'en empêcher, même quand je traversais une crise personnelle, apparemment.

— Est-ce qu'on pourrait avoir quelques bouteilles d'eau ? répondit Erika. On nous a apporté des bouteilles premier prix, je ne peux pas boire ça !

— À ce sujet, on a vérifié, ils ne serviront que de l'eau Fiji à la réception. Je peux vous en apporter une bouteille, bien sûr, mais je vous conseille plutôt d'arrêter les liquides. Pas au point de vous déshydrater, bien entendu, mais vous n'avez pas idée du nombre de mariées qui passent la moitié de la cérémonie à se trémousser à cause d'une envie pressante.

Ce n'était arrivé qu'une seule fois à ma connaissance, mais je devais à tout prix retrouver au plus vite le dresseur de colombes.

— Vous pensez vraiment à tout, déclara Erika en me serrant contre elle. Je suis si heureuse de vous avoir !

Et voilà ! À présent, je me sentais coupable de ne pas être pleine d'espoir et de bons sentiments. Et si chaque mariage dont je m'occupais dorénavant me laissait cette sensation de vide ?

Non, je vais retrouver la passion. Il le faut !

Soudain, je remarquai qu'une demoiselle d'honneur se tortillait dans un coin, l'air paniqué.

— Avez-vous prévu des mouchoirs en papier en cas de larmes ? demandai-je à Erika.

— Je vais en chercher ! proposa aussitôt la jeune fille qui était le témoin de la mariée.

Erika se tourna vers elle, ce qui me permit de m'approcher discrètement de la demoiselle d'honneur en détresse.

— Tout va bien ? murmurai-je à la petite femme rousse.

Je ne savais pas pourquoi, mais son nom ne me revenait pas. Beaucoup trop d'autres informations se bousculaient dans mon cerveau. Bon, j'avais bien un système mnémotechnique… C'était la plus « petite » des demoiselles d'honneur. Son nom commençait par un P. *Pauline ?* Non, pas tout à fait. *Paula ?*

Oui, c'était bien Paula. Entre ses cheveux roux et sa robe vert citron, elle était entièrement aux couleurs du mariage.

— Je crois que j'ai… Euh… regardez vous-même.

En la voyant commencer à se retourner, je me dis que ce devait être un problème de fermeture Éclair. Rien de bien grave donc, puisque j'avais de la cire et une trousse de couture dans mon sac.

Puis elle leva le pied, et je vis son talon pendouiller.

— J'ai voulu faire un pas, et il s'est cassé d'un seul coup ! gémit-elle.

— Ne vous inquiétez pas, on va arranger ça.

— Et en tombant j'ai accroché ma jupe, poursuivit-elle en me montrant une longue déchirure dans le tissu.

Et merde…

— On va s'en occuper.

Je jetai un coup d'œil à ma montre : plus que cinq minutes avant l'heure H. Je n'allais jamais rejoindre à temps mon dresseur de colombes.

Je sortis de mon sac à main un tube de Super Glue, recollai le talon et rendis sa chaussure à Paula.

— Tenez-le bien serré. Et surtout prenez garde à ne pas vous mettre de colle sur les doigts.

Elle hocha la tête, sérieuse et concentrée. Au moins ne prenait-elle pas les choses à la légère. Je m'emparai ensuite de mon kit de couture, insérai un fil dans l'aiguille et reprisai l'accroc aussi vite que possible. Je venais tout juste de terminer quand Erika se retourna pour voir ce qui se passait.

Paula testa sa chaussure et poussa un soupir de soulagement.

— Je pense que ça tiendra, murmura-t-elle.

— Marchez aussi légèrement que possible et, quand vous serez debout devant l'autel, transférez tout votre poids sur l'autre pied. D'accord ?

Je me redressai et sortis en hâte, rajustant au passage le voile d'Erika. Mes colombes m'attendaient.

— Je vous déclare unis par les liens du mariage, déclara le prêtre. Vous pouvez maintenant embrasser la mariée.

Je claquai des doigts. Ed se tourna vers moi, l'air hagard. *Maintenant ?* articula-t-il en silence. Je hochai la tête, et il souleva la porte de la cage. Les jeunes mariés s'embrassèrent sous un vol de colombes, dans un tonnerre d'applaudissements.

Soulagée, je m'appuyai un instant contre une colonne. À quelques pas de moi, une invitée leva les yeux, les sourcils froncés, et se passa la main dans les cheveux. Une fiente d'oiseau, probablement, mais comme la victime n'était ni la mariée ni une demoiselle d'honneur je pouvais toujours considérer cela comme une victoire. Ma minute de repos terminée, je me dirigeai vers la tente où devait se dérouler la réception.

Jillian était sur le pied de guerre, ses serveurs prêts à se mettre au travail à la seconde où elle leur en donnerait l'ordre.

— Ça s'est bien passé avec les colombes ? me demanda-t-elle.

— Oui, c'est un miracle.

— Connaissant ta malédiction avec les animaux, je suis assez d'accord, s'esclaffa mon amie. Du coup, pas de colombe rôtie au dîner ? ajouta-t-elle à voix basse.

J'éclatai de rire.

— Pas aujourd'hui, en tout cas.

La première fois que Jillian et moi avions travaillé ensemble, c'était pour mon premier mariage en solo. C'était là que la malédiction avait commencé. À mon arrivée, la quasi-totalité des poissons rouges qui servaient de centres de table flottaient mollement sur le dos. Jillian m'avait aidée à les sortir de l'eau et avait proposé pour plaisanter de les ajouter au menu. J'avais tout de suite su que nous allions très bien nous entendre. Finalement, les poissons avaient été jetés dans les toilettes et remplacés dans les bocaux par des roses flottantes que j'avais récupérées dans les compositions florales.

— Et toi, comment tu te sens ?

C'était une autre chose qui me plaisait chez Jillian : elle était capable de voir que je n'allais pas bien, mais ne donnait jamais l'impression d'avoir pitié de moi lorsqu'elle prenait de mes nouvelles.

— J'ai survécu.

Et, au point où j'en étais, je comptais ça comme une victoire.

Chapitre 8

C'était comme si ma voiture s'était dirigée d'elle-même vers la maison de Grant, poussée par une volonté propre. La force de l'habitude. Je préférais mettre ça sur le compte de la fatigue plutôt que de l'absence de volonté, mais à vrai dire, en montant les marches du perron, je me fichais pas mal du comment du pourquoi. J'ouvris la porte avec ma clé et me déchaussai d'un coup de pied.

Grant était assis sur le canapé. Dès qu'il m'aperçut, il se leva pour s'approcher, mais Cupidon le devança. Je m'accroupis pour caresser mon chien, puis me tournai vers Grant. Depuis notre dernière rencontre, il s'était rasé et fait couper les cheveux. Nous nous regardâmes un instant sans mot dire, puis il me prit dans ses bras et me serra fort.

Je me laissai alors engloutir dans la chaleur de son étreinte. Je me raidis un peu en sentant ses lèvres se poser sur les miennes, mais me perdis de nouveau dans ses caresses si familières lorsque ses doigts se mirent à parcourir mon corps. Puis, peu à peu, mon instinct de survie reprit le dessus.

— Attends ! soufflai-je d'une voix tremblante, à peine audible.

Grant se figea sur place. Ma gorge et mon cœur se serrèrent. L'univers s'était de nouveau assombri. Je reculai. J'avais besoin de cette distance, mais je la haïssais. « C'était une erreur », voulais-je dire. Mais je ne ressentais pas ça comme une erreur. C'était glissant. Dangereux. Je jouais au poker avec mon cœur, et il me semblait que Grant et moi avions perdu la partie. La maison avait gagné, quel que soit l'enfoiré qui la tenait.

— Comment s'est passé le mariage ? demanda Grant.

— Une femme s'est pris une fiente dans les cheveux, mais ce n'était qu'une invitée, et je ne suis même pas sûre qu'elle ait compris ce que c'était.

Une fossette se creusait dans sa joue quand il souriait. Pourquoi fallait-il qu'il soit aussi sexy ?

— Ce n'était pas trop dur d'assister à ça après... ?

— C'était dur.

— Je suis désolé, Dakota. Si c'était à refaire...

— Arrête, l'interrompis-je en levant la main.

Je savais qu'il était sincèrement désolé. J'ignorais juste si c'était suffisant. Une chose était sûre cependant : je ne voulais pas répéter la même conversation chaque fois que je le verrais jusqu'à... jusqu'à la fin des temps.

— J'imagine que tu as lu l'article de Phoebe ? demandai-je. (Il poussa un profond soupir et hocha la tête sans mot dire.) Tu aurais pu m'en parler quand elle t'a contacté.

— Je ne savais pas qu'elle allait publier quoi que ce soit. Je lui ai dit que je n'avais pas envie d'en parler, et surtout pas avec elle. Pourquoi ? Qu'est-ce qu'elle t'a dit ?

— Elle ne m'a rien dit. Jillian m'a appelée pour m'apprendre que j'étais dans le journal, et je l'ai lu moi-même. Qu'est-ce qui t'a pris de parler à Phoebe ? Tu sais pourtant comment elle est !

Il haussa les épaules.

— Elle n'a pas arrêté d'insister, et je n'ai rien dit de spécial. Seulement que je t'aime et que je t'aimerai toujours.

Je refrénai la pulsion de me retourner pour me cogner la tête contre le mur. N'était-ce pas justement pour ça que j'étais venue ? Pour savoir si je l'aimais toujours ? Mais, à présent, je sentais une colère noire se mêler à mes sentiments déjà confus. Pas vraiment contre lui, mais plutôt contre la situation elle-même.

— Tu as rencontré ton fils ?

— Non. Amy voulait d'abord l'habituer à l'idée de me rencontrer. En attendant, on travaille sur un arrangement. Il y a une pension alimentaire à mettre en place, et, pour être franc, je me sens un peu dépassé par tout ça. Mais je suis censé le rencontrer cette semaine.

Il me regardait avec de grands yeux effarés, une véritable inquiétude sur le visage, et je sus que, si je restais là à le contempler, la situation risquait de m'échapper. Je me voyais déjà l'embrasser, lui arracher ses vêtements et franchir avec lui une étape pour laquelle je n'étais pas prête.

— J'emmène Cupidon ce soir, lâchai-je brutalement pour reprendre courage. J'ai un ami qui a une maison et qui peut le garder pendant…

— Un ami ?

Je vis un muscle se raidir dans son cou. J'aurais dû rester plus vague. Grant avait toujours été un peu jaloux, à tel point que j'avais pris l'habitude de modifier légèrement l'histoire lorsque j'avais une anecdote à raconter pour ne pas l'énerver en mentionnant un invité ou un témoin.

— Et c'est qui, cet ami ? reprit-il.

— Tu ne le connais pas. C'est un mec avec qui je jouais quand j'étais plus jeune. Écoute, ça n'a aucune import…

— Ça en a pour moi ! s'écria-t-il en me saisissant la main. Je n'aime pas l'idée que tu fasses quoi que ce soit avec un autre homme. Laisse Cupidon ici. Je vais bien m'occuper de lui en attendant que tu te décides à revenir.

Il l'avait dit comme si mon retour était une certitude, une suite logique à propos de laquelle je n'avais pas mon mot à dire.

— On va tout reprendre comme avant, poursuivit-il. Avant que cette connerie de mariage vienne tout gâcher.

« Connerie de mariage » ? Est-ce qu'il me connaissait seulement ? Ma voiture avait commis une lourde erreur en revenant chez lui – et, bon, peut-être que moi aussi, j'y étais pour quelque chose. Mais, dorénavant, je devrais me montrer plus forte. Je serais plus forte. Il était temps d'atteindre mes objectifs et de retrouver mon indépendance.

Étape 1 : emmener Cupidon dans sa nouvelle maison.

Étape 2 : Trouver un appartement qui corresponde à mon budget.

Étape 3 : Savoir quoi faire de mon ex, qui me regardait à présent d'un air de chien battu pour tenter d'arriver à ses fins.

En fait, il s'agissait plutôt de l'étape 4 ou 5. Je trouverais une solution plus tard, chez Brendan, là où je pourrais me détendre, acclimater Cupidon à son nouvel environnement et, surtout, réfléchir posément.

Je dégageai ma main de la sienne.

— Tout a changé, Grant. On ne peut pas reprendre là où on en était.

Je voyais sur son visage s'affronter la confusion et la colère. Je ne voulais pas que cette discussion dégénère en dispute, aussi tentai-je de lui expliquer :

— C'est comme si tu m'avais offert un gâteau au chocolat, que j'en avais pris une part et que je l'avais trouvé délicieux, et que maintenant tu me jetais des brocolis au visage en me disant de m'en contenter.

— Non, c'est une nouvelle part de gâteau que je t'offre ! On peut encore retrouver ce qu'on avait. Si tu veux toujours te marier, on peut… on peut aller à la mairie, acheva-t-il en avalant sa salive avec peine.

C'est ça que tu veux ? Un certificat de mariage pour te prouver que je t'aime ?

Ce n'était clairement pas ce que lui désirait, et jamais je n'épouserais un homme qui ne voyait pas le jour de son mariage comme le plus beau de sa vie.

— Non, répliquai-je. Tu m'offres des brocolis nappés de chocolat. Je vais en prendre une bouchée avant de me rendre compte que j'ai été dupée.

— Est-ce qu'on peut abandonner la métaphore ? demanda Grant en se passant la main sur le visage.

— D'accord. Alors voilà : si tu veux de moi maintenant, c'est parce que tu as un fils et que je suis douée pour résoudre les problèmes et tout arranger. Mais moi, ce dont j'ai besoin, c'est que tu veuilles de moi parce que tu es incapable d'imaginer vivre sans moi. J'aurais voulu que tu sois impatient de m'épouser pour qu'enfin on s'appartienne pour toujours.

— Mais je suis incapable d'imaginer vivre sans toi ! Bon sang, j'ai vécu un enfer ces dernières semaines !

À présent, je regrettais de ne plus me sentir aussi vide et engourdie que pendant le mariage. Cela aurait été préférable à la sourde douleur qui m'irradiait la poitrine.

— Ce n'est pas la question, répliquai-je avec un soupir excédé. Tu dois apprendre ce que c'est qu'être un père et découvrir l'impact que ça va avoir sur ta vie. Et moi, je dois retrouver qui j'étais avant de te connaître. Quand on aura tous les deux fait ce cheminement, on verra si notre relation mérite une nouvelle chance.

Grant soupira, puis hocha lentement la tête.

— Viens, Cupidon ! appelai-je en tapotant ma jambe.

J'attrapai sa laisse et sa balle couineuse préférée, toute mâchouillée, et ouvris la porte d'entrée. Cupidon courut jusqu'à ma voiture et se mit à danser devant la portière du côté passager. Je me tournai vers Grant.

— Bon courage avec ton fils. Appelle-moi pour donner des nouvelles. OK ?

Ce me semblait être un bon territoire neutre : des amis qui prenaient des nouvelles l'un de l'autre.

J'avais à peine démarré que Cupidon avait déjà passé la tête par la fenêtre, la gueule ouverte, la langue au vent. Je me penchai pour plonger la main dans sa fourrure. À cet instant, j'avais presque envie moi aussi de sortir la tête et de sentir le vent souffler dans mes cheveux. Nous étions enfin réunis et avancions à grands pas dans nos objectifs. Du moins, moi, j'avançais. Mais j'étais à peu près sûre que s'il le pouvait Cupidon se donnerait pour objectif de passer plus de temps avec moi.

Je songeai au mariage du jour et à quel point je m'étais sentie mal par rapport aux autres noces que j'avais organisées. Je ne devais pas désespérer. Je devais continuer à croire que je finirais par ressentir de nouveau ce fabuleux cocktail d'excitation, de joie et d'espoir.

Que je retrouverais ma foi en l'amour.

Peut-être qu'alors je saurais exactement ce que je ressentais pour Grant.

Et peut-être qu'alors le reste de la ville aurait oublié que je m'étais fait plaquer au pied de l'autel.

Me servir de ma clé me donnait l'impression d'envahir l'espace personnel de Brendan, mais, lorsque je l'avais appelé pour savoir s'il était chez lui, il m'avait dit de ne pas me gêner pour entrer. Lorsque je pénétrai dans le salon, Brendan était affalé sur le canapé, la cravate desserrée, la chemise à moitié ouverte. Il y avait là quelque chose de très sexy, à la fois sérieux et décontracté.

Bon, il fallait absolument que j'arrête de penser à lui en ces termes, surtout si je voulais que notre arrangement fonctionne. J'avais besoin d'un ami avec qui me détendre et être moi-même, pas d'un mec à reluquer.

Il se détourna de la télévision pour me regarder, et, même si j'avais essayé de contrôler mes pensées, j'eus l'impression d'avoir été prise en faute.

— Comment s'est passé le mariage ? demanda-t-il.

— C'était de la folie, mais tout s'est bien déroulé. Je suis épuisée.

Je posai sur le sol la gamelle et le sac de croquettes que j'avais acheté en route, puis fis signe à mon chien d'approcher.

— Cupidon, je te présente Brendan. Brendan, Cupidon.

— Je compatis pour ton nom, mec, s'esclaffa Brendan en laissant mon chien lui flairer la main avant de le caresser.

Je le fusillai du regard.

— Eh oh ! Il déchire, son nom !

— Oui, tu as raison. Un vrai nom de dur à cuire. C'est qui, le gros dur ? C'est qui ? bêtifia Brendan en grattant les oreilles de Cupidon qui se mit à battre de la queue contre la table basse.

— Cupidon est un dieu. Et il a des flèches, ajoutai-je devant l'air peu impressionné de Brendan. Et, si tu ne la fermes pas, je lui demande de t'en tirer une dans le cul.

— Encore la violence…, rétorqua Brendan en secouant la tête d'un air navré.

Là. Voilà qui nous ressemblait un peu plus. La vie me semblait déjà plus supportable. Lorsque Brendan cessa de le caresser, Cupidon s'en alla explorer la pièce, ses griffes cliquetant sur le plancher. Je m'apprêtai à m'asseoir sur le canapé, mais Brendan se leva et ôta sa cravate.

— Je m'apprêtais à me faire un burger, dit-il. Tu en veux un ?

En réponse, mon estomac se mit à gronder. Assister au mariage m'avait coupé l'appétit, mais l'entendre parler de nourriture me rappela à quel point j'étais affamée.

— Oui, s'il te plaît. Tu as besoin d'aide ?

— Ça ne se refuse pas.

Comme mes pieds se révoltaient à la perspective de faire un pas de plus dans mes escarpins, je me déchaussai avant de le suivre dans la cuisine. Brendan se mit à fouiller dans ses placards, faisant s'entrechoquer les casseroles. J'avais déjà remarqué sa haute taille, mais sans mes chaussures je me faisais l'effet d'une naine à ses côtés.

Pendant qu'il préparait les steaks hachés, j'ouvris le frigo et sortis un oignon, de la salade et des tomates. Je mis un moment à trouver sa planche à découper – son système de rangement n'avait ni queue ni tête – puis me mis à couper les légumes tandis qu'une délicieuse odeur de viande grillée emplissait l'air.

— Tu m'ouvres ça ? demanda Brendan en me jetant une boîte de haricots à la sauce tomate. L'ouvre-boîte est juste derrière toi.

En quelques minutes, j'avais ouvert la boîte et mis à cuire les haricots. Brendan, quant à lui, tartinait de la sauce sur les pains.

— Pas de moutarde pour toi, c'est bien ça ?

Je plissai le nez. Il adorait la moutarde autant que je la détestais. Quand nous étions petits, il me poursuivait parfois avec une goutte de sauce sur le doigt en hurlant qu'il allait me la faire avaler.

— Non, pas de moutarde.

Nous nous installâmes sur le canapé, assiette sur les genoux, et Brendan alluma la télé. Et là, devant la chaîne de sport, le stress de la journée se mit à fondre comme neige au soleil. Cerise sur le gâteau : mon adorable feignasse de chien ronflait paisiblement sur mes pieds. Apparemment, il se sentait déjà chez lui.

Je jetai à Brendan un regard furtif. Il était entièrement captivé par les gros titres sportifs. Son attitude décontractée était tellement à l'opposé de ce à quoi j'étais habituée… Je me surpris à me laisser absorber par la vision de son profil volontaire, de sa pomme d'Adam, de son torse que laissaient deviner les quelques boutons ouverts de sa chemise… Il n'y avait pas de raison de prétendre qu'il n'était pas sexy, tout comme il n'y avait pas de mal à avoir conscience qu'il l'était. Le plus important, c'était que nous étions des amis de longue date et que nous étions parvenus à rattraper toutes ces années perdues en quelques agréables soirées.

Je m'appuyai plus confortablement sur les coussins et posai les pieds sur la table basse.

Soudain, ma vie ne me paraissait plus aussi compliquée.

Chapitre 9

En tête sur ma liste de tâches : affronter Phoebe Pratt. La rage qui m'avait envahie le vendredi soir s'était en grande partie apaisée, mais je voulais lui expliquer clairement que ma vie privée n'avait rien à faire dans le journal. Je devais également voir Tess pour lui parler de ma chronique – c'était en deuxième position sur ma liste. Chaque tâche à accomplir dans la journée était entrée dans mon téléphone, avec son code couleur attitré, et attendait un simple « clic » pour être rayée de la liste. Vive la technologie !

— Ah, justement je voulais te voir ! s'écria Phoebe Pratt en apparaissant devant moi.

Elle portait ses éternelles lunettes œil de chat ornées de strass, et ses cheveux bruns étaient relevés en un chignon lâche.

— Moi aussi, je te cherchais, justement, répliquai-je.

Rien qu'à la voir se tenir ainsi en face de moi, ses lèvres rouges étirées en un sourire mauvais, je sentis ma colère se remettre à bouillonner. Elle n'avait donc pas le moindre respect pour ses collègues ? Pas même une once de solidarité féminine ?

Elle leva entre nous son iPhone, également couvert de strass, et j'aperçus l'application d'enregistrement ouverte sur son écran.

— Dakota Halifax, pensez-vous que les futurs mariés voudront toujours vous engager alors que votre propre union a été un fiasco ?

Je la fusillai du regard, les poings serrés. Venait-elle sérieusement de me poser cette question ? Après m'avoir déjà fait perdre deux clients ?

— Comment comptez-vous empêcher vos clientes de vivre la même mésaventure ? poursuivit-elle. Ne vous engagent-elles pas pour s'assurer que tout se passe bien ?

— En dépit de toute l'organisation du monde, répondis-je entre mes dents, tout ne se passe pas toujours comme prévu. Par exemple, je n'avais pas prévu de te mettre mon poing dans la figure ce matin…

Elle resta un instant bouche bée, puis se mit à hurler :

— Dakota vient de me menacer ! Je l'ai enregistrée !

Des têtes se tournèrent dans notre direction, et quelques personnes sortirent de leur box. Je levai les yeux au ciel et repoussai son téléphone loin de moi.

— Ma vie personnelle n'a rien à foutre dans ta rubrique, Phoebe. Tu as dépassé les bornes.

— Écoute, ça n'a rien de personnel. Tout le pays va suivre le mariage de Valentina Maddox, et j'ai bien l'intention de couvrir l'événement mieux que n'importe qui. Or, pour une raison qui m'échappe, les gens de la ville s'intéressent aussi à toi. J'ai reçu des mails de lectrices qui veulent en savoir plus. Tu es un personnage public, maintenant.

— Écoute-moi bien, espèce de sale petite...

— On se calme ! intervint George, des petites annonces, en posant la main sur mon épaule. Pas besoin d'en venir aux mains...

— Pas besoin peut-être, mais ça va me faire un bien fou, répliquai-je en fusillant Phoebe du regard. Oh et puis non, finalement, c'est bien un besoin !

— Continue à parler, siffla Phoebe en agitant son portable dans ma direction. J'enregistre tout !

Je me jetai sur le téléphone et serais parvenue à l'attraper si George ne m'avait pas retenue. Je bouillais de frustration. À présent, c'était moi la méchante de l'histoire ? Parfait. Elle pouvait bien avoir son enregistrement de moi menaçant de l'assommer, ça m'était égal. Heureusement pour elle, j'avais beau brûler d'envie de mettre ma menace à exécution, j'avais eu le temps depuis le primaire d'apprendre à gérer autrement mes problèmes. J'allais simplement tenir mes distances et aller en parler à Tess.

D'ailleurs, en parlant de mon éditrice... Tess était sortie de son bureau et nous regardait alternativement tous les trois, Phoebe, moi et l'homme qui me retenait comme si j'étais une espèce de chien enragé.

— Elle m'a menacée ! répéta Phoebe. Comptez sur moi pour en parler dans mon prochain article : l'organisatrice de mariage pète les plombs après l'annulation de ses noces…

Je me jetai en avant, assez vite pour prendre George par surprise. Phoebe poussa un glapissement et leva les mains en l'air, ce qui était presque aussi satisfaisant que de lui mettre un coup de poing en pleine face.

— Dernier avertissement, grinçai-je. Lâche-moi avec ta rubrique.

— Dakota ! Dans mon bureau ! Immédiatement !

Tess avait d'ordinaire la voix si douce que son ton sec m'arrêta net.

— Je vais déposer plainte ! cria Phoebe lorsque j'eus le dos tourné. Si ça n'avait pas été elle, on aurait déjà appelé la sécurité !

Comme je venais déjà d'agir avec la maturité d'une gamine de huit ans, je me retins de me retourner pour lui tirer la langue avant d'entrer dans le bureau de Tess.

— Comment as-tu pu la laisser parler de mon mariage dans sa rubrique ? m'insurgeai-je.

Tess vint s'asseoir à son bureau avant de répliquer :

— Est-ce qu'elle t'a calomniée ?

À ces mots, une douleur aiguë me transperça la poitrine.

— Non, pas exactement. Mais il s'agit de ma vie privée.

— Et comment tu t'en sors ? me demanda alors Tess en m'observant de cet air apitoyé que je lisais si souvent dans le regard des gens depuis que mon « veux-tu m'épouser ? » s'était changé en un « finalement, je ne vais même pas prendre la peine de me montrer ».

— Ça va.

— Tu viens de menacer une collègue.

— C'est Phoebe. Ne me dis pas que tu n'as jamais eu envie de lui en coller une.

Tess posa les deux mains à plat sur son bureau et poussa un soupir.

— Tes articles sont bons, Dakota, et les lecteurs les aiment. Mais je ne peux pas te faire bénéficier d'un traitement de faveur simplement parce que c'est toi qui as organisé mon mariage. Je te considère comme une amie, mais je ne peux pas te laisser menacer mes rédacteurs.

Je baissai la tête, comme Cupidon lorsqu'il se faisait gronder pour avoir rongé les meubles.

— Je comprends, murmurai-je.

— Alors je te donne deux options : soit tu démissionnes, soit tu suis un cours de gestion de la colère.

— De gestion de la colère ? Tu te fiches de moi ? m'écriai-je.

Puis je respirai un grand coup et parvins à me calmer, ce que je trouvai moi-même assez ironique étant donné les circonstances. À mon humble avis, c'était là une preuve suffisante que j'étais capable de me maîtriser.

Tess me fusilla du regard. Apparemment, elle ne plaisantait pas du tout.

Ma chronique ne me rapportait pas énormément d'argent, mais j'aimais ce travail. Et après avoir vidé mon compte en banque pour un certain événement qui, comme tout le monde me le rappelait sans cesse, n'avait pas eu lieu – sans parler des clients que j'avais perdus – je ne pouvais pas me permettre de me passer de ce revenu complémentaire.

— Tu connais Phoebe, reprit Tess. Elle ne va pas cesser de se plaindre jusqu'à ce que quelqu'un accepte de l'écouter, que ce soit la police ou ses lectrices. Au moins, comme ça, je pourrai lui dire que j'ai pris des mesures.

Comment cette journée avait-elle pu devenir un tel gâchis en aussi peu de temps ? Si seulement j'avais inscrit « rechercher un appartement » en haut de ma liste et non pas en troisième position, peut-être n'aurais-je pas rencontré Phoebe. Ou, au moins, j'aurais ingéré suffisamment de caféine pour réagir en adulte. Mais ce qui était fait était fait. J'allais suivre ces stupides séances de thérapie, puis reprendre le cours de ma nouvelle vie. Il fallait bien admettre qu'à cet instant mon niveau de colère menaçait de crever le plafond : j'avais dépassé le stade du Fuchsia et frôlais le Carmin, une couleur que je venais de créer spécialement pour l'occasion.

— Et Phoebe ? demandai-je. Est-ce qu'elle va devoir suivre des cours de gestion de la malfaisance ?

Pour toute réponse, Tess se contenta de hausser les sourcils.

— Très bien, marmonnai-je. Je le ferai.

— Parfait. Je t'enverrai un mail avec tous les détails.

Sur ces mots, Tess pivota sur son siège, ouvrit son classeur à tiroirs et en sortit un exemplaire du *Beacon* vieux de deux mois.

— Et tu devrais peut-être relire ton article dans ce numéro, ajouta-t-elle. On y trouve quelques bons conseils.

En sortant de son bureau, j'avais envie de disparaître dans un trou de souris.

— C'est tout ce que vous avez ? demandai-je en parcourant l'appartement du regard.

On venait de changer la moquette, et une odeur de peinture fraîche imprégnait l'air.

— Tous nos autres appartements sont déjà loués, répondit la gérante de *Sunrise Apartments.*

Elle s'approcha de la fenêtre et ouvrit les stores, me dévoilant une vue imprenable sur une piscine bleu lagon si accueillante que j'eus aussitôt envie d'y plonger et de laisser l'eau fraîche me submerger.

— J'ai déjà eu trois visites pour celui-ci rien qu'aujourd'hui. Il va partir très vite.

Je n'en doutais pas un seul instant. C'était un appartement de rêve, avec un plan de travail en marbre dans la cuisine, deux grandes chambres à coucher et un dressing tellement immense qu'on aurait pu s'y perdre. J'avais été tentée de m'écrier : « Je le prends ! »

— Pensez-vous qu'un deux-pièces se libérera bientôt ? demandai-je.

— J'en doute. Mais j'ai une liste d'attente pour ce genre de logement, si vous souhaitez y ajouter votre nom.

Une liste d'attente. Longue de plusieurs mois, certainement. Et même pour un deux-pièces le loyer serait élevé. Je grimaçai. Mon dos me faisait mal rien qu'à la perspective d'une nouvelle nuit sur le canapé de Jillian. Elle avait été très patiente avec moi, mais je commençais à avoir l'impression d'abuser de son hospitalité. Je savais qu'elle était au moins aussi maniaque que moi, et voir mes affaires étalées partout dans son salon commençait à me donner de l'urticaire. Bien sûr, je pouvais en stocker une partie chez mon père, mais cela ne résoudrait pas le fond du problème. Mes affaires avaient besoin d'un vrai logement. Et moi aussi.

Cet appartement aurait été la solution à mon problème, mais il en aurait créé un nouveau : j'avais pris l'habitude de manger tous les jours, et je n'avais pas l'intention d'arrêter. Et quitte à payer tous les mois une telle somme autant que ce soit pour un achat.

— Un de nos locataires cherche un nouveau colocataire, reprit la gérante. Je peux vous donner ses coordonnées, si cela vous intéresse.

Retrouver mon indépendance impliquait plutôt de vivre seule, mais, après tout, avoir ma propre chambre serait déjà un progrès. Ensuite, une fois que ma situation se serait stabilisée, je pourrais commencer à chercher une solution plus permanente. Peut-être même un appartement dans une résidence de standing ou une petite maison. Encore six mois, et je serais retombée sur mes pattes. Les affaires auraient repris grâce à la publicité engendrée par le mariage de Valentina, et j'aurais une meilleure idée de ce que je pourrais me permettre.

En attendant, une colocation pouvait être la solution parfaite.

Dès que la gérante m'eut transmis le numéro et eut regagné son bureau, je sortis mon portable. Après tout, autant essayer de visiter l'appartement tant que j'étais sur place.

— Allô ?

C'était un homme. J'avais supposé qu'il s'agirait d'une femme, mais, après tout, des tas de femmes ne voyaient pas d'inconvénient à s'installer chez des hommes qu'elles ne connaissaient pas. Simplement, je n'étais pas sûre d'en faire partie. Mais, comme on dit, « faute de grives, on mange des merles ». Quelques minutes plus tard, je frappais à la porte de l'appartement.

La première chose que j'aperçus en entrant fut une pipe à eau qui trônait fièrement sur la table. Rien qu'à ça, j'eus l'intuition qu'on allait bien s'entendre, et les piles de boîtes de pizza vides aussi hautes que les meubles ne firent que confirmer ma première impression. La chambre en location, au moins, était rangée, mais je ne serais pas allée jusqu'à dire qu'elle était propre.

L'homme me regardait fixement de ses yeux rouges tandis que je passais en revue les taches sombres qui maculaient le tapis. Apparemment, cet appartement était un échelon en dessous du précédent – à une centaine d'échelons près. Tout semblait avoir besoin d'un lavage à grande eau, voire à haute pression.

— Quel âge avez-vous ? demandai-je.

Il cligna lentement des yeux.

— Vingt-deux ans. J'ai arrêté la fac, mais j'ai trouvé du boulot à la pizzeria. J'ai droit à des pizzas gratuites. Ça fait partie des avantages quand on emménage ici.

Comment diable payait-il son loyer en travaillant dans une pizzeria ? Et était-ce une façon tordue de me faire des avances ou m'offrait-il de partager sa pipe à eau ? Il parlait d'une voix si monocorde que c'était dur à dire.

— Et qu'est-ce que vous pensez des chiens ? poursuivis-je.

— Ils me dérangent pas, mais j'irais pas passer derrière avec un sac. Je nettoie pas la merde.

Euphémisme, songeai-je. Je parvins toutefois à garder mes réflexions pour moi. Vous voyez ? Je savais me contrôler.

— D'accord, bon, j'ai vos coordonnées, donc…

— Je voudrais pas vous vexer, madame, mais je suis pas sûr de vous vouloir comme coloc.

Je ne savais pas ce qui était le pire : le « madame » ou le « pas sûr de vous vouloir comme coloc ». Ce n'était pas comme si j'avais été prête à emménager dans ce taudis, mais, à présent, je me sentais vieille et rejetée. La matinée n'était même pas encore terminée, et j'avais déjà atteint le niveau maximal d'emmerdement que je pouvais supporter. Que le reste de ma liste de tâches aille se faire foutre, et ce petit con avec !

Pour ma part, cette journée pouvait brûler en enfer.

Chapitre 10

Prête-à-marier, par Dakota Halifax

Garder la tête froide

Il existe plusieurs astuces pour garder la tête froide le jour de son mariage. La première, et pour moi la plus importante, c'est l'organisation. Un événement bien planifié, quel que soit le nombre de désastres qui vous tombent sur la tête, se passera toujours mieux qu'un délire improvisé. Si vous n'avez pas les moyens de vous offrir quelqu'un comme moi, répartissez les tâches entre les membres de votre famille et vos amis les plus fiables. Quoi qu'il arrive, n'oubliez pas de relativiser, prenez de grandes inspirations et occupez-vous d'un problème à la fois.

Maintenant, parlons de vraie chaleur : si vous vous mariez en plein été, pensez à réserver une salle bénéficiant de l'air conditionné et n'oubliez pas de vous hydrater. Toute mariée aime à faire

une sortie remarquée, mais l'ambulance n'est pas forcément le meilleur choix.
Avec les années, j'ai assisté à bon nombre de pétages de plombs, mais, si vous savez à l'avance ce qui vous attend, cela peut vous aider à éviter le désastre. Si votre fiancé ne saisit pas l'importance des plans de table, des petites figurines sur le gâteau ou des fleurs, attendez un peu avant d'exploser. Tous les hommes ne comprennent pas ce genre de choses, et certains ne savent simplement pas exprimer leurs opinions. Il y en a qui ne s'intéressent pas du tout aux détails de la noce, mais cela ne veut pas dire qu'ils ne s'intéressent pas à vous. D'autres ont une idée très précise de ce qu'ils veulent, et cela ne correspond pas forcément au mariage dont vous rêvez depuis toujours. On peut toujours trouver un bon compromis, peu importe à quelle extrémité du spectre vous et votre moitié vous trouvez, et il y aura toujours des gens pour remarquer et apprécier vos efforts. Et si votre mère, votre belle-mère, une demoiselle d'honneur ou n'importe qui d'autre essaie de prendre les commandes, respirez profondément, comptez jusqu'à dix et rappelez-leur calmement que c'est le jour de votre mariage. Tout ne fonctionne pas toujours comme vous l'auriez souhaité. La colère ne règle pas les problèmes donc, une fois encore, respirez profondément et relativisez. Demandez-vous ce qui est vraiment important. Et qui est vraiment

important. Vous êtes stressée, et c'est bien normal, mais évitez de perdre votre calme et de crier sur les amis, la famille et les employés qui font de leur mieux pour rendre ce jour inoubliable. Souriez et rappelez-vous qu'aujourd'hui est le plus beau jour de votre vie. Et qu'après la cérémonie il y aura du gâteau et des cadeaux. Oh, et vivre heureux et avoir beaucoup d'enfants, bien sûr ! Après tout, c'est bien le but de cette journée, n'est-ce pas ?

Tess voulait certainement que je me remémore le passage où je conseillais de respirer profondément et de relativiser, et où je rappelais que la colère ne réglait pas les problèmes, mais mes yeux ne cessaient de se poser sur les dernières lignes de l'article. Elle avait sûrement oublié cette partie. Celle qui promettait du gâteau, des cadeaux et un super mari. Je jetai le *Las Vegas Beacon* sur la table basse de Brendan, me pris la tête entre les mains et tentai d'inspirer profondément.

Et dire que j'allais devoir suivre des cours de gestion de la colère ! J'avais l'impression qu'on venait de poser un poids supplémentaire sur mes épaules. D'accord, j'avais été plus irritable que d'habitude ces derniers temps, mais sérieusement ? J'allais me retrouver au milieu d'un groupe de paumés impliqués dans des bagarres d'alcooliques, et je n'avais même pas donné un seul coup de poing. Ce n'était pas juste.

Comme s'il avait senti mon besoin de réconfort, Cupidon vint poser la tête sur mes genoux. Après ma mésaventure immobilière, je m'étais retrouvée devant la porte de Brendan. Je m'étais sentie si bien chez lui la veille au soir que j'y étais retournée sans y songer. Puis, alors que j'hésitais à entrer, je m'étais dit que ça valait toujours mieux que de faire une dépression nerveuse dans un endroit public, là où Phoebe pouvait avoir des tas d'indicateurs.

Mon téléphone sonna, et je jetai un coup d'œil à l'écran. Valentina Maddox. Je décrochai en croisant les doigts, priant pour qu'il ne s'agisse pas d'une nouvelle urgence capillaire. Cela dit, me concentrer sur les problèmes de quelqu'un d'autre m'aiderait peut-être à me sentir mieux.

— Bonjour ! Je me demandais si je pouvais t'envoyer par mail mes photos de fiançailles pour que tu puisses m'aider à en choisir une.

— J'en serais ravie, répondis-je en sortant mon ordinateur portable de mon sac.

Le wifi était bloqué par un mot de passe. J'aurais dû m'en douter : après tout, Brendan travaillait dans la sécurité. Mon téléphone sonna de nouveau, m'indiquant que j'avais reçu le mail de Valentina. Je jetai un coup d'œil à ses photos sur mon portable, mais je ne voulais pas donner mon avis avant de les avoir vues sur un plus grand écran.

Après quelques essais infructueux, je demandai à Valentina si je pouvais la rappeler plus tard, puis envoyai un texto à Brendan. Je lui expliquai que j'étais chez lui pour tenir compagnie à Cupidon et que j'aurais bien voulu en profiter pour travailler un peu. Quelques secondes plus tard, je reçus un nouveau message.

Brendan: Je vais commencer à croire que tu es une espionne...

Pour la première fois depuis des heures, je souris.

Moi: Damnation, mon secret est découvert! Mais je ne suis pas très douée, je n'arrive même pas à hacker ta ligne Internet. Je n'ai donc pas d'autre choix que de recourir à ma terrifiante force physique. Je connais une centaine de manières de tuer un homme d'un simple regard, alors tu ferais bien de cracher le morceau.
Brendan: Je n'en doute pas une seconde. Je sais que je devrais abandonner dès maintenant, mais, que veux-tu, j'aime les défis.
Moi: Évidemment. Que dis-tu d'un échange? Repas chinois contre mot de passe, et je ne te tuerai pas. Pas ce soir, en tout cas. Pour la suite, je ne peux rien te promettre.
Brendan: Marché conclu.

À peine connectée, j'ouvris toutes les photos pour les examiner. Elles étaient magnifiques. Grâce à Raquel, la magicienne des ciseaux et de la coloration, la coiffure de Valentina était sublime. Il ne manquait qu'une seule chose.

Un beau paysage qui contrastait joliment avec les vêtements du couple ? *Check*. Une légère retouche qui leur faisait un teint parfait sans leur donner l'air inhumain ? *Check*. Une pose mignonne avec des doigts entrecroisés, des regards intenses et un baiser ? *Check*. Mais, malgré tout cela, un vide béant s'ouvrait en moi. Exactement comme pendant le mariage d'Erika. Jamais je n'admettrais avoir des clientes préférées, mais bien sûr que j'en avais une. C'était Valentina. Drôle, décontractée, adorable en dépit de son statut social. Valentina, c'était la femme avec qui j'avais discuté pendant des heures autour de plats thaïs après notre premier rendez-vous, parce que nous jouions toutes les deux au football au lycée et pouvions citer *ad nauseam* les répliques de *Joue-la comme Beckham*. Avec elle, j'aurais dû ressentir quelque chose. Mais, en contemplant les images sur mon écran, j'avais la même sensation qu'en regardant un joli tableau dans un musée. Un détachement total. Aucune envie de pousser des glapissements surexcités en pensant à ce couple qui venait de faire un pas de plus vers une vie à deux.

Je pris mon courage à deux mains pour rappeler Valentina et instillai dans ma voix autant d'enthousiasme que possible. Par chance, je n'avais pas perdu ma capacité à sélectionner une photo parfaite pour figurer sur un carton d'invitation. Nous en choisîmes une pour le journal, une pour les invitations, et je lui suggérai d'en faire tirer et encadrer quelques-unes pour la réception.

Lorsqu'elle voulut parler des autres détails du mariage, je prétendis avoir un autre rendez-vous et lui proposai de passer à mon bureau la semaine suivante. J'espérais avoir d'ici là retrouvé mon état normal et être redevenue l'organisatrice de mariage qu'elle méritait.

Lorsque j'eus raccroché, je fus incapable de rester assise sans rien faire. Je sentais presque ma liste de tâches me fusiller du regard depuis l'intérieur de mon téléphone, me rappelant que je n'avais pas rempli mes objectifs du jour.

Je parcourus des yeux le salon de Brendan. L'endroit était propre, du moins par rapport à l'appartement du jeune toxico, mais il y avait toujours moyen de mieux faire. Brendan ne devait pas rentrer avant des heures, mon bureau était le dernier endroit où j'avais envie de me rendre, et retourner chez Jillian ne ferait que me rappeler que j'étais sans domicile, sans parler de la culpabilité que je ressentais à lui imposer ainsi ma présence. J'alignai donc les télécommandes sur la table basse, rassemblai le courrier du jour pour le joindre au tas qui jonchait le comptoir et en fis une pile bien nette. Puis je trouvai un saladier pour les fruits. Une fois que j'avais commencé, plus rien ne pouvait m'arrêter.

Le ménage était la seule chose que je pouvais contrôler dans ma vie, et je n'allais pas m'en priver.

Je m'éveillai au bruit d'une clé se glissant dans la serrure et mis un moment à comprendre que j'étais allongée sur le canapé de Brendan. C'était la meilleure sieste que j'avais faite depuis des semaines, enfoncée dans des coussins qui, pour une fois, ne tentaient pas de s'associer pour me jeter à terre. Cupidon leva la tête lorsque Brendan entra, puis la reposa sur l'accoudoir du fauteuil qu'il s'était approprié. Brendan et lui étaient déjà de bons copains, mais apparemment pas au point qu'il interrompe sa sieste pour l'accueillir.

À peine entré, Brendan desserra sa cravate et déboutonna les premiers boutons de sa chemise, comme si une seconde de plus risquait de le priver d'oxygène. Puis il parcourut la pièce du regard.

— Tu as… fait le ménage ?

Dans ma tentative désespérée de reprendre le contrôle, je ne m'étais pas rendu compte que je risquais d'aller trop loin. Lentement, je me redressai.

— J'ai eu une sale journée… Du coup, j'ai commencé à organiser et à nettoyer pour me changer les idées, et une chose en amenant une autre…

Oh, mon Dieu, je suis complètement tarée ! Après toutes ces fois où je m'étais émerveillée devant l'homme qu'était devenu Brendan, je n'arrivais à penser qu'à une chose en le voyant hausser les sourcils et se frotter le menton d'un air perplexe : je venais de me ridiculiser devant un mec beau comme un dieu. J'avais fouillé dans son courrier et dans ses placards, j'avais récuré son plan de travail jusqu'à voir mon reflet dedans… Sans aucun doute, il était en train de regretter notre arrangement et se demandait où était passée la fille avec qui il jouait au football.

— Je suis désolée. Dès que je commence à organiser ou à nettoyer, il y a comme une espèce de brouillard qui m'enveloppe le cerveau et annihile tout mon bon sens… C'est une vraie maladie. La plupart du temps, j'arrive à me contrôler, mais ça faisait tellement longtemps que je n'avais pas mis la main sur un nettoyant au citron… Et tu avais tout ce qu'il fallait sous l'évier.

J'avais tenté de plaisanter, mais ce n'était pas sorti comme je l'avais imaginé. D'autant plus que ses yeux étaient à présent rivés aux miens. Soudain, ma gorge devint toute sèche.

— Si tu veux que je te rende tes clés, je comprendrai parfaitement, soupirai-je.

— Tu plaisantes ? fit Brendan en s'avançant vers moi pour passer doucement les doigts sur mon épaule. Si tu fais le ménage, je ne te laisse plus repartir !

La pesante angoisse qui me comprimait la poitrine s'allégea instantanément.

— J'ai commandé chinois, comme promis, annonçai-je. J'avais trop faim pour t'attendre, mais il en reste une tonne au frigo. Tout est bien étiqueté pour que tu saches à quoi tu as affaire.

— Merci.

Il me serra l'épaule entre ses doigts. Je ne savais pas trop si les papillons que je sentais voleter dans mon ventre étaient vraiment compatibles avec une relation amicale, mais je ne voulais pas gâcher l'instant en analysant à l'excès. Brendan jeta sa veste et sa cravate sur l'accoudoir du canapé, et une bouffée de son parfum me chatouilla les narines. *Oh, bon sang, qu'est-ce qu'il sent bon !*

Brendan disparut dans la cuisine, se penchant au passage pour caresser Cupidon. J'entendis le « bip » du micro-ondes, et il revint quelques minutes plus tard armé d'une boîte en carton fumante.

— Tu as même nettoyé le frigo !

— J'ai seulement passé un coup de chiffon et réorganisé le contenu, répliquai-je en haussant les épaules comme si ce n'était pas grand-chose.

Sérieusement, qu'est-ce qui m'avait pris ? Ça m'avait permis de tout oublier pendant quelques heures. Je m'étais même sentie si bien que je m'étais permis une sieste, chose que je n'avais plus faite depuis des mois.

Brendan s'installa confortablement sur le canapé.

— Ça a dû vraiment être une sale journée, dit-il. Qu'est-ce qui t'est arrivé ?

— Tout a commencé par une altercation avec une collègue au journal, soupirai-je. Après ça, tout n'a fait qu'empirer.

— Définis « altercation », demanda Brendan, la bouche pleine de bœuf à la Sichuan.

J'hésitai à le dire à voix haute, consciente de la stupidité de la situation.

— On n'en est pas venues aux mains, mais je lui ai dit que j'allais lui foutre mon poing dans la figure. Et maintenant je dois assister à un cours de gestion de la colère.

Brendan éclata de rire, et je lui jetai un regard noir.

— Ce n'est pas drôle. Elle peut écrire tout ce qu'elle veut dans sa rubrique, et non seulement je dois le supporter sans rien dire mais en plus on me demande d'apprendre à « gérer ma colère »... Comme si j'étais une espèce de bombe à retardement ! (Je vis que Brendan se retenait de rire.) Et le plus con, c'est que... c'est vrai que je suis en colère depuis un moment. (Je triturais nerveusement la couture de mon pantalon.) Les plus petites choses m'insupportent. Ce n'est pas comme si j'avais besoin de cours ou que je risquais d'exploser et de casser la gueule à quelqu'un, mais... (Je tirai sur un petit fil noir qui dépassait.) Non, ce n'est pas vrai. Une heure après l'incident au journal, j'étais prête à cogner sur un toxico de vingt-deux ans qui ne voulait pas de moi comme coloc. Tu imagines ? Même ce genre de mecs se trouve plus stable que moi ! Qu'est-ce qui ne va pas chez moi ? (Je m'acharnais sur ce foutu fil, mais il refusait de casser.) Ma vie est un complet bordel, ajoutai-je en guise de conclusion.

Brendan posa la main sur la mienne en un geste apaisant. Soudain, je me sentis comme une petite fille, chose qui m'horripilait étant plus jeune mais qui, brusquement, ne me semblait plus si mal. Cependant, je refusais de pleurer.

— Je n'aime même plus les mariages, lâchai-je d'une voix tremblante mais toujours sans verser une larme.

Puis, sans même m'en rendre compte, je déballai toute l'histoire : ma rencontre avec Grant, ma solitude sur la plage le jour de mon mariage, mon sentiment de ne plus aimer mon travail, la nouvelle paternité de Grant et son désarroi.

Brendan n'avait plus de mal à se retenir de sourire. Il semblait plutôt complètement perdu, ouvrant de grands yeux comme une biche prise dans les feux d'une voiture.

— Je ne suis plus la gamine que tu as connue. Celle qui était forte et n'avait besoin de personne. À l'adolescence, je me suis mise à tomber amoureuse si facilement… Je ne l'avouais jamais au mec en question, mais j'étais toujours sévèrement atteinte. Et, quand les choses ne marchaient pas, je me cachais et me renfermais. Je me disais que plus jamais je ne m'intéresserais à un garçon, puis je retombais amoureuse, et le cycle se répétait. Avec Grant, j'ai cru trouver quelqu'un de différent. J'ai cru que cette fois c'était le bon. Mais voilà où j'en suis maintenant, complètement perdue depuis notre séparation, et je n'arrive pas à savoir si ça veut dire que je dois lui donner une deuxième chance ou si c'est juste que je ne serai plus jamais moi-même. (Plusieurs fois, Brendan ouvrit et referma la bouche.) Tu vois. Un complet bordel, soupirai-je de nouveau.

Je rejetai la tête en arrière pour m'enfoncer dans les coussins. Je regrettais de ne pas avoir le pouvoir d'invisibilité. Tout cela ne serait jamais arrivé si je n'avais pas rendu mon appartement pour m'installer chez Grant. J'aurais fait ma dépression toute seule, là où personne n'aurait pu voir que je n'étais pas aussi forte que je le laissais paraître.

Les doigts tièdes de Brendan passèrent sur mon visage pour essuyer mes joues. Apparemment, j'avais perdu ma bataille contre les larmes. Je n'en eus que davantage envie de pleurer.

— Non, tu n'es plus la gamine que tu étais, dit enfin Brendan. (J'ouvris les yeux et découvris son visage tout près du mien.) Tu as créé ta propre entreprise, tu t'es ouverte aux autres et tu as été blessée. Mais, crois-moi, ça vaut toujours mieux que de ne pas être capable de s'engager. Tu crois que je ne voyais pas ce que tu cachais, même à l'époque ? La façon dont tu tressaillais dès qu'on te parlait de ta mère ? Ou la manière dont tu prétendais avoir envie d'être seule quand tu étais sur le point de craquer et de montrer des émotions ?

Ma gorge se serra. Moi qui croyais avoir si bien prouvé à tout le monde que ces choses ne m'atteignaient pas. Comment l'avait-il vu ? Comment pouvait-il s'en souvenir après toutes ces années ?

— Tu aimes les gens, D.J. Et leurs actes te touchent. Depuis toujours. C'est pour ça que j'ai toujours voulu te protéger, même si tu ne voulais pas. Et, que tu le veuilles ou non, je ne te laisserai plus supporter ça toute seule, alors tu ferais bien de t'y habituer.

Je n'arrivais pas à croire à ma chance. Il était revenu juste au moment où j'avais le plus besoin de quelqu'un – de quelqu'un qui me voyait pour ce que j'étais. À savoir qu'il était là et qu'il ne me laisserait pas tomber, je sentis mon cœur se gonfler dans ma poitrine jusqu'à se presser contre ma cage thoracique.

Je le laissai me serrer dans ses bras et posai la tête sur sa poitrine.

Et pour la première fois depuis toujours, au lieu de ressentir mes larmes comme un échec, j'y trouvai la libération dont j'avais tant besoin.

Chapitre 11

Brendan posa une tasse de café sur le bar de sa cuisine. La lumière du petit matin filtrait entre les stores de la porte-fenêtre, projetant sur le carrelage des lignes dorées et aveuglantes. Descendre des bières en jouant à des jeux vidéo jusqu'à 2 heures du matin n'avait probablement pas été la décision la plus sage qui soit, mais ça avait eu le mérite de changer une journée désastreuse en un agréable flou artistique. Bien sûr, je n'avais pas pu reprendre ma voiture pour rentrer et, même si Brendan avait voulu se montrer chevaleresque en me laissant dormir dans son lit pendant qu'il prenait le canapé, j'avais fini par me montrer plus têtue que lui. Au réveil, mon dos ne me faisait pas aussi mal que d'habitude. Il faudrait que je lui demande où il avait acheté son canapé.

— Tu as de la crème ? demandai-je en serrant la tasse chaude entre mes doigts.

Brendan sortit de son frigo une brique de crème nature. Je préférais la crème aux noisettes, mais je n'allais pas faire la difficile : n'importe quoi aurait fait l'affaire pour m'aider à ingérer ma dose de caféine.

Je pensais être mal à l'aise après mon craquage de la veille, mais j'avais surtout l'impression de pouvoir enfin tourner la page – pour de vrai, pas seulement en théorie.

— Encore merci pour hier soir, dis-je.

— À ton service, répliqua Brendan en s'asseyant en face de moi sur un tabouret. En fait, je me disais…

Il plongea le nez dans sa tasse, et je me figeai avec la mienne à quelques centimètres de mes lèvres. Je ne savais pas si j'allais aimer ce qui allait suivre.

— Tu sais, j'ai deux chambres vides ici, poursuivit-il. Je comptais déjà en changer une en chambre d'amis. Si tu veux, tu peux t'installer ici.

Je n'étais pas du matin, et mon cerveau mit un instant à remettre les mots dans l'ordre et à saisir l'implication de ce qu'il venait de dire.

— M'installer ici ? Avec toi ?

Il sourit.

— Je m'étais dit que ce pourrait être une meilleure option que le toxico aux pizzas, mais je comprends que la décision soit dure à prendre.

— Ce que tu devrais te demander, c'est plutôt si tu as vraiment envie de vivre avec une personne qui a été rejetée par ce type.

Brendan haussa les épaules d'un air désinvolte.

— J'ai toujours bien aimé les gens que tout le monde rejette, répliqua-t-il.

— En tant que supportrice des Niners, je pense pouvoir dire la même chose.

Je lui souris et réfléchis sérieusement à l'idée. Brendan était le genre de personnes qui sautait dans le vide sans regarder. Moi, j'aimais dresser des tableaux d'analyse des risques et savoir qu'il y avait un filet de sécurité. Et si emménager chez lui gâchait notre bonne entente ? Son amitié m'aidait à repousser l'obscurité qui s'attachait à moi, et j'avais besoin de ça dans ma vie.

— On s'entend bien, j'ai beaucoup de place, et ça vaut mieux que d'emménager chez un inconnu qui risque d'être complètement taré, déclara Brendan.

— Oui, c'est tellement plus rassurant de savoir d'emblée que mon coloc est à moitié taré, rétorquai-je.

Il éclata de rire, un rire grave qui sembla résonner au fond de moi.

— Exactement.

En tant que maniaque de l'organisation, j'avais été surprise de constater à quel point j'aimais nos soirées improvisées et complètement déstructurées. Vivre ensemble reviendrait à s'offrir une version longue de ces moments, pas vrai ? Plus j'y songeais, plus l'idée me semblait excellente.

— J'ai déjà un lit, dis-je, ça t'épargnera d'en acheter un. Je paierai un loyer, bien sûr, et je te donnerai un coup de main pour les tâches ménagères. Et puis…

— Ooh, il y a un « et puis » !

— Sois gentil, rétorquai-je en faisant mine de le fusiller du regard.

— Ça ne va pas être facile. Je…

Je plaquai une main sur sa bouche.

— Sois au moins gentil avec mon « et puis ». Je sais que j'ai piqué une mini-crise de nerfs hier soir, mais je n'ai pas besoin qu'on s'occupe de moi. Je ne veux pas que tu m'accueilles chez toi si tu le fais par pitié. Tu n'as pas besoin de faire ça.

Le voyant hausser le sourcil, j'abaissai lentement la main que j'avais posée sur sa bouche.

— C'était un grand « et puis », admit-il en hochant la tête. Pas de pitié. C'est compris.

Il termina son café, posa sa tasse dans l'évier et entreprit de nouer sa cravate.

Vraiment, c'était tout ? N'avait-il pas besoin d'en savoir plus ?

— Comme tu l'as vu hier, ajoutai-je, je suis un peu névrosée en ce qui concerne le rangement et l'organisation. Ça te dérange si je touche à tes trucs ?

Il s'arrêta en plein nœud de cravate et sourit d'un air mystérieux.

— Fais comme chez toi.

Sa voix était-elle plus rauque que d'habitude ? Soudain, je me sentis rougir.

Brendan tira sur sa cravate et recommença son nœud.

— Attend, je m'en occupe, intervins-je.

Comme mon père devait se mettre en grande tenue les jours de match – ce dont il avait une sainte horreur – j'avais appris à nouer les cravates. En outre, depuis que j'étais dans les mariages, j'étais devenue experte en nœuds de toutes sortes. Même les nœuds papillons ne me résistaient pas. Je rajustai le tissu soyeux et, en quelques mouvements précis, lui nouai parfaitement sa cravate.

Brendan la lissa du plat de la main.

— Merci. Celle-ci est un peu courte, elle me donne toujours du fil à retordre.

Encore cette voix grave. *On se calme, les hormones ! C'est sa voix habituelle.* Apparemment, le manque de sommeil se faisait sentir. Il me fallait encore un peu de café. Je m'emparai de ma tasse et avalai une longue gorgée brûlante, de quoi m'engourdir les papilles pour un bon moment.

En passant à côté de moi, Brendan laissa nonchalamment traîner la main dans le bas de mon dos. Aussitôt, je commençai à remettre en question ma décision de vivre avec lui. Je devenais bien trop consciente du moindre regard, du moindre contact.

Mais ensuite il me demanda :

— Alors, coloc ? Quand est-ce que tu emménages ?

Et je décidai de plonger tête la première sans même me demander où j'allais atterrir.

Je naviguais dans une mer de tulle, de dentelle et de satin, entourée de robes blanches qui toutes nous suppliaient de les détacher de leur cintre pour les essayer. J'étais passée par là avec plusieurs mariées, j'avais même vécu cet instant pour moi. On se voile la face, on justifie le prix exorbitant de la robe en se disant qu'on ne se marie qu'une fois… Ah, l'optimisme d'une femme aveuglée par l'amour ! Ma robe à moi, je ne l'avais même pas portée assez longtemps pour que ça compte, et plus jamais je ne la remettrais. Y avait-il pire porte-malheur que de porter la robe d'un mariage avorté en guise de « quelque chose de vieux » ? Je ferais mieux de la revendre, au moins bénéficierais-je d'une petite compensation financière pour alléger la douleur.

Chaque jour était toutefois moins douloureux que le précédent, ce qui me permettait d'espérer que bientôt, en regardant les robes de mariée, je ressentirais de nouveau une infime bouffée de cet optimisme aveugle. Sans cela, je ne pouvais imaginer continuer à exercer mon métier.

— Je suis presque prête ! cria ma cliente depuis la cabine d'essayage. La fermeture Éclair me donne du fil à retordre !

— Si vous avez besoin d'aide, appelez-moi.

La plupart des mariées ne me demandaient pas mon aide pour trouver LA robe. Elles se contentaient de me la montrer après l'avoir choisie. Parfois, elles me demandaient ce que je pensais de certains styles, quelle coupe flatterait le mieux leur silhouette ou quelles couleurs étaient à la mode en ce moment. Molly, quant à elle, avait insisté pour que je l'accompagne à la boutique. Après tout, je savais mieux que personne ce qui avait été porté dans les plus grands mariages, et elle ne voulait pas risquer d'acheter la même robe qu'une autre femme. J'attendais donc devant la cabine d'essayage en compagnie de ses amies, occupées à feuilleter un catalogue de robes de demoiselles d'honneur.

— Ça y est!

La porte s'ouvrit en grand, et Molly apparut, vêtue d'une robe sirène sans bretelles. Le haut de ses seins débordait au-dessus du bustier trop serré, et je craignais qu'elle ne soit à un faux mouvement de l'accident de garde-robe. Molly était pourtant très mince, mais les coutures semblaient sur le point de lâcher.

— Alors, qu'est-ce que vous en pensez? Il faut m'imaginer avec un chignon.

Elle enroula ses cheveux pour les relever, mais son mouvement ne fit que confirmer que sa robe était au moins de deux tailles trop petite. La fermeture Éclair dans le dos n'était même pas fermée en entier.

Je me tournai vers les demoiselles d'honneur pour voir si je pouvais compter sur elles pour annoncer la mauvaise nouvelle. À leur façon d'éviter tout contact visuel, je sus qu'elles étaient d'accord avec moi mais qu'elles n'oseraient rien dire.

— Euh… (J'hésitai, cherchant comment tourner ma phrase avec diplomatie.) Vous êtes très mince, mais je ne pense pas que ce soit cette taille qui vous mette le mieux en valeur. Vous allez devoir bouger pendant votre mariage, donc vous serez sûrement plus à l'aise dans une robe d'une…

Bon sang, pourquoi était-ce si difficile ? C'était pour avoir mon opinion qu'elles m'engageaient ! Je pris mon courage à deux mains et lâchai :

— … d'une ou deux tailles au-dessus.

— Oui, bien sûr qu'elle est un peu serrée pour le moment, répliqua-t-elle comme si c'était moi qui étais ridicule. Mais je vais perdre deux tailles d'ici au mariage. Si j'en achète une à ma taille de maintenant, je n'aurais pas la motivation pour perdre du poids. Deux tailles en quatre mois, c'est bien ça, Kayla ?

La demoiselle d'honneur se tourna vers elle et leva le pouce.

— On va y arriver, ma poule ! s'écria-t-elle. Moi aussi, je vais prendre une robe trop petite. Comme ça, on n'aura plus le choix !

OK… Kayla venait de passer d'« inutile » à « ennemie publique numéro un ».

— Écoutez, déclarai-je. J'ai organisé des tas de mariages et je n'ai jamais vu ce truc fonctionner. Primo, vous êtes déjà mince. Et deuzio, votre fiancé vous aime pour ce que vous êtes et pour qui vous êtes aujourd'hui. Je doute que voir vos côtes le rendra plus amoureux. Achetez la robe à votre taille actuelle et, si jamais vous perdez du poids et qu'elle devient un peu lâche, vous la ferez ajuster. Vous pourrez facilement la faire rétrécir, mais il n'y a pas moyen de l'élargir !

— Mais si je…

— Non.

Sa bouche s'ouvrit et se referma à plusieurs reprises, comme celle d'un poisson tiré de l'eau.

— Un seul faux mouvement là-dedans pendant la cérémonie, et vous montrez vos seins à toute l'assistance. Vous voulez vraiment jouer les Janet Jackson devant vos grands-parents ?

Aucune de mes futures mariées ne lisait donc ma rubrique ? J'avais rédigé tout un article à ce sujet !

— Non, répondit Molly, les lèvres serrées.

— Pourquoi m'avez-vous engagée ? demandai-je.

— Parce que c'est vous, l'experte, soupira-t-elle.

J'aurais aimé un peu plus d'enthousiasme, mais au moins avait-elle compris où je voulais en venir.

— Bon, d'accord, capitula-t-elle enfin.

Elle se tourna vers la vendeuse, que j'avais rappelée d'un signe de la main.

— Pouvons-nous essayer la même deux tailles au-dessus ?

La vendeuse opina du chef et repartit en réserve.

— Je suis là pour que votre mariage soit parfait, expliquai-je alors à Molly. C'est ma priorité numéro un, et je ne vous laisserai pas tomber.

Quelques minutes plus tard, Molly sortait de la cabine dans une robe à sa taille qui lui allait parfaitement, avec la fermeture remontée jusqu'en haut.

Ses demoiselles d'honneur en restèrent bouche bée, et Kayla bondit sur ses pieds.

— C'est la bonne ! s'écria-t-elle. Tu es magnifique !

Je fis bouffer le bas de la robe.

— Je n'ai pas vu beaucoup de mariées choisir une robe sirène ces derniers temps, mais il paraît que cette coupe commence à faire son retour. Vous serez donc à la fois originale et dans le coup !

En vérité, je n'en savais rien, mais il devait bien y avoir quelqu'un, quelque part, qui s'apprêtait à en faire la nouvelle tendance. Après tout, les modes fonctionnaient par cycles. Quoi qu'il en soit, il s'agissait surtout de trouver la robe qui corresponde à la morphologie et à la personnalité de la future mariée. Je reculai de quelques pas pour l'admirer une fois encore.

— Cette robe est absolument fabuleuse sur vous.

— C'est la bonne, j'en suis sûre ! s'écria Molly, les larmes aux yeux. Oh, mon Dieu, je vais me marier !

Elle me serra dans ses bras avec un tel enthousiasme que je faillis tomber à la renverse – les risques du métier –, puis ses amies se joignirent à nous pour un câlin groupé. Je me sentais mieux qu'au mariage d'Erika, ou même qu'à mes autres rendez-vous, mais je n'avais toujours pas retrouvé cette fameuse excitation mêlée d'espoir. Le manque d'oxygène, en revanche, je le ressentais bien. Je commençais presque à croire que j'étais en train de développer une allergie aux mariages.

Chapitre 12

J'étais dans le salon, occupée à faire mon choix parmi des échantillons de tissus, de sets de table, de fleurs séchées et de serviettes en papier, lorsque Brendan arriva et me servit un café sans même que j'aie besoin de le lui demander. Il alla même jusqu'à poser à côté de ma tasse le pot de crème aux noisettes que j'avais acheté. Malgré tous mes efforts pour le convertir, il avait insisté pour s'en tenir à sa crème ordinaire.

En une semaine, nous nous étions trouvés une routine confortable : nous travaillions toute la journée et passions la plupart de nos soirées devant la télé – généralement la chaîne sportive.

Brendan se pencha par-dessus mon épaule pour examiner les objets hétéroclites étalés sur la table, et une bouffée de son après-rasage vint me chatouiller les narines.

— Je n'aurais jamais cru que le mauve, le bleu et l'orange allaient si bien ensemble, déclara-t-il.

— C'est parce que c'est de l'améthyste, du céruléen et de la tangerine. Et un peu de jade, aussi.

Pour être sûre que cela fonctionnait, je posai le set de table jade et améthyste sur le tissu céruléen qui allait servir à la fabrication des nappes du mariage de Valentina.

Brendan me jeta un regard suspicieux.

— Non, tu inventes des couleurs, là !

— Je crois qu'au point où j'en suis je connais à peu près toutes les couleurs qui existent. Les premiers mois, certaines mariées ont réussi à me surprendre. Il y en a une qui m'a demandé du ciment. Avec du prune et du bleuet. Ça fait maintenant partie de mes combinaisons préférées.

— Ciment ? Qu'est-ce qui ne va pas avec le gris ? C'est la même chose !

— Ce n'est pas assez romantique, enfin ! répliquai-je avec un sourire.

— Suis-je bête ! Quoi de plus romantique qu'une couleur sur laquelle on trébuche avant de s'y écorcher les mains et les genoux ?

J'éclatai de rire.

— D'accord, tu as gagné. Et l'étain ? C'est assez romantique pour toi ?

— Rien que d'y penser, je tombe en pâmoison !

Il prit une gorgée de café et sortit le *Beacon* de sous ma pile d'échantillons de tissu, ouvert à la page de mon article « Gardez la tête froide ».

— C'est à toi ?

— Ouais. Je voulais le jeter au recyclage.

Je tendis le bras pour le reprendre, mais Brendan recula d'un pas et parcourut la page des yeux. Il remuait légèrement les lèvres en lisant et souriait par moments. Je n'avais jamais vu personne lire un de mes articles. Je me sentis rougir, mon cœur se mit à battre à coups redoublés, et le moindre mot que j'avais jamais écrit me parut soudain incroyablement stupide et futile.

— Hmm ! Intéressant. J'imagine que je vais devoir lire les autres.

— Ah oui, tu as l'intention de te marier bientôt ?

Il émit une espèce de grognement étranglé. Je haussai un sourcil interrogateur, mais il s'était déjà retourné pour poser sa tasse sur le bar – là où il la laissait toujours au lieu de la mettre dans l'évier.

— Je t'ai entendu, lançai-je. Il y a une histoire derrière ce grognement.

— Je ne vois pas de quoi tu parles.

Brendan essaya de passer devant moi pour sortir, mais je posai une main sur sa poitrine pour l'arrêter.

— Une minute, B.S.

Il sourit. Comme il m'appelait D.J. depuis l'école primaire – mes initiales, pour Dakota Jane – je m'étais mise à l'appeler B.S., pour Brendan Scott, dès que j'estimais qu'il dépassait les bornes. Et cela arrivait souvent.

— Je te raconterai cette histoire une autre fois, répliqua-t-il en me tapotant la tête avec mon journal. (Devant mon expression outrée, son sourire s'élargit.)

Ne me fais pas ces yeux-là, ajouta-t-il avec un petit rire, ou je vais devoir te signaler à ton superviseur de gestion de la colère.

Je voulus lui donner une bourrade amicale, mais il m'attrapa les bras. Ses réflexes étaient incroyablement rapides. Puis je remarquai la façon dont ses longs doigts s'attardaient sur mes coudes, et mon cœur fit un bond. Il se pencha vers moi, et, l'espace d'un instant, je crus qu'il allait m'embrasser.

L'espace d'un instant, je crus que j'en avais envie.

Puis il s'empara de ses clés posées derrière moi, une main toujours serrée sur mon coude. Nos corps se frôlèrent.

— Et si on allait au ciné ce soir ? proposa-t-il. Il y a un film de zombies qui vient de sortir.

Sérieusement, ne se rendait-il pas compte que nos corps se touchaient ? N'en était-il pas au moins un peu affecté ? Je ne voulais pas qu'il le soit, bien sûr, mais… Je passai la langue sur mes lèvres soudain très sèches.

— C'est le film où tout le monde se fait bouffer le cerveau ? demandai-je.

Je n'avais aucune idée de quel film il s'agissait, mais tous les films de zombies avaient plus ou moins le même scénario.

— C'est ça. Je ne travaille pas demain, je peux me permettre une sortie. S'il te plaît, dis-moi que tu aimes toujours les films d'horreur bien gore.

Son corps était chaud contre le mien, sa voix grave me réconfortait. Il connaissait mes préférences en matière de films et... Mais non. Nous étions amis.

— Comme je le dis toujours, répondis-je, plus c'est gore, plus j'adore !

C'était vrai. J'avais grandi en regardant avec mon père des films qu'il n'aurait probablement jamais dû me laisser voir. Et même depuis que j'organisais des mariages – ou peut-être justement parce que je nageais toute la journée dans les histoires d'amour – j'aimais toujours m'évader en visionnant ce que des tas de filles appelaient avec dédain des « films de mecs ».

— Génial. On se fait ça ce soir.

J'aurais juré avoir perçu un éclair de quelque chose passer dans ses yeux marron, mais je n'aurais su dire de quoi. De l'excitation ? Plus que ça ?

Mon imagination me jouait des tours. Ce ne pouvait être que cela. Mal à l'aise, je me détournai et fourrai dans mon sac mes échantillons de tissu.

— Oh, je n'avais pas vu l'heure ! m'écriai-je. J'ai un rendez-vous.

Je jetai un coup d'œil à l'horloge et me rendis compte que je n'avais pas menti. Valentina devait venir à mon bureau à la première heure pour jeter un coup d'œil à mes échantillons, arrêter un choix pour les fleurs et le gâteau, puis passer commande des sacs cadeaux personnalisés. Il n'y avait pas beaucoup de circulation à cette heure de la journée, mais j'aimais arriver au bureau suffisamment en avance pour me préparer à l'arrivée de mes clients.

Comme mon classeur était trop grand pour entrer dans ma besace déjà bien remplie par mes bouts de tissu et mon ordinateur portable, je balançai le sac sur mon épaule, fermai le couvercle de mon Thermos de café et tentai d'attraper mon classeur et mes clés avec l'autre main.

— Besoin d'aide ? demanda Brendan.

Je serrai mon classeur contre ma poitrine. Mon sac ne cessait de se balancer vers l'avant, menaçant de ruiner l'équilibre que je m'efforçais de maintenir sur mes hauts talons.

— C'est bon. Je suis une femme indépendante, maintenant. Autonome.

— Ce n'est pas un drame de demander de l'aide de temps en temps, tu sais.

— Je m'en souviendrai quand j'en aurai besoin, rétorquai-je. Bonne journée ! On se voit ce soir pour le film.

Je dus m'y reprendre à deux fois pour ouvrir la porte et faillis faire tomber mon classeur et mon café, mais je finis par y arriver. La verrouiller risquait de se révéler difficile, mais, avant même que j'aie le temps de me demander comment procéder, j'entendis Brendan pousser la targette de l'autre côté.

Bon, il ne me reste plus qu'à arriver à la voiture, songeai-je. Je me sentais déjà au bord de la crampe. Il allait vraiment falloir que je trouve un moyen de rapporter moins de bazar à la maison tous les soirs. J'aurais probablement dû faire deux voyages, mais j'avais préféré gagner du temps, quitte à souffrir pendant quelques minutes.

En contournant ma voiture pour atteindre la portière du côté conducteur, je remarquai quelque chose d'inhabituel. Mon pneu était à plat. *Non, vous déconnez ? Je n'aurai donc jamais un seul moment de répit ? Jamais ?*

Ça, ce n'était pas du tout, mais alors pas du tout sur ma liste de tâches. Je jetai mon sac et mon classeur sur la banquette arrière et ouvris le coffre. Brendan était en train de sortir sa voiture du garage, mais il s'arrêta dans l'allée en m'apercevant et ouvrit sa portière.

Je posai par terre la roue de secours et attrapai le cric. De ma main libre, je fis signe à Brendan de s'en aller.

— Je m'en occupe ! criai-je. Je ne veux pas que tu sois en retard au travail à cause de moi.

Brendan me considéra un instant d'un air sceptique.

— Je suis sérieuse. Je n'ai pas besoin d'aide. Et je peux appeler Valentina pour reporter notre rendez-vous. Rien de grave.

En vérité, l'incident détruisait tout mon programme de la journée, mais c'était la vie. Surtout la mienne, depuis quelque temps.

— Est-ce que je ne viens pas de te dire que ce n'est pas un drame de demander de l'aide de temps en temps ?

— Si, et je t'ai répondu que je demanderai de l'aide quand j'en aurai besoin. Et là, ce n'est pas le cas. Mon père m'a appris à changer une roue.

Je plaçai le cric sous la voiture et tournai la manivelle jusqu'à ce que le pneu crevé se décolle du sol. Par chance, j'avais choisi des vêtements amples ce jour-là, même si mes talons ne m'aidaient pas vraiment. Je levai les yeux sur Brendan qui n'avait pas bougé.

— Vas-y, ne m'attends pas.

Il croisa les bras.

— Non.

— Alors tu vas rester là à me regarder ?

— Oui, à moins que tu ne te décides à me laisser t'aider.

Bien sûr, cela aurait été plus facile de le laisser faire, mais l'essence même de mon nouveau projet de vie consistait à redevenir la fille que j'étais avant, celle qui ne se laissait blesser par personne parce qu'elle ne comptait que sur elle-même et qui savait se débrouiller seule. J'avais déjà emménagé chez Brendan, je refusais de dépendre davantage de lui.

— Négatif, mon colonel, rétorquai-je.

Brendan éclata de rire, et, aussi frustrée que je sois à le voir rester là, cela me fit sourire. J'appuyai de toutes mes forces sur ma clé démonte-roue, mais *bordel de merde !* cet écrou était sacrément bien vissé ! Sentant le regard de Brendan posé sur moi, je m'acharnai encore un peu plus. Enfin, l'écrou se desserra – et je ne devais même pas m'être éclaté plus d'un vaisseau dans le blanc de l'œil ! Le deuxième céda plus facilement, après à peine quelques jurons et une bataille qui me laissa le front en sueur. Quand j'arrivai au troisième, mes bras me brûlaient atrocement. Bon sang ! Ils les avaient soudés ou quoi ? D'accord : ces visseuses électriques étaient bien pratiques, mais elles ne m'aidaient pas vraiment à être une femme moderne et indépendante.

Brendan fit passer son poids d'une jambe sur l'autre, sans même prendre la peine de dissimuler son amusement.

— Prête à accepter un peu d'aide ?

— Non.

Je posai le pied sur la clé, me retins au toit de la voiture et pesai dessus de tout mon poids. Elle ne bougea pas d'un pouce. Deuxième tentative. Rien. Il ne me restait plus que deux solutions : rentrer enfiler des baskets pour appuyer plus efficacement ou laisser Brendan me venir en aide. Ma fierté refusait d'envisager la seconde option, mais je devais bien avouer que celle-ci était en train de m'échapper.

Brendan me tendit la main.

Avec réticence, je la pris et reposai le pied par terre.

— C'est à cause des talons, marmonnai-je.

— C'est pour ça que j'en porte rarement. Et puis ce n'est pas ce qu'on fait de plus pratique pour courir après les méchants.

Il roula ses manches, s'accroupit à côté du pneu crevé et attrapa la clé. Il parvint avec peine à débloquer l'écrou, les muscles de son avant-bras tendus à craquer.

— Ils sont vraiment très serrés.

— Tu vois, je te l'ai bien dit, rétorquai-je.

En m'entendant parler, j'eus l'impression d'avoir neuf ans d'âge mental.

— Je suis impressionné que tu aies réussi à en enlever deux.

J'ouvris la bouche pour répliquer, mais il me réduisit au silence d'un geste de la main.

— C'était un vrai compliment, dit-il, alors contente-toi de l'accepter au lieu de vouloir te chamailler.

Je serrai les lèvres et le regardai dévisser les deux écrous restants avant de retirer la roue. Je devais bien l'admettre : il était plus rapide que je ne le serais jamais – mais qu'il ne compte pas sur moi pour le reconnaître à voix haute. En outre, le voir travailler n'était pas un spectacle particulièrement déplaisant. Quoi de plus sexy que les avant-bras musclés d'un homme en plein effort ?

Il se releva, et je mis quelques secondes à me rendre compte qu'il me tendait le démonte-roue. Je refermai les doigts sur la barre métallique. Elle était tiède à cause du soleil, mais rien de comparable à la chaleur qui courait en moi.

Ce n'était pas possible : les démonstrations de force virile devaient avoir une sorte de pouvoir hypnotique qui rendait les filles stupides. Encore une bonne raison pour régler moi-même mes problèmes : c'était le seul moyen d'éviter d'avoir des pensées sales au sujet de mon coloc – et ça n'avait rien à voir avec la saleté de ses mains.

Oh, bon sang, regardez-moi ces mains toutes noires! Je les imaginai glisser son mon corps, laissant des traînées sombres sur ma peau nue. Jamais je n'avais eu ce genre de fantasme. Je me défis en hâte de cette pensée et balançai mes outils dans le coffre. Mes sentiments pour Brendan étaient de plus en plus confus, et ce trouble faisait monter en moi une panique qui me comprimait la poitrine.

— Tiens, dis-je en lui jetant le paquet de lingettes imbibées que je conservais dans la voiture en cas d'urgence sanitaire.

— Ne t'inquiète pas pour ton rendez-vous, OK? fit-il en s'essuyant les mains. Tes clients peuvent bien t'attendre un peu.

Beaucoup de gens m'avaient déjà fait remarquer que j'étais trop rigide dans mon planning, mais, pour une fois, me l'entendre dire eut sur moi un véritable effet apaisant. Je sentis les battements de mon cœur reprendre un rythme normal.

— À ce soir, D.J.!

Brendan grimpa dans son véhicule, et moi dans le mien. Il me laissa partir devant, toujours très gentleman. Au collège, ce genre de petits gestes de sa part avait le don de m'horripiler, car je ne voulais pas que les autres garçons me voient comme une fille faible. Mais, ce jour-là, il n'y avait personne pour nous voir, et je dus admettre que c'était agréable, même si ce n'était pas vraiment en accord avec mon personnage de femme forte et indépendante.

Dès que nos routes se séparèrent, j'appelai Jillian :

— Je crois que j'ai un problème.

Chapitre 13

Comme Jillian était débordée, avec un buffet à préparer pour le lendemain, je la retrouvai au marché bio pour parler tout en faisant les courses. Depuis que je ne vivais plus chez elle, nos discussions tardives me manquaient.

— Alors, qu'est-ce qui t'arrive ? demanda-t-elle en s'emparant d'un panier. Tu as besoin de ma complicité pour faire disparaître Phoebe ? Un traiteur t'a laissée tomber pour un mariage ? J'ai déjà beaucoup de boulot, mais, si je peux me libérer un créneau, tu sais que je…

— Non, ça n'a rien à voir. Mon problème, c'est que je suis totalement en train de craquer pour mon nouveau coloc.

Jillian se retourna si vite que je faillis la percuter.

— Le mec chez qui tu viens d'emménager alors que tu ne l'avais plus revu depuis le collège ?

Dire que Jillian avait douté de ma santé mentale lorsque je m'étais installée chez Brendan aurait été un euphémisme, d'autant plus qu'elle n'avait pas encore eu l'occasion de le rencontrer à cause de nos emplois du temps surbookés. Elle avait toutefois fini par admettre, le jour où elle m'avait aidée à transporter mes cartons, que cette solution était toujours préférable à notre précédent arrangement. Pour être honnête, j'aurais pu trouver un moyen de les faire se rencontrer si j'y avais mis de la bonne volonté, mais je craignais le jugement de Jillian sur Brendan. Je ne voulais pas qu'elle lui trouve le moindre défaut alors que notre relation faisait des merveilles sur mon état mental. Enfin, ça, c'était avant que je me mette à devenir folle à la vue de ses avant-bras musclés et à l'image de ses mains sales sur ma peau nue.

Gênée, j'enroulai une mèche de cheveux autour de mes doigts jusqu'à ce que la pointe couleur caramel disparaisse sous la partie plus foncée.

— Ça valait toujours mieux qu'emménager chez un inconnu, protestai-je. Et puis ce n'est pas comme si j'avais prévu que ça arrive. Bon, d'accord, j'aurais dû m'y attendre, c'est vrai qu'il est devenu canon, mais je pensais qu'avoir été des amis d'enfance empêcherait ce genre d'attirance de se développer... L'ennui, c'est qu'il est toujours tellement génial... Et est-ce que je t'ai dit à quel point il est canon ?

— Donc le problème, c'est qu'il est bien foutu et que tu as besoin d'un plan cul pour te remettre de ta rupture.

— Non ! Je veux dire, oui, il est bien foutu... (J'attendis que la vieille dame qui s'attardait à côté de nous ait choisi sa grappe de tomates.) Mais non, poursuivis-je à voix basse, je n'ai pas besoin d'un plan cul pour rebondir. (Je me tus un instant, tentant d'organiser mes pensées.) Le problème, soupirai-je enfin, c'est que je ne devrais pas penser à lui en ces termes.

— Mais, si tu veux vraiment devenir une femme indépendante, le sexe sans attaches en fait partie, et je te conseille de commencer par ça. Honnêtement, c'est l'un des seuls avantages au milieu d'un océan d'emmerdements.

Jillian était l'une des rares femmes de ma connaissance qui soit capable de s'envoyer en l'air sans y mêler de sentiments. Elle n'avait rien d'une femme facile, mais elle se choisissait des hommes sexy et intelligents qu'elle considérait simplement comme une source de distraction temporaire.

— Primo, répliquai-je, tu sais comme je tombe amoureuse facilement. Et secundo, Brendan est mon plus vieil ami d'enfance. Même si on ne s'est pas vus depuis des années, il sait sur moi des choses que la plupart des gens ignorent. Des choses que je n'ai même pas dites à Grant.

— Comme quoi ? demanda Jillian en examinant un bouquet de coriandre qu'elle reposa pour en prendre un autre.

— Comme mes histoires avec ma mère. Grant est au courant qu'elle et moi avons une relation compliquée, mais je ne lui ai jamais raconté à quel point je me suis sentie rejetée quand elle m'a abandonnée pour poursuivre sa carrière. Je n'en ai pas non plus vraiment parlé à Brendan, mais il savait. Il lit en moi comme dans un livre ouvert, peu importe à quel point j'essaie de dissimuler mes émotions. C'est à la fois insupportable et réconfortant. (Je pris une pomme et me mis à jongler avec elle, simplement pour avoir quelque chose sur quoi me concentrer.) Ma vie est un gâchis monumental, mais il arrive toujours à faire en sorte que je me sente bien. Alors je ne veux pas m'imaginer en train de l'embrasser ni de lui faire quoi que ce soit qui puisse causer un malaise entre nous.

Je reposai ma pomme en haut du tas en faisant bien attention à ne rien faire tomber.

— Et Grant ? demanda Jillian. Est-ce qu'il réclame toujours une deuxième chance ?

— On a décidé de prendre un peu de distance, mais il m'a appelée tout à l'heure. Je n'ai pas décroché, mais il m'a laissé un message pour que je le recontacte. Enfin, en théorie, notre histoire est toujours en suspens.

— Si tu veux mon avis, il ne mérite pas une deuxième chance, déclara férocement Jillian en tapotant des doigts sur le bord de son panier. Mais je comprends le problème avec Brendan. Tu vis déjà chez lui, donc si ça devient physique entre vous ça risque de compliquer les choses. Voire même de devenir un sacré bordel.

Voilà pourquoi j'aimais demander conseil à Jillian. Elle ne tournait jamais autour du pot et avait toujours un avis sensé.

— Je pense que ce qu'il te faut, c'est une aventure ! ajouta-t-elle alors. Un homme super sexy que tu connais à peine. Ça te fera oublier ton coloc, et ça pourrait même t'aider à déterminer si tu as envie de remettre le couvert avec Grant. Tu vas peut-être te rendre compte que tu aimes la vie de célibataire.

Soudain, je me demandai si j'avais eu raison de me fier à son bon sens.

— J'en doute, répondis-je. Ça va seulement me donner l'impression de faire un grand pas en arrière après avoir failli me marier. Une aventure, c'est comme un mariage en drive-in, et tu connais mon avis sur la question.

Je fis de mon mieux pour ne pas avoir l'air de la juger : elle faisait ce qu'elle voulait de son côté, mais je me connaissais trop bien pour prétendre pouvoir suivre son exemple.

— Mais ça n'a rien à voir, protesta-t-elle. Un mariage en drive-in, c'est une promesse d'engagement faite sur le pouce. Une aventure, c'est l'assurance de s'amuser sans engagement.

— Oui, mais je ne veux pas faire ça avec n'importe quel homme… Et celui qui s'est mis à me plaire d'un seul coup… même si, je l'avoue, je l'avais déjà trouvé canon le jour où il a débarqué dans mon bureau…

Je me remémorai sa façon de dénouer sa cravate sur le col ouvert de sa chemise en fin de journée, son sourire qui creusait une fossette sur son menton… Son corps qui avait frôlé le mien pendant qu'il attrapait ses clés, l'incident du pneu crevé…

Jillian agita une main devant mon visage.

— Oui… ?

— Je viens à peine de retrouver Brendan, repris-je, et la dernière chose dont j'ai envie, c'est de tout gâcher bêtement. Il y a quelque chose en lui qui m'aide à me détendre, et pourtant tu sais à quel point c'est difficile. Surtout en ce moment, alors que j'en bave au travail et qu'on m'oblige à suivre ces stupides cours de gestion de la colère… Non, je dois garder la tête sur les épaules. Il est simplement gentil avec moi parce que nous sommes amis, et moi je suis là, prête à lui sauter dessus. Je n'ai jamais été douée pour rebondir après une rupture. Je fais toujours des choix stupides. (Pour moi, les relations de rebond, c'est comme le McDonald's : on trouve ça très bon sur le coup, puis on le regrette pendant une semaine. Et ensuite on en veut encore.

Jillian plissa le nez d'un air dégoûté. Elle haïssait les fast-foods : quand on pouvait rendre n'importe quel plat cent fois meilleur en le cuisinant soi-même, pourquoi s'en contenter ?

— Bien sûr, repris-je, la comparaison est injuste pour Brendan, parce que je suis sûre qu'il n'est pas du genre McDon… (Je m'interrompis et secouai la tête.) Tu sais quoi, je ne vais même pas finir ma phrase. Comme toutes mes métaphores, elle est en train de m'échapper. Et maintenant j'ai envie de frites.

— Tu en pinces vraiment pour lui…

— Pas tant que ça. Je suis venue vers toi dès le premier signe de tentation. C'est plutôt encourageant, non ?

Jillian posa dans son panier quelques poivrons rouges et orange.

— Jill ?

— Tu veux que je te dise la vérité ou bien seulement ce que tu as envie d'entendre ? fit-elle.

Idiote que j'étais, j'espérais les deux.

Un jeune homme plutôt mignon, genre étudiant aux cheveux emmêlés, travaillait à la caisse. Il accueillit Jillian avec un grand sourire, et elle me fit des signes de tête dans sa direction en haussant les sourcils, d'une manière tellement subtile que toute la boutique dut comprendre où elle voulait en venir. Apparemment, elle refusait d'entendre que je n'avais pas envie d'une aventure.

Je la laissai payer et sortis l'attendre sur le parking.

Je n'avais pas besoin d'un mec, je ne rendrais pas visite à Grant et je ne gâcherais pas mon amitié avec Brendan. Il ne me restait plus qu'une option : psalmodier dans ma tête « mariage en drive-in », sans jamais m'arrêter, pour être sûre de ne pas oublier ce que je ne voulais pas.

Prête-à-marier, par Dakota Halifax

Les mariages en drive-in

Bloquée devant l'écran vide de mon ordinateur, j'essayais de décider quels conseils donner cette semaine à la grande ville de Las Vegas. Soyons réalistes : vous savez déjà tout sur les meilleurs moyens de profiter de la fête. Alors que me restait-il ? Comme j'avais un petit creux à force de réfléchir, j'abandonnai mon clavier et décidai de m'accorder une pause-déjeuner. Je me rendis dans un drive-in pour commander un hamburger, et c'est là que l'idée me vint.

Les « mariages en drive-in » ne s'appellent pas ainsi pour rien. Cela vous est-il déjà arrivé d'être sur la route après être passé à un drive-in et de vous rendre compte qu'on ne vous a pas servi exactement ce que vous aviez commandé ? (J'avais spécifiquement demandé « pas d'oignons » ! Et où est mon ketchup ?) Eh bien, prenez le temps de penser à votre grand jour. Avez-vous envie d'apprendre juste avant l'heure de votre mariage que l'homme qui devait officier à la cérémonie vient de se faire arrêter pour un motif abominable ? (Et je ne vous raconte pas les choses auxquelles j'ai assisté de la part de prêtres déguisés en Elvis ! Croyez-moi, il y a parfois des interprétations de Burning Love qu'on n'a pas envie de voir. Et, quand je dis « parfois », je veux dire « toujours ».) Peut-être même découvrirez-vous que votre union n'est pas légale. Ce qui ne veut pas dire qu'elle ne compte pas, au cas où vous vous poseriez la question. Une promesse est une promesse, et votre excuse façon « j'étais bourrée à Las Vegas » ne tiendra pas devant un tribunal. Vous aimez votre moitié, pas vrai ? Votre relation n'est pas une erreur due à l'alcool ? Bien sûr que non ! N'importe quelle chapelle peut vous marier en quelques minutes, et je ne vais pas vous empêcher d'échanger des anneaux devant un prêtre couvert de strass si c'est ce que vous voulez vraiment. (Mais surtout, n'allez pas vous aventurer dans les toilettes de la chapelle quand ils pensent qu'il n'y a plus personne – croyez-moi.) Après tout, pouvoir épouser l'élu de son cœur sur un coup de tête fait partie de ces choses qui rendent si incroyable notre belle ville.

Mais de grâce, de grâce ! Sortez au moins de voiture et prenez le temps d'échanger des vœux ! De préférence avec un pantalon, chose dont on peut se passer pour un mariage en drive-in, mais qui, contrairement à ce que vous pouvez croire, ne constitue pas une anecdote amusante à raconter aux enfants. Prenez aussi le temps d'admirer le décor – qu'il s'agisse de kitchissimes Cupidon en carton, de dés en peluche et de lumières clignotantes des casinos ou d'élégantes draperies et d'une allée couverte de pétales de roses – et imprégnez-vous de cet instant magique où, debout devant l'autel, vous échangez des vœux avec l'homme ou la femme de votre vie. Un jour, vous me remercierez.

Chapitre 14

Bien sûr, Brendan et moi n'étions qu'amis, et je ne voulais pas risquer d'entacher notre relation, mais cela ne voulait pas dire que je ne pouvais pas me faire belle pour notre non-rencard. En dehors des mariages, cela faisait trop longtemps que je ne m'étais pas offert une vraie sortie – et les mariages ne comptaient pas, je n'y allais que pour le travail. Même lorsque Grant et moi étions fiancés, nous occupions la plupart de nos soirées à la maison. Je ne me souvenais même plus de la dernière fois où j'avais vu un film sur grand écran.

J'enfilai donc mon jean délavé, mon haut blanc moulant en dentelle et mes escarpins rose vif à talons de douze centimètres, avec le rouge à lèvres assorti. Non pas parce que je cherchais à séduire mon colocataire, mais simplement parce que c'était agréable de me pomponner et de me rappeler que je pouvais être jolie quand j'y mettais du mien. *Oh, bon sang, ces chaussures m'écrasent les orteils !* Elles avaient toujours été un peu serrées, mais tant pis. Il fallait bien souffrir pour être belle, pas vrai ? Combien de fois avais-je conseillé à mes mariées de serrer les dents et de supporter cette torture en silence ? Bien sûr, je le leur disais plus gentiment, mais c'était l'idée générale.

Grâce au mail que j'avais reçu en rentrant du bureau – celui qui m'expliquait où et comment se déroulerait mon cours de gestion de la colère – je savais que cette sortie serait la dernière avant un bon moment. Entre les heures de cours obligatoires et tous mes rendez-vous pour les mariages à venir, j'allais à peine avoir le temps de me consacrer à de petites choses triviales comme manger ou dormir. Cela dit, il fallait voir le bon côté des choses : ne pas avoir une minute à moi devrait me permettre de limiter certaines… pulsions.

Mes hauts talons claquèrent sur le plancher, puis le bruit de mes pas s'étouffa dans le grand tapis du salon. Dès qu'il m'aperçut, Cupidon bondit sur moi et se coucha sur mes pieds. Le message était clair : « Arrête immédiatement tout ce que tu fais et caresse-moi si tu as envie de pouvoir rebouger un jour. » J'obéis et le grattai sous le menton, comme il aimait.

Des pas résonnèrent derrière moi. Je me redressai avant de me retourner.

— Waouh ! s'écria Brendan en me regardant d'un air ébahi.

Mon cœur rata quelques battements. Mais en parlant de « waouh ! », lui-même portait un jean et un tee-shirt vintage qui mettait terriblement bien en valeur son torse et ses bras musclés. Il était élégant lorsqu'il s'habillait pour le travail, mais il y avait quelque chose dans son style décontracté qui m'obligea à répéter dans ma tête : « mariage en drive-in et Big Mac », « mariage en drive-in et Big Mac »…

— Tu t'es mise sur ton trente et un, remarqua-t-il.

— Et toi, c'est tout le contraire, répliquai-je. Enfin je veux dire : ça te change de ne pas être en costume. Ça te va bien. C'est plus décontracté. Enfin, ce n'est pas que le costume ne te va pas… *(Oh, mon Dieu, mais ferme-la !)* Euh… tu es prêt ?

Il hocha la tête et posa la main dans le bas de mon dos pour m'accompagner jusqu'à la porte. Je me laissai un peu aller sur sa main, mais ce n'était qu'une réaction purement instinctive, et je me redressai dès l'instant où mon cerveau reprit le contrôle.

Une fois en voiture, tout redevint normal. Nous discutions et plaisantions, sans gêne et sans que je pense à l'embrasser… jusqu'à ce que cette idée m'effleure l'esprit et que mes yeux se posent malgré moi sur ses lèvres.

Concentre-toi, Dakota.

— On n'a jamais terminé la discussion de ce matin, lançais-je alors. À mon avis, soit tu es opposé par principe à toute forme d'engagement, soit tu as vécu une histoire désastreuse avec une fille.

— Des histoires désastreuses, répliqua Brendan. Mais disons que ma dernière petite amie était très axée sur le mariage. Au bout de six mois, elle a commencé à faire des allusions. Je l'aimais bien, mais je n'en étais pas du tout à envisager de m'installer avec elle. Et puis elle a commencé à devenir plus insistante, à me demander quand on allait se marier. Elle m'a dit qu'elle s'attendait à recevoir une bague pour son anniversaire.

— J'ai eu quelques couples comme ça dans mon bureau. Le mec se laisse entraîner par la fille. Ça ne se termine jamais bien, ce genre d'histoires, même quand le mec ne s'est pas encore enfui quand arrive le jour J.

Sur ces mots, je me tournai vers la fenêtre. Je me demandais si c'était ce que Grant avait ressenti. C'était pourtant lui qui avait amené le sujet en premier : vivre ensemble, se marier, fonder une famille. Puis il m'avait demandée en mariage. Il m'avait fait la surprise un soir, avec la question traditionnelle et la bague. Mais peut-être l'avait-il fait uniquement parce qu'il savait que c'était ce que je voulais. Pensive, je fis courir les doigts sur l'accoudoir de la portière.

— Et qu'est-ce qui s'est passé quand elle n'a pas reçu sa bague d'anniversaire ? demandai-je enfin.

— On n'en est jamais arrivés là. J'ai fini par lui dire que je ne voulais pas me faire passer la corde au cou. Les choses se sont très vite dégradées, et ça s'est fini en grosse séparation bien moche. Le pire, c'est que je l'avais rencontrée au travail, donc on était toujours obligés de se voir. C'était invivable. C'est l'une des raisons pour lesquelles j'ai sauté sur l'occasion de venir travailler ici.

— Mais c'était juste cette fille en particulier qui ne te convenait pas ou est-ce que tu fais partie de ces gens qui sont violemment opposés au mariage ?

— Je ne dirais pas « violemment », répondit Brendan en haussant les épaules. Je n'y ai jamais beaucoup réfléchi. J'imagine que je voyais ça comme quelque chose qui ferait partie d'un avenir lointain. Genre très, très lointain.

Étant moi-même une obsédée du mariage, je trouvais sa vision des choses un peu saugrenue. Mais il était vrai que les hommes avaient rarement tendance à discuter jusque tard le soir de mariages de contes de fées ou de la parfaite robe de mariée. Ou du parfait smoking, en l'occurrence.

— Mes relations amoureuses m'ont toujours donné l'impression d'étouffer, poursuivit Brendan. Les appels incessants pour « prendre des nouvelles » ou me demander où je suis et ce que je fais... M'entendre dire que je ne prends rien au sérieux... Les sentiments si facilement blessés que je finis par avoir l'impression d'être un connard alors que j'étais sûr de ne pas en être un... Ça m'épuise rien que d'y penser.

— Ouais, franchement, qui a besoin de ça ? m'empressai-je d'appuyer. Être en couple, ce n'est qu'une espèce de grande représentation hypocrite. On a l'air heureux vus de l'extérieur, et on arrive même parfois à se convaincre qu'on l'est vraiment, puis on passe ses soirées à se chamailler devant le programme télé. Le plus petit incident peut se changer en scène de ménage.

Je ne savais pas vraiment d'où cette tirade était sortie. J'avais dû y songer dernièrement en observant des couples et en me demandant s'ils étaient vraiment heureux. Grant et moi avions passé bien des soirées à nous disputer pour la télécommande, et il y avait des tas de sujets sur lesquels nous n'étions pas d'accord, mais je n'aurais pas dit pour autant que nous étions malheureux – même si j'avais dû visionner beaucoup trop de documentaires à mon goût alors que lui n'avait jamais accepté de regarder un seul de mes programmes. Il lui était aussi arrivé de soupirer d'un air ennuyé quand je m'occupais de son emploi du temps alors que c'était lui qui me l'avait demandé, mais je savais que la planification n'avait jamais été son fort. Peut-être avais-je eu tort pendant toutes ces années... Peut-être étaient-ce ceux qui évitaient tout engagement qui avaient raison... En tout cas, la vie était sûrement moins compliquée pour eux.

— Si j'avais un verre à la main, je porterais un toast au célibat, déclarai-je. Et à bas le mariage !

— On pourrait presque croire que tu l'as déjà bu, ce verre, répondit Brendan avec un petit rire, en se garant dans le parking de la galerie marchande où se trouvait le cinéma. Mais tu ne m'as pas bien compris... (Il s'interrompit et poussa un soupir.) Je ne suis pas contre les relations sérieuses. Mais peu importe à quel point je suis attaché à une femme, jamais je ne m'obligerai à prendre un engagement simplement pour lui faire plaisir. Et, quand je pense à quel point c'est difficile de faire marcher une relation et à l'implication que ça demande pour en arriver au

« jusqu'à ce que la mort nous sépare », j'admets que ça me donne envie de prendre la fuite. Mais ça ne veut pas dire que je suis un coureur de jupons incapable de rester fidèle à une seule femme. Il y a de très bons côtés à être en couple…

Ses yeux marron plongèrent dans les miens, et la température monta aussitôt de quelques degrés dans l'habitacle. Je sentis mon souffle se bloquer dans ma gorge pour des raisons que j'étais incapable d'expliquer et que, honnêtement, je n'avais pas envie de trop creuser.

— Et maintenant, reprit Brendan en me tapotant la cuisse, allons voir les zombies !

— Une chose est sûre : ta fidélité aux scènes sanguinolentes est impressionnante !

Il éclata de rire et sortit du véhicule. En longeant les boutiques de la galerie, j'eus l'impression d'entendre appeler mon nom. Je me retournai et aperçus une femme qui me faisait signe. Elle était venue au mariage Adler/Friedman. Visage anguleux.

— Bonsoir, Angie ! la saluai-je.

— Bonsoir, répondit-elle en s'approchant.

Une fois arrivée à ma hauteur, elle se mit à brandir la main gauche devant mes yeux d'un air surexcité.

— Devinez quoi ? s'écria-t-elle. Je suis fiancée !

— Félicitations !

— Je comptais justement vous appeler. Je ne connais pas encore mon budget, mais j'aurais besoin d'aide pour trouver une salle de réception et un traiteur. Est-ce que vous pourriez vous occuper de ça même si je ne vous demande pas d'organiser la totalité du mariage ?

— Bien sûr, répondis-je en sortant ma carte de visite. Appelez-moi, et nous pourrons discuter des options de paiement ainsi que de l'implication que vous me demanderez. Si c'est tout ce dont vous avez besoin, je peux me contenter de vous aiguiller.

— Je suis aussi une de vos lectrices. J'étais tellement excitée pour vous après votre dernier article… Et puis j'ai lu dans le journal que votre mariage avait été annulé. Je suis vraiment désolée.

Le sourire factice que j'avais pris l'habitude d'arborer dans ce genre de situation se forma automatiquement sur mes lèvres. Je venais de me rappeler pourquoi je ne sortais pas beaucoup. Entre les relations de Grant et les miennes, on avait parfois l'impression de connaître la ville entière.

— Ce n'est rien. Tout va pour le mieux, vraiment.

— Oui, on dirait bien, déclara Angie en posant les yeux sur Brendan avant de lever le pouce d'un geste approbateur qu'elle pensait discret.

— Brendan n'est qu'un ami, répliquai-je aussitôt en le prenant par le bras.

J'allais avoir besoin de tout son appui pour poursuivre mon petit numéro de femme forte pour qui tout allait « pour le mieux ».

— Je le connais depuis toujours, ajoutai-je.

— Et parfois ça me paraît encore plus long, intervint Brendan.

Il m'attira plus près de lui, manquant de me faire trébucher sur mes hauts talons, et m'adressa un sourire niais quand je levai les yeux vers lui. Je ne pus m'empêcher de glousser.

— Une éternité, vraiment.

— Presque depuis avant la naissance.

À cet instant, je vis Angie froncer les sourcils d'un air interdit et décidai qu'il était temps de faire sortir la conversation de ce chemin bizarre mais hilarant où elle s'était égarée.

— Encore une fois, dis-je à la jeune femme, toutes mes félicitations pour vos fiançailles. N'hésitez pas à m'appeler. J'ai vraiment été contente de tomber sur vous.

— Oui, moi aussi ! répondit-elle, même si j'eus plutôt l'impression d'entendre : « Ne compte pas trop sur moi pour t'appeler, sale tarée ! »

— Tu es un atout pour les affaires, tu le sais ? murmurai-je à Brendan dès qu'elle eut le dos tourné.

Nous repartions en direction du cinéma lorsqu'une silhouette familière attira mon attention. Non. Ce n'était pas possible. Mes yeux me jouaient des tours. À quelques pas de moi, s'apprêtant à entrer dans notre restaurant chinois préféré, se trouvait Grant. Et il n'était pas seul. Une belle femme blonde se tenait à ses côtés, le visage rayonnant d'amour.

Malheureusement, Grant me tournait le dos, et je ne pus voir s'il partageait ses sentiments.

Sous le choc, j'oubliai de regarder où je mettais les pieds et dérapai sur une flaque suspecte. Par réflexe, je m'agrippai au bras de Brendan pour ne pas tomber, et ma cheville se replia sous moi. J'étais assez fière de ne pas avoir atterri sur les fesses et aurais volontiers continué à célébrer mon adresse si je n'avais pas voulu m'appuyer sur le pied que je venais de tordre. Aussitôt, une douleur fulgurante me transperça la jambe, de la cheville jusqu'au genou.

— Ça va ? demanda Brendan.

— Ne t'arrête pas, murmurai-je en boitillant vers un corridor qui aurait au moins l'avantage de me faire sortir du champ de vision de Grant.

Une fois hors de vue, je tentai de faire tourner ma cheville, mais le moindre mouvement me faisait grimacer de douleur. De toutes les choses stupides et humiliantes…

— Ça va aller, dis-je à Brendan en réponse à son air inquiet.

Mais, lorsque j'essayai de nouveau de m'appuyer sur ma jambe, je lâchai un chapelet de jurons et m'accroupis, faisant passer mon poids sur mon pied gauche.

— Ouais, ça va aller, rétorqua Brendan. Ça se voit.

Il s'accroupit à son tour pour examiner ma cheville, comme s'il avait la capacité d'établir un diagnostic rien qu'en la voyant. Moi, je n'avais pas besoin de regarder pour savoir qu'elle était au moins foulée. Il palpa prudemment la zone endolorie, m'offrant un étrange contraste entre la souffrance de la blessure et l'agréable sensation de ses doigts sur ma peau.

— Si tu n'avais pas mis ces talons de dingue…, commença-t-il.

Scandalisée, je caressai gentiment mes chaussures pour les réconforter.

— Là, là, murmurai-je. Il ne pense pas ce qu'il dit. Tout est la faute de l'abruti qui a renversé sa boisson par terre. Vous n'y êtes pour rien.

— Je n'avais pas vu que tu t'étais aussi cogné la tête, lança Brendan avec un petit rire.

Outrée, je lui donnai une tape sur le bras.

— Pourquoi est-ce que je perds mon temps à traîner avec toi ? rétorquai-je.

— Parce que tu n'as pas le choix.

— Ah oui, c'est vrai !

— Et aussi parce que tu me connais depuis « une éternité ». Allez, viens, je te ramène à la maison.

Brendan m'attrapa par la main pour me relever et passa le bras autour de ma taille afin de m'aider à marcher.

— On ne rentre pas, protestai-je. On a un film de zombies à regarder.

— Mais tu ne peux pas marcher !

Je jetai un coup d'œil furtif en direction du restaurant et aperçus l'arrière de la tête de Grant. Soudain, mon estomac sembla peser des tonnes. Voyait-il déjà quelqu'un ? Avait-il tourné la page ? Était-ce ce que je voulais ? Une tornade d'émotions contradictoires faisait rage en moi, mais j'étais certaine d'une chose : hors de question que je repasse en boitant devant lui et sa blonde.

— Bien sûr que si ! répliquai-je.

Je vis Brendan hésiter et me ruai dans la faille :

— Si on rentre à la maison, je vais rester assise sans rien faire. Au cinéma, je resterai assise, mais devant un film. Avec du popcorn. Tu ne sens pas déjà cette bonne odeur de beurre chaud ? Et puis, quand le film sera fini, ma cheville ira déjà mieux. J'en suis sûre.

Brendan jaugea du regard le chemin que nous aurions à parcourir pour revenir à la voiture, puis les quelques mètres qui nous séparaient du cinéma.

— D'accord, céda-t-il enfin, mais je te porte jusqu'à ton fauteuil.

— Jamais de la vie ! Je vais juste enlever mes chaussures.

Je regardai le sol, couvert de traces douteuses, et songeai à tous ces germes qui attendaient patiemment de se jeter sur mes pieds nus. Pourquoi n'avais-je pas mis de chaussettes ? Après tout, les années 1980 faisaient leur grand retour. Donc, quitte à faire revenir des styles hideux, pourquoi ne pas porter des chaussettes avec des escarpins ?

Brendan se retourna et me présenta son dos.

— Allez, grimpe !

Mes choix se limitaient donc à monter sur son dos ou à repasser en clopinant devant mon ex-fiancé et cette femme avec qui il était peut-être en train de m'oublier. En fait, je n'avais pas vraiment le choix. Je sautai sur le dos de Brendan et m'agrippai à son cou. Aussitôt, je fus prise d'un fou rire qui ne fit qu'empirer en voyant que tout le monde nous regardait.

— Si on croise quelqu'un que je connais, hoquetai-je, je meurs de honte. Deux fois.

— Comme un zombie, répliqua Brendan.

Sans me déposer, il acheta les billets – ce qui nous valut de nouveaux regards intrigués – et commanda du popcorn, des boissons et un supplément de glace. Puis nous parvînmes à tout faire entrer dans la salle.

Il me déposa délicatement dans un fauteuil et s'installa sur le siège voisin avant de poser mon pied sur ses genoux pour appuyer le gobelet de glace sur ma cheville enflée. Nous échangeâmes quelques plaisanteries et commentaires devant les bandes-annonces, si bien que j'en oubliai presque la nausée que l'incident avec Grant m'avait fait ressentir. Après quelques poignées de popcorn et une longue gorgée de soda, la vie me parut même plutôt belle malgré la douleur lancinante qui me vrillait la cheville. Je regardai, attendrie, la lumière mouvante de l'écran se refléter sur le visage de Brendan. Qui d'autre serait allé jusqu'à me porter sur son dos à travers tout le cinéma et aurait fait en sorte de trouver de la glace pour ma cheville ?

Pendant le film, Brendan resta penché sur moi afin de maintenir la glace en place, son autre main posée sur mon genou. Il tapotait machinalement du bout des doigts, et chaque battement me faisait l'effet d'une petite décharge électrique dans la jambe.

Sur l'écran, les zombies s'en donnaient à cœur joie, à grand renfort de décapitations et autres jets d'entrailles gluantes. Pourtant, la seule chose sur laquelle je parvenais à me concentrer, c'était la main de Brendan posée sur mon genou.

Cet homme que je connaissais depuis toujours me faisait ressentir des choses que je n'avais encore jamais éprouvées.

Chapitre 15

— Est-ce qu'il y a quelque chose dont tu voudrais me parler ? demanda Grant.

Je ne savais pas ce qui lui avait pris de débarquer sans prévenir sur mon lieu de travail, mais à le voir ainsi debout devant mon bureau, les bras croisés comme s'il attendait des aveux, j'eus soudain envie de m'écrier : « D'accord, je le reconnais ! J'ai posé les yeux sur un autre homme ! »

Une partie de moi avait voulu croire que la page était tournée, mais il m'avait suffi de le revoir pour que mes sentiments remontent à la surface. Mon cœur se serra. Je me serais probablement levée pour m'approcher de lui, par habitude, si ma cheville ne m'avait pas fait aussi mal. J'avais dû me résoudre à porter des ballerines après une longue dispute avec Brendan qui voulait à tout prix que j'enfile des baskets. Il n'avait pas voulu comprendre le « fashion faux pas » que cela représentait.

— Je croyais que tu envisageais toujours qu'on se remette ensemble, reprit Grant. C'est ce que tu m'avais dit. Et moi, j'étais là, comme un imbécile, à attendre que tu sois prête…

— Je l'envisageais. Et je l'envisage toujours. Je ne comprends pas. Qu'est-ce qui se passe ?

— Tu n'as pas lu le journal ? La rubrique de Phoebe ?

Une boule se forma dans ma gorge. En hâte, je me tournai vers mon ordinateur, ouvris le site du *Beacon* et parcourus en diagonale la rubrique mondaine.

D'après une source sûre, notre chère Dakota Halifax reprend déjà en main sa vie amoureuse. Mariés en fuite, s'abstenir. On ignore si l'homme avec qui elle sortait hier soir était son seul et unique rencard ou le premier d'une longue série, mais on dirait que rien ne peut abattre une bonne organisatrice de mariage. Fera-t-elle une nouvelle tentative devant l'autel ? Et, si oui, est-ce pour bientôt ?

Comment pouvait-on causer une telle irritation en si peu de mots ? Le bon côté des choses, c'était qu'apparemment personne n'avait vu Brendan me porter sur son dos. Et au moins Phoebe m'avait-elle qualifiée de « bonne organisatrice de mariage ». Le mauvais côté, en revanche, c'était qu'on aurait dit que je m'étais lancée dans une frénésie de rendez-vous. Et que mon unique but était un nouveau mariage.

— Et tu crois ce que raconte ce torchon ? soupirai-je.

— C'est qui, ce mec ? demanda Grant, rouge de colère. C'est pour ça que tu voulais un peu d'air ? Pour le voir ?

Sachant qu'il était à deux doigts de la crise de nerfs, je pris sur moi pour ne pas élever la voix :

— Je suis sortie hier soir. Je suis allée au ciné, là où on avait l'habitude de traîner tous les deux.

Je marquai une pause pour lui laisser le temps d'avouer, à lui qui semblait si désireux de m'arracher une confession. Comme il ne disait rien, je poursuivis :

— J'étais avec un ami. Ce n'était pas un rencard. Seulement une petite sortie entre colocs.

— Entre colocs ? Je croyais que tu vivais chez Jillian ?

Et merde ! Ce n'était pas comme cela que j'avais voulu lui annoncer la nouvelle. Je savais qu'il allait dramatiser, comme toujours lorsqu'il s'agissait d'un autre homme.

— Écoute, repris-je. Je n'ai pas de comptes à te rendre, mais, comme je te l'ai dit, je suis allée voir un film avec un ami. Un ami qui se trouve être à la fois un homme et mon nouveau colocataire. Fin de l'histoire.

— Alors il ne se passe rien entre vous ? demanda-t-il d'un air suspicieux.

Même si mes sentiments étaient un peu confus en présence de Brendan, notre relation en elle-même n'avait rien d'équivoque.

— Nous ne sommes qu'amis.

— Je n'aime pas ça.

— Je ne te demande pas d'aimer ça. Mais tant qu'on y est, et toi ? Est-ce que tu vois quelqu'un ?

Instantanément, la colère s'estompa de son visage pour laisser place à une douce tristesse qui m'emplit d'appréhension. Je n'étais pas sûre d'être prête à l'entendre parler de la nouvelle femme de sa vie.

— Bizarrement, moi aussi, je suis sorti hier soir. J'ai vu Amy et Jaden, mon fils. Oh, si tu l'avais vu, Dakota… C'est un enfant intelligent et drôle, et il a mes yeux et mes cheveux. J'avais un peu peur au début, mais maintenant que j'ai passé un peu de temps avec lui… C'est incroyable. Il est incroyable.

J'avais vu la femme, mais je n'avais pas aperçu le petit garçon. Je tentai de me remémorer la scène, mais je m'étais trop focalisée sur elle et sur sa façon de regarder Grant. Celui-ci, en revanche, semblait avoir concentré toute son attention sur son fils.

— Je suis sûre qu'il est adorable, dis-je.

C'était la vérité. Avec ce que j'avais vu d'Amy combiné aux gènes de Grant… Mais, malgré toutes mes tentatives pour la contenir, la jalousie me mordait les entrailles.

Grant fit le tour de mon bureau et me prit par la main.

— Je veux que tu le rencontres. Dans une semaine, il passe l'après-midi chez moi. On ira au parc. Est-ce que je peux passer te prendre avant ?

Juste au moment où j'espérais enfin voir ma vie se séparer de la sienne, il m'entraînait de nouveau en plein dedans. Son pouce frôla le bout de mes doigts en une furtive caresse, et je sentis une douce chaleur monter en moi. Ce devait être hormonal… J'avais tellement besoin de sentir les mains d'un homme sur mon corps que le moindre contact me rendait folle.

Au fond de moi, cependant, je savais que c'était faux. Avec Grant, pendant plus d'un an, j'avais vécu une vie de couple avec ses hauts et ses bas. Il représentait pour moi un réconfort familier. Brendan, quant à lui, était à la fois nouveau et inchangé, et notre histoire partagée me donnait l'impression de retomber en enfance. Tout cela ne faisait que rendre la situation plus confuse.

— Si tu pensais vraiment que ça pouvait marcher entre nous, demandai-je, pourquoi tu n'as pas voulu m'épouser ?

— Je ne pouvais pas t'épouser sans t'avoir parlé d'Amy et de ma paternité potentielle, ça n'aurait pas été juste pour toi. Mais j'ai trop attendu. J'ai regretté des centaines de fois de ne pas t'en avoir parlé plus tôt. Tout ce dont j'ai besoin maintenant, c'est d'un peu de temps pour m'habituer à ce nouvel aspect de ma vie. Ensuite, ajouta-t-il en serrant mes doigts entre les siens, je t'épouserai. Je te le jure. Avec une grande cérémonie, si c'est ce que tu veux.

Une fois de plus, une profonde nostalgie me serra le cœur. Je nous représentai, moi, Grant et un mini-Grant, installés dans sa maison, courant dans le jardin avec Cupidon. Une famille unie et stable.

J'avais souvent visualisé cette scène au cours des mois précédant notre mariage, et, même si les circonstances n'étaient plus tout à fait les mêmes, c'était ce que j'avais toujours voulu. Je n'avais plus qu'à patienter encore un peu pour me voir offrir mon rêve sur un plateau.

Mais, si un homme n'était pas prêt à se marier, suffisait-il vraiment d'« un peu de temps » pour qu'il se décide à sauter le pas ? Bien sûr, il fallait attendre de bien connaître l'élu de son cœur – s'assurer qu'on se supporte au quotidien, qu'on ait des passions communes et que l'alchimie ne s'évanouisse pas une fois passé la phase de libido hyperactive –, mais Grant et moi avions déjà franchi toutes ces étapes, et même plus. Alors comment « un peu de temps » pourrait-il lui permettre de se sentir prêt à m'épouser et, surtout, d'en avoir envie ?

Moi-même, s'il m'avait à cet instant demandée en mariage, je n'aurais pas su si j'étais prête. Pas après les dernières semaines passées avec Brendan, incapable de me dépêtrer de ces drôles de sentiments tout droit sortis de cette fameuse phase de libido hyperactive. Je commençais même à me demander si la reculade de Grant n'avait pas été une bénédiction déguisée. Le genre de bénédiction qui commence par vous étouffer, puis s'octroie votre gratitude lorsqu'elle vous permet enfin de respirer.

Une sorte de syndrome de Stockholm, songeai-je. Cette idée m'arracha un petit rire, ce qui à cet instant était totalement déplacé. C'était toujours dans les pires moments que je riais le mieux. Une fois, j'avais dû m'éclipser d'une cérémonie quand la grand-mère de la mariée s'était mise à jurer dans sa barbe – en silence, croyait-elle. Bien sûr, repenser à cet incident me fit rire de plus belle.

Grant fronça les sourcils.

— Dakota ? Est-ce que tu vas bien ?

Je n'en étais pas sûre. Mais, lorsque je relevai la tête pour le regarder dans les yeux, je sus qu'un peu de temps nous serait bénéfique à tous les deux.

— J'aimerais qu'on puisse recommencer à se voir et à se parler, déclarai-je. Mais je ne suis pas sûre que rencontrer ton fils soit une bonne idée. Ça me semble un peu prématuré

— Mais ce sera super décontracté ! On va traîner au parc, tranquillement, et je vais te présenter un ami. Bon, l'ami en question risque de ne pas faire très attention à toi : il a deux ans, il s'intéressera davantage au toboggan et au goûter. (Songeuse, je grattais nerveusement l'arête de mon bureau.) Pour être franc, avoua Grant, je me sens un peu perdu. Mes premières rencontres avec Jaden se sont bien passées, mais Amy a toujours été présente. Ce sera la première fois que je garderai mon fils sans qu'elle supervise la rencontre, et j'ai peur de tout gâcher. Tu es plus douée que moi pour ce genre de choses, et j'aimerais vraiment que tu m'aides. Malgré ce qui s'est passé entre nous, ajouta-t-il en serrant ma main dans la sienne, j'espère que je ne t'ai pas perdue en tant qu'amie. Tu feras toujours partie de ma vie, même si on ne trouve pas de solution à nos autres problèmes.

Après un tel discours, comment refuser ?

— Bon, d'accord. J'irai avec toi au parc, mais seulement pour ta première sortie avec lui. Après ça… on avisera.

Un immense soulagement se peignit sur son visage. Puis, sans crier gare, il se pencha sur moi pour m'embrasser. Je voulus le repousser, mais, au lieu de ça, fermai les yeux pour me concentrer pleinement sur ce que je ressentais. La plaisante sensation de ses lèvres sur les miennes faisait-elle resurgir en moi cette excitation mêlée d'espoir qui me manquait tant ? Avais-je de nouveau l'impression qu'il était fait pour moi ?

Une chose était sûre : l'espoir était toujours aux abonnés absents.

En pleine période de doute existentiel, je ne conseille à personne d'entrer dans une maison communautaire qui pue la sueur et la chaussette sale. Surtout si vous boitez. Croyez-moi : cela ne fera que donner à votre situation un goût de désespoir encore plus prononcé. Pire encore si vous devez votre présence à une chroniqueuse mondaine imbue de sa personne qui se nourrit exclusivement de bâtonnets de carotte et de cocktails.

En cherchant la salle 105, je sentais croître en moi une sourde irritation. Vous savez ce que je ressentais à l'idée d'être obligée de suivre ce cours de gestion de la colère ? De la colère. Si vous voulez mon avis, c'était un peu contre-productif.

Lorsque je trouvai enfin la salle, je pris le temps d'observer les autres participants. La plupart avaient l'air parfaitement normaux, probablement contraints à suivre ce cours pour les mêmes raisons que moi. Qu'on soit capable ou non de contrôler sa colère, certaines personnes avaient besoin d'une bonne taloche pour se remettre les idées en place. J'envisageai d'exprimer ma pensée à voix haute, certaine de m'attirer l'approbation de certains participants, mais la dernière chose dont j'avais besoin, c'était bien de me faire remarquer.

Seule une personne semblait avoir de véritables raisons de se trouver là : un homme assis seul au dernier rang, avec ses tatouages, son bouc, ses sourcils froncés et son blouson de motard. Il paraissait capable d'écrabouiller la boîte crânienne de quiconque lui en donnait la moindre raison, et je me pris à espérer que les organisateurs avaient prévu des petites pilules rigolotes pour calmer les esprits en cas de dérapage incontrôlé.

Il faut juste attendre que ça passe. Après ça, je pourrai reprendre le cours de ma nouvelle vie. Je pris un siège sur la rangée du milieu – ni trop lèche-cul, ni pseudo-rebelle comme l'Écrâneur de la rangée du fond.

La salle se remplit peu à peu, puis un petit homme se planta devant nous. Je le trouvai aussitôt pathétique, avec sa mèche filasse rabattue sur son crâne chauve et sa chemise blanche ornée sous les aisselles de larges auréoles jaunies.

— Bienvenue à tous, dit-il. Je m'appelle Ron, et je serai votre enseignant pour les deux semaines à venir. Nous savons tous ce qu'est la colère, nous l'avons tous déjà ressentie...

De sa voix monocorde, il se lança dans un discours interminable sur les signes avant-coureurs d'explosion : la chaleur qui monte, les poings qui se serrent, le corps qui se tend... Je fis de mon mieux pour être attentive, mais, dans ma tête, je m'occupais déjà de l'arrangement des bouquets pour le mariage de Valentina.

La relaxation était le premier pas vers le contrôle de la colère. Respirer, méditer et tutti quanti. Seulement voilà : j'avais déjà suivi des cours de yoga et maîtrisais parfaitement la respiration profonde. Bordel, je la conseillais même à mes mariées ! La seule chose qui m'aidait vraiment à me calmer, c'était de maîtriser la situation.

Génial ! Je crois que j'ai de graves problèmes psychologiques. Peut-être ai-je ma place ici finalement, en compagnie de l'Écrâneur. Je lui jetai un regard furtif, mais il m'aperçut et m'adressa un sourire complice, sans la moindre trace de malveillance. Puis il leva les yeux au ciel en regardant Ron, et je décidai que l'Écrâneur et moi étions faits pour devenir les meilleurs amis du monde.

Lorsqu'il eut enfin terminé son cours magistral, Ron nous demanda de fermer les yeux et d'imaginer une scène relaxante. J'entrepris de visualiser un mariage parfaitement organisé, mais la scène se fondit bientôt pour devenir celle de mon propre mariage. Je me revis assise sur la plage, en grande robe blanche, en train de pleurer toutes les larmes de mon corps. Un intense sentiment d'abandon me submergea, me coupant le souffle.

Il ne veut plus de moi.

Je ne savais pas pourquoi cela me faisait si mal, mais, dès que j'y repensais, la douleur était là, presque aussi intense que ce fameux jour. Ma confiance, celle que j'avais entièrement placée en Grant, avait été détruite. Pourtant, ce n'était pas ce que j'aurais dû ressentir. Nous nous étions réconciliés. J'avais accepté de rencontrer son fils.

Je tentai de nous imaginer tous ensemble, Grant, son fils et moi, mais j'avais l'impression de voir une de ces photos de famille qu'on achetait avec le cadre. Une belle image, mais pas la mienne. Pas de souvenirs rattachés.

OK, ce cours de gestion de la colère est en train de mettre le bazar dans ma tête! Si le chagrin repoussait la colère, alors j'étais sur la bonne voie : les larmes aux yeux, toute combativité annihilée. *Foutues émotions!*

— Très bien. Je perçois de très bonnes vibrations dans votre groupe ! déclara Ron, preuve qu'il devait manquer quelques arcs-en-ciel à son vibromètre.

Deuxième conseil du spécialiste pour se débarrasser de son agressivité : changer sa façon de voir les choses.

— L'humour, même le plus idiot, poursuivit Ron avec un petit gloussement, peut vous aider à dompter votre rage d'une multitude de façons. Il vous permet de relativiser. Par exemple, lorsque vous êtes tenté d'insulter quelqu'un ou d'en parler en des termes peu flatteurs, prenez le temps d'imaginer ce que ce mot pourrait signifier de manière littérale. Si vous êtes au travail et que vous avez envie de traiter un collègue d'ordure ou de chimpanzé, par exemple, imaginez à sa place un tas d'ordures ou un singe en train de passer un coup de fil, ou de taper à l'ordinateur.

« Ordure » ? « Chimpanzé » ? C'est tout ce que tu as trouvé ?

— Vous pouvez même les dessiner, ajouta Ron. Une activité artistique peut vous aider à canaliser votre colère.

Je voyais déjà comment je pourrais dessiner Phoebe : en super méchante de comics. Son personnage aurait subi un terrible accident avec des déchets nucléaires, si bien que son visage ressemblerait à une œuvre cubiste. Je devais bien l'admettre : cette technique était apaisante.

— Un mot d'avertissement cependant : ne cédez pas à la tentation de l'humour cruel et sarcastique, reprit Ron. Cela n'en ferait qu'un exutoire malsain où décharger votre colère.

Je me demandai s'il aurait considéré mon image cubiste comme une forme d'humour sarcastique et cruelle. Probablement. Juste au moment où je commençais à m'amuser…

Nous pratiquâmes un deuxième exercice – compter jusqu'à dix dans sa tête –, puis Ron nous accorda une courte pause, durant laquelle je me liai d'amitié avec l'Écrâneur. Il se nommait en fait Wild Bill. C'était du moins le nom qu'il m'avait donné, mais je doutais que sa maman l'appelle ainsi. Il me promit une réduction sur un tatouage si j'étais intéressée, et je m'engageai à lui adresser mes clients qui désiraient se faire tatouer le nom de leur moitié. C'était un geste romantique, mais que je déconseillais. Imaginez si, en plus de tout le reste, le nom de Grant était inscrit sur mon corps à l'encre indélébile ! Cela dit, une telle marque d'engagement m'aurait peut-être poussée à vouloir sauver notre relation. Au moins, j'aurais su quoi faire.

Quoi qu'il en soit, si mes clients voulaient un tatouage, je leur transmettrais les coordonnées de Wild Bill, mon nouveau complice de gestion de la colère, même si j'allais probablement oublier cette dernière partie dans ses références.

La deuxième heure de cours fut consacrée à la modification de notre environnement et de nos habitudes. Il fallait identifier les situations susceptibles de nous faire perdre notre sang-froid et nous débarrasser des éléments déclencheurs.

Je me considérais toujours victime d'une terrible injustice, mais après tout, quitte à suivre ce cours, peut-être pourrais-je en profiter pour mettre certains conseils en pratique. J'avais déjà pris l'initiative de modifier mon environnement, mais je devrais aussi perdre l'habitude de songer à Brendan en des termes autres qu'amicaux. J'allais également tâcher de considérer Grant comme une possibilité et me réconcilier avec les mariages.

Pour commencer, je m'imaginai piétiner une pièce montée et fracasser ses figurines, déchirer la robe de mariée, retourner les tables et envoyer valser les bouquets. Des mois de travail réduits à néant d'une manière des plus jouissives. Puis je remis les pièces en place à la façon d'un puzzle pour arriver à une image parfaite. Après cela, je n'étais toujours pas folle de joie en songeant au prochain mariage qui m'attendait, mais j'estimais pouvoir le supporter.

À la fin du cours, je fis signer à Ron ma fiche de présence et je tapai dans le poing de Wild Bill en lui disant qu'on se verrait la prochaine fois.

Retrouver mon espoir et mon excitation à l'égard des mariages pouvait bien attendre. Pour l'heure, j'étais juste heureuse d'en avoir terminé. Je barrai « cours de gestion de la colère » sur ma liste de tâches, que je parcourus jusqu'à son dernier élément : « Retrouver ma foi en l'amour. » Peut-être était-il temps de passer de Corail à Moutarde. Risque moindre mais toujours élevé.

Oui, j'avais dépassé tout ça.

—Alors, ce cours de Hulk ? demanda Brendan lorsque je posai par terre mon énorme sac pour accorder un peu d'attention à Cupidon.

Je caressai le museau de mon chien en lui disant qu'il était un bon toutou, puis levai les yeux vers Brendan.

—C'était plutôt un cours anti-Hulk. Mais ce n'était pas si mal, finalement. Je me suis même fait des amis.

Je farfouillai dans ma poche pour en sortir la carte de Wild Bill.

—Regarde, dis-je à Brendan. Ça peut toujours servir en cas de bagarre dans un bar ou si tu as envie d'un tatouage.

Brendan m'adressa un sourire qui me fit un drôle d'effet au creux de l'estomac.

—Je suis fier de toi, s'esclaffa-t-il.

Il n'est qu'un ami. Un ami qui m'aide à garder le contrôle sur ma vie. J'ignorais ce qui me serait arrivé si je n'avais pas pu me changer les idées avec lui. Probablement une combustion spontanée, même si les boutons ouverts de sa chemise n'étaient pas ce qui se faisait de mieux pour le maintien de ma chaleur interne. Surtout lorsque j'imaginais ce qui pourrait se passer s'il défaisait les autres…

—Grant est passé à mon bureau aujourd'hui, annonçai-je afin de penser à autre chose.

Je vis Brendan serrer les dents et jugeai préférable de passer sous silence le moment de la discussion où j'avais découvert que lui et moi étions dans le journal. Ce n'était pas pour cela que j'avais besoin de conseils. Je comptais passer un coup de fil à Jillian, mais je savais déjà qu'elle me dirait que Grant ne méritait pas une autre chance. Il me fallait une autre opinion. Une opinion un peu plus objective.

— Il veut que je rencontre son fils, lâchai-je. (Je m'interrompis le temps de m'asseoir sur l'accoudoir du canapé, heureuse de soulager un instant ma cheville douloureuse.) J'ai accepté, mais ça me fait flipper. Je ne sais pas trop ce que je suis en train de faire.

— Est-ce que ça veut dire que tu veux te remettre avec lui ?

— Honnêtement, je ne sais pas. Il prétend que c'est ce qu'il veut. Pour le moment, je ne vais pas me précipiter. Je vais prendre le temps de voir comment ça évolue.

Un ange passa. Apparemment, Brendan n'avait pas l'intention de me donner le moindre conseil, et je regrettais d'avoir voulu lui demander son avis. Comme Cupidon s'était mis à me tourner autour en me regardant de ses grands yeux tristes, je me rendis dans la cuisine pour lui donner une friandise. Lorsque je me retournai, Brendan se tenait juste derrière moi.

— Rencontrer son enfant, ce n'est pas ce que j'appelle « ne pas se précipiter », D.J., déclara-t-il. C'est une étape sérieuse qui implique l'intention de faire partie de leurs vies, à tous les deux.

— Oui, ça m'a inquiétée au début, mais il ne s'agit que d'un goûter au parc. Grant m'a assuré que ce serait décontracté, et il a besoin de mon aide.

— « Décontracté », grommela Brendan entre ses dents. On dirait qu'il cherche à se servir de son fils pour te manipuler et te faire revenir…

— Inutile de marmonner, je t'ai entendu.

— Tant mieux, répliqua-t-il en plantant son regard dans le mien. Tu dois avoir conscience de ses intentions.

Je poussai un soupir.

— C'est la seule façon pour moi de savoir si j'ai toujours ma place dans sa vie, avec l'enfant et tout le reste. J'essaie de rester sur mes gardes, mais ce n'est pas comme s'il y avait un manuel pour m'expliquer la marche à suivre dans ce genre de situation. S'il y en avait un, crois bien que je l'aurais déjà lu, que j'aurais surligné les passages importants et collé des signets un peu partout.

Brendan se retint de sourire, et je sentis une partie de la tension se dissiper.

— Ça, je n'en doute pas, rétorqua-t-il.

Il se passa une main dans les cheveux, puis me regarda d'un air inquiet en constatant que je me tenais toujours sur une seule jambe.

— Comment va ta cheville ?

Soulagée du changement de sujet, je levai le pied pour le faire tourner dans un sens, puis dans l'autre.

— Je crois bien que tu vas encore devoir me porter sur ton dos pendant un moment, plaisantai-je.

— Ça me va. Ça me fera un bon exercice.

Il me frôla pour passer devant moi et ouvrit le congélateur.

— Qu'est-ce que ça veut dire ? rétorquai-je, faussement outrée. Je ne suis bonne qu'à servir de poids mort pour l'entraînement, c'est ça ?

Je pensais qu'il se retournerait pour lancer une nouvelle blague, mais il fouillait toujours dans le congélateur. Je m'appuyai sur le comptoir.

— En fait, déclarai-je, je suis étonnée de voir à quel point ma cheville se remet vite. Je pourrai remettre des talons en un rien de temps !

Brendan secoua la tête d'un air réprobateur. Il extirpa du congélateur un sachet de petits pois, puis revint vers moi et me prit par la taille afin de me ramener vers le canapé. Je n'avais probablement pas besoin de tant m'appuyer sur lui, mais son étreinte était tiède et solide, et m'enveloppait de ce parfum si masculin qu'il portait toujours…

Nous nous assîmes sur le canapé, et, lorsqu'il posa le sachet de petits pois congelés sur ma cheville, je tressaillis et soupirai. Le froid était à la fois agréable et dérangeant, à l'image de ce que je ressentais à proximité de Brendan.

En relevant la tête, je remarquai une petite tache sombre sur son menton.

— C'est un bleu que tu as là ?

Brendan se massa la mâchoire, juste à l'endroit où se trouvait la trace.

— Hmm ! Je ne pensais pas qu'il y aurait une marque. J'imagine que moi aussi, je vais avoir besoin de glace.

— Quelqu'un t'a frappé ?

— Oh, son poing a à peine ricoché sur moi ! Ce n'est rien. Ça arrive de temps en temps, mais je ne leur laisse jamais l'occasion de frapper une deuxième fois.

Je restai un moment à le considérer en clignant des yeux d'un air idiot. Son intonation menaçante n'aurait pas dû m'exciter à ce point.

— J'ai du mal à t'imaginer dans une arrière-salle de casino, à te la jouer comme dans *Les Soprano*. (Son expression resta indéchiffrable.) Mais attends voir… À ton travail, on encourage la baston alors qu'au mien il me suffit de prononcer les mots « coup de poing » pour atterrir dans un cours de gestion de la colère ? Tu veux qu'on échange ?

Il sourit.

— Personne ne voudrait de moi pour organiser un mariage ou écrire un article à ce sujet. Je risquerais de dire « rouge » ou « rose » au lieu d'« écarlate » ou de…

— Pastèque ? Rose poudré ? Orchidée ? Saumon ? Je pourrais continuer toute la soirée.

— Tu vois ? Cinquante nuances de rose, ce n'est pas pour moi. Et, si ça peut te consoler, mon travail consiste surtout à observer et à surveiller. La bagarre, ça reste exceptionnel. (Il replaça les petits pois sur ma cheville engourdie, qui elle-même commençait à devenir un peu rose.) Tu devrais passer au casino un de ces jours. Dis à la réception que tu viens de ma part, et je te ferai visiter. Je te montrerai des choses que personne d'autre n'a le droit de voir…

Son regard s'allumait dès qu'il parlait de son travail. Je devinais qu'il aimait ça et qu'il devait être bon dans ce qu'il faisait, ce qui me donnait bon espoir de le voir rester à Vegas.

— Hmm, une excursion au casino… Est-ce que je peux amener mon nouvel ami du cours de gestion de la colère ? demandai-je avec un faux air innocent.

— Euh… non.

Il se pencha pour attraper la télécommande sur la table basse, son visage si près du mien que je voyais son pouls battre dans son cou.

Il aurait été si facile de me pencher pour l'embrasser sur la joue avant de faire glisser mes lèvres sur sa peau… Un frisson de désir me parcourut. Maintenir avec Brendan une relation strictement amicale venait de passer en code Fuchsia.

Chapitre 16

Mon emploi du temps surbooké avait au moins un avantage : je n'avais pas beaucoup de temps pour penser à mon colocataire sexy ni à mon ex-fiancé tout aussi sexy. L'inconvénient, c'était que je n'avais pas non plus beaucoup de temps pour traîner avec ledit colocataire sexy. Et mon autre homme me manquait aussi un peu parfois. Enfin, ni l'un ni l'autre n'était « mon » homme, mais…

OK, je crois que mon cerveau vient de planter. J'ai besoin de caféine pour le redémarrer.

Je passai dans la cuisine d'un pas prudent, osant les talons hauts pour la première fois depuis une semaine. Tant que je faisais attention, je devais pouvoir m'en sortir.

Je m'emparai du sachet de café et y plongeai le nez avant de prendre une grande inspiration, dans l'espoir d'y trouver suffisamment d'énergie pour transformer la poudre brune en boisson chaude.

Une petite brise matinale s'infiltrait par l'entrebâillement de la porte-fenêtre. J'adorais d'ordinaire le climat étouffant de Las Vegas, mais je ne pouvais nier que cette touche de fraîcheur éphémère était agréable. Lorsque je m'approchai de la fenêtre pour profiter de la lumière rasante du petit matin, je pus admirer une vue inédite : Brendan, torse nu, la peau luisante de sueur, son short retombant dangereusement bas sur ses hanches.

Apparemment, il venait de terminer son jogging matinal. Il ramassa une balle de tennis pour la lancer à l'autre bout du jardin, les muscles minces de son dos se tendant sous sa peau hâlée, et Cupidon partit au galop pour l'attraper. Je n'arrivais pas à détacher mes yeux de cette vision céleste, certaine que je bavais au moins autant, sinon plus, que mon chien.

Il allait me falloir encore plus de travail pour me changer les idées. Par chance, j'avais un mariage à mettre en place.

Comme s'il avait senti mon regard dans son dos, Brendan se retourna et me fit un petit signe.

Mon estomac fit un bond qui me réveilla au moins aussi efficacement que mon breuvage caféiné. Comme les mots refusaient de se former sur mes lèvres, je me contentai de lever la main en souriant.

— On rentre, Cupidon ! cria Brendan. Je dois me préparer pour le boulot.

Cupidon courut jusqu'à moi, sa balle entre les dents. Brendan fut beaucoup moins rapide, et ce ne fut qu'en voyant sa large carrure s'encadrer dans l'ouverture de la porte-fenêtre que je me rendis compte que je devrais peut-être dégager le passage pour le laisser entrer.

Pour reprendre contenance, je pris deux tasses dans le placard.

— Café ? proposai-je.

— Plus tard.

Il se servit un verre d'eau, et, même si mon esprit rationnel savait pertinemment qu'il agissait à vitesse normale, j'eus la sensation de le voir boire au ralenti.

— Tu as un mariage aujourd'hui, c'est ça ? demanda-t-il.

Oui. Le mariage. Excellente diversion.

— Oui, et la mariée veut que son chat soit le porteur d'alliances. Je suis déjà en code Fuchsia.

Brendan s'appuya contre le bar, les chevilles croisées, exhibant son torse nu dans toute sa splendeur. Afin de maintenir un semblant d'activité cognitive, je tâchai de me concentrer sur son visage, mais remarquai alors la barbe naissante qui ombrait sa mâchoire, les reflets blonds de ses cheveux et le minuscule grain de beauté qu'il avait à côté du nez. Et ses yeux sombres…

— « Code Fuchsia » ? répéta-t-il.

Je mis une seconde à me rendre compte que j'avais pensé à voix haute et qu'il n'avait évidemment rien compris à ce que je venais de dire.

— Euh oui, ça a c… commencé par une blague, bafouillai-je. Par rapport aux pétages de plombs des mariées. C'est similaire au code d'alerte terrorisme, mais avec des couleurs plus sympas. Plus la couleur est vive, plus la situation est désespérée. Et puis, au fil du temps, j'ai commencé à m'en servir dans ma vie quotidienne. Je m'en sers même comme code couleur pour ma liste de tâches, histoire de mieux repérer les éléments les plus urgents.

Il hocha la tête comme si tout cela était parfaitement normal, mais je voyais bien qu'il retenait à grand-peine un commentaire sarcastique.

— Et donc, demanda-t-il enfin, à quoi correspond le code Fuchsia ?

— En fait, le code complet est : Furie Fuchsia, Colère Corail, Méfiance Moutarde, Prudence Pervenche et enfin Sapin Serein. Même si, parfois, Sapin n'est qu'un niveau de choc qui dissimule en fait un Corail, voire un Fuchsia.

— Pas de rouge ?

Il se moquait ouvertement de moi, un irrésistible sourire aux lèvres.

— Pas sur l'échelle d'alerte, répondis-je sans me démonter, mais on a la Passion Pourpre pour quand la mariée est super enthousiaste. Genre : « Bien joué, il y a de la Passion Pourpre dans l'air ! » Mon Dieu, ajoutai-je en secouant la tête, je n'arrive pas à croire que je te raconte tout ça !

— Et moi, je n'arrive pas à croire que je suis passé toute ma vie à côté de la Passion Pourpre.

Il me contempla un instant, et son air goguenard s'atténua peu à peu. Il déglutit, son regard s'assombrit, et – je l'aurais juré – ses yeux se posèrent sur mes lèvres.

Oh merde ! Je m'agrippai à ma tasse comme à une bouée de sauvetage et pris de longues inspirations pour apaiser les battements effrénés de mon cœur.

— Bref. J'ai un code Fuchsia aujourd'hui. J'ai la poisse avec les animaux et je n'ai absolument pas confiance en un porteur d'alliances à fourrure.

Cupidon poussa un aboiement sonore, me faisant sursauter. Le café fit une vague dans ma tasse et m'aspergea les mains. Je ne m'étais pas rendu compte que mon chien était revenu dans la pièce.

— Je ne parlais pas de toi, Cupidon ! Tu es parfaitement digne de confiance.

Il remua la queue, apparemment satisfait du compliment. Brendan prit une serviette en papier et s'accroupit pour éponger le café répandu sur le sol. Je vis son regard s'attarder sur mes pieds et me sentis soudain un peu trop consciente de mes jambes nues.

Brendan fronça les sourcils. Ce n'était pas la réaction que j'espérais. Non pas que j'en espérais une, mais aucune femme n'aime voir un homme froncer les sourcils quand il lui regarde les gambettes.

— Tu as mis des talons ? fit-il.

Oh, ça !

— De petits talons, protestai-je. Ma cheville va mieux, je te le promets, ajoutai-je en agitant mon pied. Et j'ai des ballerines dans mon sac en cas de besoin. Tu me connais. Je prévois toujours tout.

Il se releva, si près de moi que je sentis la chaleur qui irradiait de son corps. Il sentait l'homme et le soleil.

Génial, voilà que j'en suis à Passion Pourpre avec lui!

— Je vais devoir y aller, déclarai-je d'une voix rauque qui ne fit qu'accentuer mon malaise.

Je voulus me retourner, mais Brendan s'empara de ma main pour la serrer un instant entre ses doigts.

— Bonne chance pour ton code Fuchsia, fit-il.

— Je te raconterai. Mais, connaissant ma malédiction avec les bêtes, mon optimisme est en code Blanc. C'est-à-dire inexistant.

Prête-à-marier, par Dakota Halifax

Chiens, chevaux, oiseaux: la cata!

Un petit mot à l'intention de celles qui rêvent d'impliquer des animaux dans leur cérémonie. Imaginez un bambin d'environ un an qui court partout pendant votre mariage et tire sur les nappes, en faisant tomber les centres de table. C'est à peu près la même chose avec un animal. Sauf que ses parents ne vont pas l'arrêter. Si vous invitez des animaux à votre mariage, vous invitez également le chaos. Que vous le vouliez ou non. Les chevaux ruent, galopent et mangent les fleurs. Les chats crachent, griffent et renversent les pièces montées. Les chiens aboient et marquent leur territoire. Avant même de savoir ce qui vous arrive, vous avez de la pisse sur toutes les tables et des petites surprises dans les coins. Est-ce de

l'amour qu'il y a dans l'air? Non, c'est bien plus odorant et malvenu!
Un lâcher de colombes lors d'un mariage : d'accord, c'est romantique. Mais il y a un inconvénient. Vous savez bien de quoi je parle. Vous avez déjà dû gratter d'ignobles taches blanches sur votre pare-brise après vous être garée sous un arbre.
Ces flamants roses qui, selon vous, apporteront une « touche exotique » à votre grand jour? Ils n'aiment pas forcément voir des humains envahir leur espace, et leurs becs ne sont pas là que pour faire joli. Croyez-moi : mieux vaut les observer dans leur environnement naturel.
Les animaux sont une variable imprévisible qui peut changer l'événement le mieux planifié en un chaos indescriptible.
Est-ce Médor qui gratte à la porte? Vous feriez bien de lui ouvrir. De toute façon, je sais que vous ne m'écouterez pas et que vous le voudrez à votre mariage. Ce n'est pas grave. Vous êtes la mariée et vous savez ce que vous voulez. Je comprends et, dans tous les cas, je ferai de mon mieux pour vous aider. Essayez seulement, vous aussi, d'être compréhensive : même moi, je ne peux pas contrôler les moindres faits et gestes du membre le plus poilu de votre famille.

J'étais peut-être responsable de ma propre malédiction. Un peu d'optimisme aurait peut-être empêché ça. Et cette branche d'arbre allait peut-être supporter mon poids.

J'adorais jouer au jeu des « peut-être ».

J'avais enlevé mes chaussures, relevé ma jupe et grimpé tant bien que mal dans cet arbre, à la poursuite d'un porteur d'alliances déterminé à faire de ma journée un enfer. Pourquoi ne m'étais-je pas procuré un pistolet tranquillisant ? Pourquoi n'y avais-je pas pensé plus tôt ? C'était clairement un oubli de ma part.

Pour couronner le tout, Waverly, la pire mariée de tous les temps, avait décrété le matin même qu'il lui fallait une limousine blanche pour quitter la cérémonie, car tout mariage digne de ce nom devait en comporter une. Si seulement elle m'avait fait part de cette envie un peu plus tôt, j'aurais pu lui en réserver une. À la dernière minute, je n'étais parvenue qu'à lui en trouver une noire au double du prix habituel, et son père était persuadé que j'essayais de les arnaquer. C'était bien connu : les organisatrices de mariage véreuses étaient toutes prêtes à grimper aux arbres pour récupérer un chat fugueur nommé Pookie. Aucune somme d'argent au monde n'aurait pu me dédommager, surtout si je devais dévoiler mes sous-vêtements devant tout le voisinage. Je me répétais ce que je m'étais dit lorsque Brendan avait froncé les sourcils en épongeant le café répandu à mes pieds ce matin-là : au moins, je portais une de mes petites culottes les plus sexy. Celle qui, ironiquement, était en dentelle pourpre. Mais, à choisir, j'aurais préféré que ce détail passe inaperçu.

Après m'être surprise à souhaiter à Pookie une destinée tragique, je décidai de prendre quelques profondes inspirations pour me calmer. Je m'imaginai redescendre de l'arbre avec le chat, sans qu'aucun de nous soit blessé, et visualisai le mariage parfait qui s'ensuivrait. Après tout, autant que ce cours de gestion de la colère me serve à quelque chose.

— Dakota ? fit la voix de Jillian derrière moi.

Agrippée à ma branche, je me retournai.

— Comment ça va ? demanda-t-elle en se retenant visiblement d'éclater de rire.

— Très bien. J'ai juste eu envie de me faire une petite grimpette, histoire de bien commencer la journée. Ah, et accessoirement, cette boule de poils, là-haut, a chapardé les alliances. Waverly a hérité de la créature pour ses onze ans, donc imagine comme il est vieux en âge de chat ! Il a tout fait pour nous faire croire qu'il pouvait à peine se déplacer, mais, quand la fleuriste est arrivée, il a soudain eu la brillante idée de filer se planquer en haut d'un arbre !

— Encore ta malédiction ! Quelle saloperie !

Je ne savais pas si elle parlait de la malédiction ou du chat, mais, à cet instant, les deux me semblaient appropriés. Je vis son regard passer alternativement de moi au chat, probablement pour estimer la distance qui nous séparait.

— J'appelle les pompiers ? demanda-t-elle enfin.

— J'espérais ne pas en arriver là, mais j'ai bien peur que Pookie et moi ne soyons dans une impasse.

Pour être honnête, avec ses griffes et sa capacité à tenir en équilibre sur une branche instable, l'animal avait une bonne longueur d'avance sur moi. Mais ça, j'avais bien trop de fierté pour l'admettre à voix haute.

— Allez, viens là, espèce de sale petit…

— Il va bien ?

Theresa, la mère de la mariée, passa la tête entre les branches. Elle avait des bigoudis plein les cheveux et s'était enveloppée dans une longue robe de chambre en soie rose.

— Il va très bien, répondis-je.

Jusqu'à ce que je l'attrape.

— Vous avez apporté la pâtée ? ajoutai-je.

Theresa agita une boîte de conserve qui dégageait une puissante odeur de poisson. Le chat huma l'air et remua les oreilles, puis miaula d'un air dédaigneux et se détourna.

— C'est ce que je craignais… Il vient de manger. Et, une fois qu'il a décidé de s'installer quelque part, même Waverly est incapable de le faire bouger de là. (Elle resserra nerveusement la ceinture de sa robe de chambre.) Si Waverly apprend qu'il est sorti du pavillon alors qu'elle m'a expressément demandé de le surveiller… et qu'il a grimpé dans un arbre… Eh bien, vous savez comment elle est… Elle a passé la matinée à paniquer pour tout et rien.

— Je m'en occupe, répondis-je en prenant bien garde de ne pas en rajouter sur le caractère excessivement anxieux de sa fille adorée. Allez vous assurer que tout va bien pour elle, et pendant ce temps je ferai descendre le chat.

Theresa ne se fit pas prier pour retourner dans le pavillon, me laissant seule face à l'ennemi. Il ne me manquait que quelques centimètres pour l'attraper. Si seulement je pouvais… Je m'agrippai à la branche au-dessus de ma tête et me penchai en avant, puis me figeai en entendant un craquement. Non, c'était hors de question. Je baissai les yeux vers Jillian.

— J'appelle les pompiers, déclara-t-elle.

— Demande Larry Donovan et dis-lui que Dakota Halifax a besoin d'aide.

Son fils avait fait partie de l'équipe qu'entraînait mon père quelques années auparavant, et Larry était devenu un ami de la famille. C'était assez rare dans les relations joueur-entraîneur, mais lui et papa s'étaient élevés au-dessus de tout ça. Larry m'était déjà venu en aide, toujours rapide et aimable – c'était son credo. Et, contrairement à moi, il avait des gants, avantage non négligeable pour qui souhaite attraper un chat sans se faire lacérer les doigts. À ce moment, j'en étais arrivée à espérer que les alliances attachées par un ruban autour du cou de l'animal se décident à se détacher. Ainsi, dans le pire des cas, nous pourrions tout de même procéder à la cérémonie.

Je n'y comptais toutefois pas trop : c'était de ma malédiction animale dont il était question. Je parvins à redescendre de l'arbre avec un semblant de grâce, mais un éclair de douleur transperça ma cheville encore fragile. Si elle virait au mauve, songeai-je, au moins serais-je assortie aux couleurs du mariage : lilas et menthe.

Vingt minutes avant le début de la cérémonie, les invités étaient déjà installés, et ce foutu chat était toujours dans l'arbre. Il avait grimpé de quelques mètres en me voyant descendre, et le ruban argenté noué autour de son cou s'était pris dans le moignon d'une branche coupée. Par malheur, le nœud ne s'était pas défait : apparemment, Theresa l'avait bien serré pour être sûre de ne pas perdre les alliances. Ainsi, pour couronner le tout, j'avais peur que le petit animal ne se blesse. Lui et moi n'étions pas vraiment en de bons termes, mais je ne voulais tout de même pas qu'il lui arrive malheur.

Bien sûr, toutes ces péripéties étaient confidentielles, sous la mention « choses que la mariée n'a pas besoin de savoir pour le moment ».

Lorsque j'entrai dans la chambre qui lui était réservée, Waverly détourna à peine les yeux de son reflet.

— Vous vous rendez compte que je me marie enfin ? s'écria-t-elle. Cela faisait si longtemps que j'attendais ce jour !

Ce mariage, je l'avais attendu avec au moins autant d'impatience qu'elle. Parce que j'avais hâte que tout soit terminé. Le dernier mois, avec tous mes drames personnels, avait été encore plus difficile que prévu. Certaines clientes étaient impossibles à satisfaire, et Waverly en faisait partie.

— Vous êtes superbe, la rassurai-je en épinglant la traîne de sa robe pour qu'elle ne marche pas dessus.

Je faillis lui demander si elle avait besoin de quelque chose, mais, pour une fois, je me retins. Je devais me concentrer sur le problème en cours, et si les pompiers ne se montraient pas très vite…

J'aperçus alors un éclair rouge par la fenêtre. Enfin, mes héros arrivaient ! Au même instant, mon téléphone vibra : un texto de Jillian qui m'apprenait que les pompiers venaient de débarquer. Et que l'un d'eux était « carrément canon ». Ça tombait bien, car j'étais si soulagée que j'avais envie de les embrasser.

— Je reviens dans quelques instants pour les vérifications de dernière minute, dis-je à Waverly, et on pourra y aller.

Je tirai les rideaux qui donnaient sur le jardin et fis signe à Theresa de continuer à détourner l'attention de sa fille, puis sortis en refermant soigneusement la porte derrière moi.

Je n'avais pas le temps de feindre la nonchalance, aussi descendis-je l'escalier quatre à quatre et sortis-je du pavillon en courant comme une dératée.

— Hey, Halifax ! s'écria Larry.

Il m'envoya une grande claque dans le dos quand j'arrivai à sa hauteur, comme toujours lorsqu'il me rencontrait. Apparemment, être la fille du coach impliquait d'être traitée comme un joueur de football.

Sans tarder, je lui expliquai l'urgence de la situation.

— Mention spéciale si vous arrivez à le déloger dans les dix minutes et que le mariage commence à l'heure, ajoutai-je.

— Antonio va grimper, déclara Larry.

Antonio m'adressa un grand sourire. Cheveux bruns, peau hâlée, menton à fossette et silhouette athlétique : tout pour plaire, mais rien qui me donne envie de flirter avec lui. Malgré moi, je me repassais sans cesse l'image de Brendan, torse nu, en train de jouer avec mon chien dans le jardin.

Une étrange chaleur se logea au creux de mon ventre. Je le revoyais dans la cuisine, accoudé au bar, à se moquer de mes codes couleur. Je me mordis la lèvre, perdue dans un nouveau scénario où je passais mes mains sur son corps et où il m'attirait contre lui pour m'embrasser, longuement et fougueusement, avant de me souhaiter bonne chance pour le mariage.

Le mariage. Cette pensée me ramena à la réalité.

Je lissai mon chemisier, car, dans mon esprit, ce baiser l'aurait certainement froissé.

— Vous y êtes, les gars ? demandai-je.

Antonio était déjà en train de grimper à l'échelle, et Larry hocha la tête.

— On l'aura fait descendre dans cinq minutes.

Cinq minutes. Je savais que je n'avais pas beaucoup de temps, mais je me surpris à sortir mon portable de ma poche. Je ne savais pas vraiment ce que j'allais lui dire. J'avais juste envie d'entendre sa voix.

— Tu ne devineras jamais ce qui s'est passé, déclarai-je dès que Brendan eut décroché.

Le temps que je finisse de lui raconter l'histoire du chat, qui le fit rire d'un bout à l'autre, le coupable était capturé, tout calme et tout gentil dans les bras du pompier.

— Bon, il faut que j'y retourne !

— À ce soir.

En raccrochant, je ne pus m'empêcher de me rejouer la scène de notre baiser.

Lorsque tout fut terminé, je m'attardai dans les cuisines pour donner un coup de main à Jillian, à qui je devais bien ça.

— En parlant du seul animal qui ne m'ait jamais causé aucun problème, demandai-je, qu'est-ce que tu as mis sur ce poulet ? Il était fabuleux.

— Une nouvelle sauce à la crème et au vin blanc que je voulais tester.

— Je vais la recommander à tous mes mariages, rien que pour pouvoir la goûter de nouveau.

— L'un des amis du marié m'a invitée à sortir, avoua alors Jillian.

— Lequel ?

Elle ne quittait pas des yeux sa casserole, qu'elle récurait aussi violemment qu'inutilement.

— Le témoin.

— Celui qui a fait cet horrible discours ?

Jillian leva les yeux au ciel.

— Je savais bien que tu allais ramener ça sur le tapis ! D'accord, je l'admets : il n'a pas été très inspiré au moment de porter son toast…

— Pas très « inspiré » : le mot est faible ! Il a quand même dit : « J'espère que vous allez être heureux, tout ça, tout ça… Je suis sûr que ce mariage va durer plus longtemps que le dernier. »

Jillian esquissa une grimace, puis posa sa casserole rutilante dans l'un des bacs en plastique qu'elle avait apportés.

— Mais tu as vu comme il est mignon ? reprit-elle. Je crois qu'il avait le trac, c'est tout… Et ça fait trop longtemps que je n'ai pas eu de rencard. D'habitude, je refuse de sortir avec les témoins, mais là c'est différent. Il ne m'a pas invitée pour ce soir mais pour ce week-end.

— Voilà qui est prometteur, répliquai-je. Et si en plus il est mignon… J'espère que vous allez passer un bon moment, tout ça, tout ça… Je suis sûre que ce rencard va durer plus longtemps que le dernier. (Jillian éclata de rire et m'envoya un coup de torchon dans la figure.) Non, mais de toute façon je suis mal placée pour te faire la leçon, ajoutai-je en empilant quelques plats propres dans le deuxième bac. J'envisage de me remettre avec un homme qui n'a même pas daigné se pointer à notre mariage, tout ça parce qu'il prétend m'aimer encore et, pendant ce temps-là, je n'arrête pas de penser à mon coloc super sexy que j'ai vu torse nu pas plus tard que ce matin… Et la chose la plus intelligente que j'arrive à dire à ce sujet, c'est : « Putain de merde ! »

— Tu dois choisir entre deux mecs ? C'est tout ce que tu as trouvé pour t'apitoyer sur ton sort ?

— J'y ajouterai quelques histoires bien larmoyantes un peu plus tard. Ou je me contente d'attendre de voir ce que Phoebe aura écrit sur moi dans sa rubrique…

Je pris mon bac pour l'emporter dans la camionnette et aidai Jillian et son équipe à charger les restes du buffet, puis nous nous dîmes au revoir.

Je venais d'entrer dans ma voiture quand je reçus un appel de mon père. Nous plaisantâmes un instant, puis il me demanda si j'avais trouvé un nouvel appartement. Jusque-là, j'avais volontairement évité le sujet – sans aucun mal, puisque je ne lui avais pas reparlé depuis mon emménagement –, mais je décidai qu'il était temps d'avouer.

— Je… euh… je vis… comme qui dirait… avec Brendan West.

Le silence à l'autre bout de la ligne fut assourdissant.

Et enfin, alors que je commençais à croire qu'il ne reparlerait plus, il me demanda :

— D'abord un homme incapable d'aller jusqu'au bout de la partie, et maintenant quoi ? Un petit ami remplaçant ? Un mec qui attendait son heure, assis sur le banc au bord du terrain ?

— Ce n'est pas n'importe qui, papa. C'est Brendan. Il avait une chambre en trop chez lui, et nous sommes amis. Ça fait un bail, tu te rappelles ?

— Hmm hmm. Ne me fais pas dire ce que je n'ai pas dit, j'aime bien ce gamin, mais je ne vois pas pourquoi vous devriez vivre sous le même toit. Si c'est une question d'argent…

— Je n'ai pas besoin d'argent.

— Tu sais qu'ici tu as toujours ta chambre. Et, comme je ne suis jamais là, ce serait presque comme si tu avais ta propre maison. Sur ton temps libre, tu pourrais m'aider avec l'équipe. Tu pourrais même demander à l'école de te prendre comme assistante entraîneuse.

— Tu oublies que tu es allergique à Cupidon et que ma chambre ressemble à un local sportif…

— Ce n'est qu'un peu de matériel. Je peux le ranger ailleurs.

Je remarquai qu'il n'avait pas proposé de solution pour mon chien, aussi laissai-je passer quelques secondes avant de répliquer :

— Je suis bien là où je suis, papa. Je suis heureuse de ne pas vivre seule tout en ayant mon propre espace, d'être aussi proche du travail et d'avoir un jardin où faire jouer Cupidon. Et puis, une fois pour toutes, je ne veux pas devenir entraîneuse de foot ni d'aucun autre sport. Gérer mon entreprise est un travail à plein-temps.

Parfois, j'avais l'impression qu'aucun de mes parents ne me comprenait. En tout cas, ils ne comprenaient certainement pas ce que représentait le travail d'une organisatrice de mariage. Cela dit, j'avais toujours eu une préférence pour mon père. Probablement parce qu'il avait fait de son mieux pour m'élever seul après que ma mère nous avait quittés.

— J'apprécie ton offre, vraiment, ajoutai-je. Mais je te le répète : je vais bien. D'accord ?

Il grommela dans sa barbe, puis répondit :

— D'accord. Mais j'espère au moins que tu viendras au match d'ouverture le week-end prochain.

Ce serait mon premier week-end sans mariage depuis mon retour de lune de… depuis mon retour de croisière.

— Est-ce que je peux venir avec Brendan ?

— Bien sûr.

— Et tu seras gentil avec lui ?

Il resta silencieux suffisamment longtemps pour me signifier qu'il avait besoin d'y réfléchir.

— Papa !

— Oui, bien sûr ! C'est juste que je m'étais enfin fait à l'idée que tu te mariais, et…

— Et ce n'est pas arrivé. Je sais. J'étais là. Grant, lui, ne l'était pas.

Je faillis lui expliquer ce qui s'était passé et pourquoi c'était toujours compliqué entre Grant et moi, puis décidai qu'il y avait certaines choses qu'un père n'avait pas besoin de savoir. Je lui expliquerais tout plus tard, si cela devenait absolument nécessaire.

— Je tiens à m'assurer que tu vas bien, dit-il. C'est mon job de père, tu sais.

À ces mots, mon cœur se gonfla dans ma poitrine. Comment lui en vouloir de s'inquiéter pour moi ?

— Alors on se dit au week-end prochain, reprit-il. Amène Brendan. Je vous trouverai de bonnes places pour le match.

J'ignorais si Brendan serait libre, et si j'avais eu raison de l'entraîner là-dedans, mais je savais que c'était avec lui que je voulais y aller. Avec lui et personne d'autre.

Partie III

Méfiance Moutarde – Élevé

(Risque significatif de tension élevée
et de palpitations, de larmes
et de pénurie de mouchoirs.)

« Entre homme et femme,
nulle amitié n'est possible.
De la passion, de l'hostilité,
de l'adoration, de l'amour, oui.
Mais de l'amitié, non. »

Oscar Wilde

Après tout un dimanche passé à traînasser à la maison [illegible] Caption [illegible] à [illegible] de [illegible] de [illegible]

[illegible] devant la porte de mon bureau.

— [illegible] !

Aussitôt, elle me serra dans ses bras [illegible] l'affection que je [illegible] de [illegible] je ne m'étais pas rendu compte [illegible] mais à présent [illegible]

Puis elle [illegible] observer [illegible]

— Tu es jolie, dit-elle.

— Merci. Toi aussi.

— Oh, [illegible] ! Elle [illegible] instant [illegible] au retour [illegible] que [illegible] pas [illegible] ma fille [illegible] même pas [illegible] à [illegible] ce sujet… Elle [illegible]

Chapitre 17

Après tout un dimanche passé à traînasser à la maison avec Brendan et Cupidon, je me sentais prête à affronter le lundi malgré sa sale réputation bien méritée. Ce à quoi je ne m'attendais pas, en revanche, c'était à trouver la mère de Grant qui m'attendait devant la porte de mon bureau.

— Evelyn ! Bonjour.

Aussitôt, elle me serra dans ses bras. L'immense élan d'affection que je ressentis alors me prit totalement au dépourvu. Je ne m'étais pas rendu compte à quel point elle m'avait manqué, mais à présent qu'elle était là je ne voulais plus la lâcher.

Puis elle recula pour m'observer, un triste sourire aux lèvres.

— Tu es si jolie, dit-elle.

— Merci. Toi aussi.

— Oh, tu es trop gentille ! (Elle serra les lèvres un instant, hésitante.) Ça m'a brisé le cœur d'apprendre, au retour de votre croisière, que tu n'étais toujours pas ma fille. Et dire que je n'ai même pas pu vous aider à organiser la réception ! Oh, à ce sujet… (Elle extirpa de son sac à main un chéquier bleu un peu chiffonné.) Combien te dois-je ? Je suis sûre que tu as dû verser des acomptes non remboursables. Cela fait un moment que je voulais t'appeler pour te proposer mon aide, mais je ne savais pas trop comment aborder le sujet.

— Oh, ce n'est…

— S'il te plaît, Dakota.

Elle leva vers moi ses yeux bleus, si semblables à ceux de Grant, et je ne pus ignorer le désespoir qui s'y lisait.

— Entrons dans mon bureau, je vais faire du café.

Quelque chose me disait que j'allais en avoir besoin.

Une fois que nous eûmes chacune une tasse à la main, je lui expliquai que Grant et moi avions déjà couvert tous les frais du mariage. En vérité, c'était moi qui en avais réglé la plupart. Mais, après tout, c'était aussi moi qui avais réclamé ces centres de table hors de prix et ce service en porcelaine avec lequel je m'étais vue vieillir et que je ne pouvais maintenant plus voir en peinture. J'avais entassé les cartons dans un coin de mon bureau en me disant qu'un jour, quand cette histoire ne serait plus qu'un souvenir, je les revendrais à une autre future mariée. Avec tous ces extras, mon compte était quasi à sec. Au moins, Grant avait pris en charge le prix de la croisière.

Nous discutâmes de tout et de rien pendant quelques minutes, mais, même après que la conversation se fut épuisée, Evelyn resta assise sans bouger, une drôle d'expression sur le visage.

— Est-ce que… est-ce qu'il te fallait autre chose ? demandai-je.

— Ce n'est pas seulement pour te faire un chèque que je suis venue, avoua Evelyn. Grant m'a dit qu'il a essayé de te parler mais qu'il ne sait pas si tu as l'intention de lui accorder une seconde chance. Alors tant pis si je mets les pieds dans le plat : je suis prête à tout pour te convaincre que mon fils veut toujours te faire entrer dans la famille. Nous le voulons tous.

Oh, bon sang ! Qu'étais-je censée dire à cette femme qui me regardait comme si tous ses espoirs et ses rêves, ainsi que ceux de son fils, reposaient sur moi ?

— Est-ce que c'est lui qui t'a demandé de me parler ?

— Non !

Elle ouvrit de grands yeux horrifiés, à tel point qu'en d'autres circonstances j'aurais trouvé ça comique.

— Pour le moment, poursuivit-elle, il essaie de se concentrer sur son fils. Mais il n'arrête pas de me parler de toi et de me dire à quel point tout serait plus facile si tu étais là pour l'aider. Il dit toujours : « Dakota saurait exactement quoi faire dans cette situation. » Il sait qu'il a commis une erreur. Moi, tout ce que je veux, c'est le voir de nouveau heureux.

Je ne savais pas quoi dire. Je voulus lui faire remarquer que c'était lui qui avait choisi de ne pas venir à son propre mariage, et donc de rendre sa vie différente à présent. Mais devant l'air suppliant d'Evelyn je me sentis soudain entièrement responsable du bien-être de Grant. Je ne voulais pas le blesser.

— Moi aussi, je veux son bonheur, lâchai-je enfin.

Elle continua à me regarder fixement, comme si ma réponse ne lui suffisait pas.

Peut-être avait-elle raison.

— Avec Grant, on a convenu de ne pas se précipiter, ajoutai-je. Après ce qui s'est passé, j'avais besoin de passer un peu de temps loin de lui. Mais on a prévu de se voir dans la semaine.

— Dieu merci !

Evelyn serra ma main entre les siennes, et je ne pus m'empêcher de repenser à quel point elle avait été prompte à m'accepter lorsque j'étais entrée dans la vie de son fils. Elle m'avait toujours complimentée sur les éléments de ma personnalité que ma mère n'aimait pas.

— On pourrait peut-être déjeuner ensemble un de ces jours, nous aussi ? Tu me manques, dit-elle avec un sourire.

Mon cœur se serra. Un bref instant, je redevins la petite fille qui avait juste besoin d'une mère pour s'occuper d'elle.

— Toi aussi, tu me manques, Evelyn.

Au cours des dernières semaines, je m'étais mise à songer que les choses avaient évolué ainsi pour une bonne raison et qu'il ne me restait plus qu'à comprendre quelle était cette raison. Et là, face au visage plein d'espoir d'Evelyn, je me dis que Grant et moi avions peut-être simplement besoin de ces embûches pour renforcer notre amour et notre couple, pour que notre mariage puisse résister à tout. Se renforcer là où il était le plus fragile.

Sans ma foi en l'amour, cependant, je ne savais pas si j'y croyais vraiment. Je ne savais pas si je pourrais un jour retrouver la confiance que j'avais eue en Grant, malgré tout ce que sa mère et lui pouvaient raconter. Mais Evelyn venait de me rappeler quelle famille j'avais failli avoir, et j'ignorais si j'étais prête à y renoncer.

En bien des points, l'*Aces Resort* ressemblait à tous les autres casinos où j'avais été. Bien sûr, l'édifice était plus récent : tout y était plus brillant et plus clair, et l'air y était bien mieux filtré que dans ces vieux bâtiments où planait en permanence un épais nuage de fumée. Mais, comme dans tous les autres établissements, il n'y avait pas d'horloges sur les murs, et tout était disposé de manière à entraîner les clients dans un labyrinthe sans fin de machines clignotantes et de tables de jeu tenues par des employés aguicheurs.

La seule différence – la seule qui m'intéressait –, c'était que Brendan y travaillait.

— Tu es venue ! s'écria-t-il en me retrouvant à la réception.

— Bien sûr. Tu m'as promis une visite des coulisses. J'ai même mis mes talons de douze centimètres pour me fondre dans la masse des autres filles qui traînent ici.

Je levai mon pied pour exhiber mes escarpins à bouts pointus et ornés de strass.

— Sexy ! fit-il.

Mon estomac se crut soudain dans une descente de montagnes russes.

— Mais si tu tombes sur les fesses ou si tu te tords encore la cheville, ajouta-t-il, tu en entendras parler jusqu'à la fin de tes jours.

Il m'entoura les épaules du bras, et je ne pus m'empêcher de remarquer avec dépit que c'était un geste parfaitement amical. On aurait dit que l'univers tenait à me rappeler ce qu'il était pour moi : nous avions une proximité que je ne ressentais avec personne d'autre – à part Jillian, bien sûr, mais ce n'était pas pareil –, mais l'embrasser serait une erreur monumentale. Il m'avait aidée à surmonter quelques-uns des moments les plus difficiles de ma vie, quand ma mère était partie puis quand mon fiancé m'avait quittée. J'avais besoin de lui en tant qu'ami. Il était la personne qui savait le mieux me faire rire, même s'il se moquait de moi.

Et, si tout cela ne suffisait pas, il me suffisait de le revoir me parler des relations amoureuses et de son aversion pour les efforts qu'elles exigeaient.

— Ne t'en fais pas pour moi, B.S., je maîtrise la situation, rétorquai-je. Et, au cas où tu ne l'aurais pas remarqué, ces talons peuvent faire office d'arme mortelle, alors je te conseille d'être un peu plus gentil avec moi. Cela dit, je n'ai pas mis ma robe qui ne laisse rien à l'imagination, donc je ne prétends pas pouvoir rivaliser avec les autres femmes que j'ai croisées ici.

À cet instant, comme par hasard, un groupe de jeunes femmes passa en titubant sur des talons vertigineux. Elles étaient toutes vêtues de robes au décolleté abyssal, presque assez courtes pour me permettre de vérifier si elles n'avaient pas oublié de mettre une culotte.

— Tu as ce genre de robes ? me demanda Brendan.

Je haussai un sourcil.

— D'après toi ?

Il était si attentif à garder un visage indéchiffrable que je ne parvenais pas à lire ce qu'il pensait. Il ne m'avait jamais parlé des filles qu'il avait fréquentées, à part cette minuscule information que je lui avais soutirée au sujet de son ex et de son chantage au mariage. Je me demandai si ce n'était qu'une question de temps avant qu'il se trouve une nouvelle petite amie. Je me demandai également si, peut-être – seulement peut-être –, il était un peu excité en ma présence, comme je l'étais moi-même en le voyant torse nu dans la cuisine, ou quand il s'asseyait à côté de moi dans le canapé, ou…

La température grimpa de quelques degrés malgré la climatisation qui soufflait un air glacial dans tout le casino, et je dus me rappeler que ce genre de pensées était précisément celui que j'étais censée éviter.

Sans aller plus avant dans la discussion, Brendan posa la main sur mon dos pour me guider vers un petit couloir.

Il trouve peut-être ça gênant de m'imaginer dans une tenue aussi sensuelle. À moi aussi, ça m'a fait bizarre de le trouver si attirant, si différent de mon ami d'enfance. Ou peut-être qu'il n'est pas du tout attiré par moi. Non, je préfère encore croire qu'il trouve ça gênant.

— Ce que je m'apprête à te montrer est classé top secret, déclara-t-il avec un petit sourire, le visage de nouveau ouvert. Dans certains milieux, tu pourrais te faire assassiner pour ça.

Sur ces mots, il s'arrêta devant une porte marquée « Réservé au personnel » et y inséra son badge.

Lorsque le battant s'ouvrit, je ressentis un mélange d'excitation et d'impatience, ainsi qu'une irrésistible attirance envers l'homme qui me donnait ainsi accès à la zone interdite. Chaque fois que nous croisions un employé, celui-ci saluait Brendan d'une telle manière que je commençai à me demander à quel point son travail était important dans le petit monde du casino.

— Il y a beaucoup d'endroits où je n'ai pas le droit de t'amener, bien sûr, mais la salle de surveillance vaut le détour. Attends voir.

Il s'arrêta devant une nouvelle porte, inséra son passe dans le lecteur et tapa un code. À l'intérieur, une poignée d'hommes étaient assis devant un pan de mur entièrement recouvert d'écrans de surveillance.

Brendan me présenta à la ronde, puis se mit à me parler des divers genres de caméras de sécurité et me montra comment ils parvenaient à suivre tout ce qui se passait dans le casino. Il n'en dit pas assez pour me permettre d'organiser un coup à la *Ocean's Eleven*, mais, lorsqu'il eut terminé, j'avais au moins compris à quel point les gens étaient stupides de croire qu'ils pouvaient tricher ou voler impunément.

Quand nous fûmes ressortis dans le couloir, il vérifia que la porte s'était bien verrouillée derrière nous et reposa la main dans mon dos pour me guider vers là d'où nous étions venus.

— Tu sais, dis-je avec un sourire, je pensais que vous auriez tous des Ray-Ban extranoires et que tu passerais ton temps à donner des instructions dans une oreillette ultrasophistiquée.

Sa main descendit de quelques centimètres dans mon dos, une vague de chaleur se diffusant à son contact.

— Désolé de t'avoir déçue, fit-il.

— « Déçue », ce n'est pas du tout le mot. Cette salle était vraiment cool. Merci pour le passe backstage.

Il me fit signe de m'arrêter, puis tourna la tête pour dévoiler une minuscule oreillette. Il pressa un bouton, demanda un rapport et hocha la tête en écoutant la réponse.

— Gardez-les à l'œil pour moi, ordonna-t-il. (Il coupa la communication, puis se retourna vers moi.) C'est plus facile de jouer les James Bond si l'oreillette est invisible, expliqua-t-il. Quant aux lunettes noires, je suis sûr qu'elles m'iraient super bien, mais elles ne facilitent pas vraiment la vision en intérieur.

Oh, mon Dieu ! Je me sentais sur le point de me répandre en une flaque gluante au beau milieu du couloir.

Juste avant l'escalier qui devait nous mener à l'étage du casino, Brendan s'arrêta devant la porte d'un bureau. Il frappa, et une voix grave l'invita aussitôt à entrer.

— Bonjour, monsieur Maddox. Je voulais seulement vous présenter quelqu'un. Voici Dakota Halifax.

J'eus une fraction de seconde pour traiter l'information avant que l'homme lève la tête. Dire qu'il était massif aurait été un euphémisme : ses muscles imposants mettaient à rude épreuve le tissu blanc de sa chemise, ses mains étaient de véritables battoirs, et son cou débordait littéralement de son col. En nous voyant entrer, il fronça les sourcils. Son expression était si sérieuse que j'eus la certitude que Brendan et moi allions avoir des ennuis, comme nous nous en attirions souvent à l'école primaire.

Puis l'homme claqua des doigts et pointa l'index vers moi. Aussitôt, je sentis ma bouche devenir sèche comme du carton.

— C'est vous, l'organisatrice de mariage ! s'écria-t-il. Je savais bien que j'avais déjà entendu ce nom !

Brendan me regarda d'un air stupéfait.

— Waouh ! Tu es vraiment connue !

Suffisamment pour que le journal local fasse ses choux gras de ma vie privée, mais pas assez pour en tirer une véritable influence. Cependant, quelque chose me disait que ce n'était pas à cause de la rubrique mondaine que William Maddox connaissait mon nom.

— Ravie de vous rencontrer, dis-je en essayant de ne pas paraître trop intimidée. C'est moi qui organise le mariage de votre fille. J'ignorais que vous dirigiez cet établissement.

M. Maddox se leva pour me serrer la main. Il n'était pas tout à fait aussi grand que Brendan, mais il avait bien deux fois sa carrure.

— Ma fille et ma femme ne cessent de me dire à quel point vous êtes formidable, déclara-t-il. Elles ont même tenu à me faire lire quelques-uns de vos articles.

— J'en suis navrée pour vous, plaisantai-je.

Il éclata de rire. J'étais toujours heureuse quand mes plaisanteries faisaient mouche, car ce n'était pas toujours le cas.

— Si vous aviez vu leurs têtes quand je leur ai proposé de célébrer le mariage dans un de mes casinos..., s'esclaffa-t-il.

— En tout cas, la cérémonie sera splendide, vous pouvez me faire confiance.

— Essayez tout de même de ne pas trop les laisser dépasser le budget.

Je lui adressai un sourire rassurant qui fonctionnait toujours quand il était question d'argent.

— Pas d'inquiétude, répondis-je. J'ai tous les meilleurs tuyaux pour faire de bonnes affaires.

— Je m'apprêtais à finir ma journée, dit Brendan lorsque M. Maddox se tourna vers lui. À moins que vous n'ayez encore besoin de moi…

— Non, non, allez-y ! Allez donc vous amuser, tous les deux.

M. Maddox nous adressa un clin d'œil, et j'eus la sensation qu'il se faisait une fausse idée de notre relation. Je m'apprêtais à préciser que Brendan et moi nous connaissions depuis toujours, puis me dis qu'après tout cela n'avait aucune importance. Pourtant, vu tous les gens qui s'imaginaient que nous étions en couple, je commençais à penser que nous nous dirigions vers quelque chose. Mais peut-être était-ce simplement le fait de voir Brendan sur son lieu de travail qui avait triplé son potentiel d'attraction déjà particulièrement élevé.

— J'ai été très heureux de vous rencontrer, mademoiselle Halifax. Soyez gentille avec notre garçon, nous voulons qu'il reste ici le plus longtemps possible.

— Je ferai de mon mieux.

Qu'étais-je censée répondre ? Dire non à un homme capable de me casser en deux en un claquement de doigts ? Et puis moi aussi, je voulais que Brendan reste à Vegas le plus longtemps possible.

Nous repassâmes dans la partie publique du casino, et Brendan vérifia une fois encore que la porte s'était bien verrouillée derrière nous.

— Ce type est une montagne ! m'écriai-je, une fois sûre que nous étions hors de portée de voix. En matière de sécurité, ils auraient pu se contenter d'afficher une photo géante de lui sur le mur, avec une pancarte qui dirait : « Si vous volez le casino, cet homme vous retrouvera. Où que vous soyez. »

— Et après ça on aurait pu appeler le casino *Corée du Nord* au lieu d'*Aces Resort*.

Je lui souris.

— Tu es tellement drôle…

— C'est ce que je me tue à te dire. Il serait peut-être temps que tu m'écoutes.

— Brandon ? fit soudain une voix derrière nous.

Une fille toute en jambes, à la chevelure d'un noir de jais, s'approchait. Lorsqu'elle posa la main sur le bras de Brendan, je sentis mes épaules se nouer.

— Tu ne travailles pas ce soir ? demanda-t-elle.

— Je viens de terminer.

Elle me jeta un bref regard, puis se retourna vers Brendan en faisant la moue.

— J'espérais que tu viendrais me tenir un peu compagnie aux heures où le bar est presque vide…

Vu ma soudaine envie de lui arracher le bras, une nouvelle séance de gestion de la colère s'imposait. *Respirer profondément. Inspirer, expirer. Brendan ne m'appartient pas.*

— Peut-être une autre fois, répliqua Brendan avec un sourire poli. On y va ? me demanda-t-il.

Pourquoi prenait-il encore ce visage neutre et professionnel ? Je n'arrivais pas à savoir si la serveuse l'intéressait. Avait-il l'habitude de traîner avec elle pendant le travail ? En tout cas, je n'aimais pas du tout ce que présageait ce « une autre fois ».

— C'est qui, ce Brandon ? ne pus-je m'empêcher de demander lorsque nous nous fûmes éloignés.

— L'autre jour, elle m'a appelé Braden.

— Waouh ! Elle doit vraiment t'aimer beaucoup !

Brendan s'arrêta un instant pour observer plus attentivement deux jeunes filles qui traînaient à côté de la table de black-jack. Il balaya la salle du regard, puis leva un doigt pour attirer l'attention d'un homme vêtu d'une veste noire. Ce dernier s'approcha aussitôt des filles qui secouèrent la tête d'un air dépité avant de déguerpir en direction de l'espace hôtel.

— Je savais bien qu'elles n'avaient pas vingt et un ans, m'expliqua Brendan en remerciant d'un signe de tête l'homme qui leur avait demandé leur carte d'identité.

Si nous ne sortions pas très vite de ce casino, où il jouait totalement les James Bond, je n'allais pas tarder à me jeter sur lui comme la serveuse du bar avait voulu le faire.

Il posa les deux mains sur mes épaules, et une nuée de papillons se mit à virevolter dans mon estomac.

—Alors, maintenant que tu as vu où je travaille, tu es prête à sortir et à vraiment t'amuser ?

J'entrevis aussitôt une bonne dizaine de manières de répondre à cette question, mais la plupart n'étaient pas tout à fait compatibles avec ma résolution de maintenir entre nous une relation strictement amicale.

J'alignai longuement mon club de golf, mes talons hauts s'enfonçant dans la terre meuble.

— Tu as fait exprès de choisir ce sport, pas vrai ? grommelai-je. Tu savais très bien que c'était ta seule chance de me battre.

— Moins de blabla, plus de swing ! rétorqua Brendan, toujours si prévenant.

Le propriétaire du terrain de golf, un ami de sa famille, le laissait jouer même en dehors des heures d'ouverture. Dans la pénombre du crépuscule, nous avions à chaque coup neuf chances sur dix de perdre notre balle. Surtout moi. Je n'arrivais jamais à viser droit.

Je frappai en suivant le mouvement, comme mon père me l'avait appris. Je perdis la balle de vue lorsqu'elle retomba derrière les arbres, mais je savais déjà qu'elle était, comme toujours, partie beaucoup trop sur la droite.

Brendan se plaça à côté de moi et posa sa balle sur le tee. Il avait laissé sa veste et sa cravate dans sa voiture, et les premiers boutons de sa chemise étaient déjà défaits lorsque nous étions arrivés au premier trou. Au deuxième, il avait détaché ses boutons de manchette et roulé ses manches. Mais ce n'était pas comme si je prêtais attention au moindre centimètre carré de peau qu'il découvrait…

Il s'aligna, rajusta sa prise sur son club et lança son swing d'un geste vif et fluide, comme si ce mouvement lui était aussi naturel que de respirer. Je regardai sa balle s'élever en flèche au-dessus du fairway et rebondir sur l'herbe du green à quelques mètres du trou.

Nous venions à peine de commercer, et j'étais déjà sûre de perdre la partie.

— Qu'est-ce que tu dirais d'une partie de foot nocturne, plutôt ? demandai-je.

— Tes chaussures sont plus adaptées au golf, répliqua Brendan en jetant à mes escarpins un regard sans équivoque.

— Hé, personne ne m'a prévenue qu'on allait faire du sport, sinon j'aurais apporté des chaussures de rechange !

— Je croyais que tu étais toujours prête à toute éventualité. Est-ce que c'est une situation digne d'un code Moutarde ?

Agacée par son sourire moqueur, je lui envoyai une bourrade dans les côtes et me précipitai pour me glisser avant lui sur le siège conducteur de la voiturette électrique. J'étais peut-être nulle au golf, mais je savais conduire comme personne. Nous jouâmes longtemps, frappant les balles que nous retrouvions et parvenant même à en envoyer quelques-unes dans les trous. Cependant, à l'heure où nous atteignîmes le huitième green, l'obscurité était totale, et je fus incapable de retrouver ma balle.

Épuisée, je m'assis à côté du trou et me couchai dans l'herbe.

— J'abandonne, soufflai-je.

Brendan se laissa tomber à côté de moi.

— Ça vaut peut-être mieux. J'ai cru que tu allais m'assommer avec ta dernière balle. Après un coup pareil, ç'aurait été à toi de me porter sur ton dos jusqu'à la voiturette.

— Ne te berce pas d'illusions, je t'aurais traîné par une jambe.

Il éclata de rire et se coucha dans l'herbe, si près de moi que son bras reposait contre le mien. Une partie de moi avait envie de rouler sur le côté pour le regarder dans les yeux. Une autre, plus effrayée, préféra rester sur le dos pour regarder les étoiles. En règle générale, je n'aimais pas trop les surprises. Probablement parce que celles auxquelles on m'avait habituée, c'étaient plutôt : « Devine quoi ? Les fleurs ne sont pas encore arrivées » ou « Surprise ! Cet oncle pervers beurré comme un Petit Lu s'amuse à peloter les demoiselles d'honneur. »

Mais il y avait parfois de bonnes surprises, comme ce sentiment de liberté que j'avais éprouvé en jouant au golf de nuit avec Brendan. En fait, chaque fois que nous sortions, tout était si naturel et spontané que je n'éprouvais même plus le besoin de tout prévoir à l'avance. Quelle que soit l'activité, je savais que nous finirions par nous amuser.

— Je suis contente que tu sois revenu à Vegas, avouai-je. Et que tu m'aies retrouvée.

— Moi aussi, répondit Brendan en me frôlant l'avant-bras du bout des doigts. Au début, je me disais que c'était stupide de te rechercher en espérant renouer les liens qui nous unissaient il y a des années. Mais j'avais besoin de savoir ce que tu étais devenue.

Je finis par me décider à me tourner vers lui en dépit des brins d'herbe qui me chatouillaient la joue. La lumière de la lune adoucissait ses traits, me rappelant le petit garçon qu'il avait été.

— J'ai beaucoup pensé à toi pendant toutes ces années, dis-je. J'ai parfois regretté qu'on ne soit pas restés en contact, mais j'étais persuadée que tu m'avais oubliée.

— On n'oublie pas la première fille qui vous a mis son poing dans la figure.

J'éclatai de rire.

— Tu ne vas jamais me lâcher avec ça ?

— J'ai bien peur que non.

Je plongeai mon regard dans ses yeux sombres et rieurs, et un profond sentiment de bonheur me réchauffa tout entière.

— Sérieusement, Brendan, je ne pourrai jamais assez te remercier pour tout ce que tu as fait pour moi le mois dernier. J'avais besoin de me changer les idées et de trouver un endroit où vivre, et je ne sais pas si j'y serais arrivée sans toi.

— Ravi d'avoir pu t'aider. Mais je suis sûr que tu aurais trouvé quelque chose.

— Probablement. Mais ça n'aurait pas été aussi marrant.

La plupart du temps, j'étais tellement prise dans la bulle frénétique des mariages et autres événements que j'en oubliais de prendre le temps de savourer des plaisirs aussi simples que la caresse d'un brin d'herbe sur ma peau ou la vision d'un ciel empli d'étoiles. Le sol était toujours imprégné de la chaleur de la journée, et une odeur de terre humide emplissait l'air.

Alors, au lieu de m'inquiéter en pensant à tout ce que j'aurais à faire dans les jours à venir, je fermai simplement les yeux et me détendis. Au moins, en cet instant, ma vie était parfaite.

Puis, tout à coup, je sentis qu'on me donnait de petits coups de coude.

— D.J. ?

Brendan passa une main sur ma joue, et je me rendis compte que la deuxième était déjà posée sur mon épaule. Et que ma jambe droite était enroulée autour d'une des siennes.

Quand m'étais-je endormie ? Et, plus important, quand m'étais-je collée à lui ? Je me redressai en hâte, les joues en feu.

— Désolée. Je devais être plus fatiguée que ce que je pensais.

Brendan sauta sur ses pieds et me tendit la main.

— On rentre à la maison ?

« À la maison ». Voilà une notion qui me plaisait bien.

Chapitre 18

Prête-à-marier, par Dakota Halifax

L'orange comme couleur de mariage

Avez-vous déjà regardé votre pâle reflet dans le miroir et décidé que vous seriez plus jolie avec un visage orange et des traînées brun-orangé le long des bras et de la poitrine ? Je ne crois pas. Et pourtant j'ai vu ce désastre se répéter, mariée après mariée. Vous essayez votre robe, vous ne vous trouvez pas assez bronzée et vous décidez de prendre des couleurs à la dernière minute. Et la plupart du temps, vous regrettez amèrement ce caprice.

Alors que faire quand votre peau a pris la couleur de l'ignoble panneau orange qui souhaite aux visiteurs la bienvenue dans la « Fabuleuse Las Vegas » ? Exfoliez. Prenez un gommage au sucre pour le corps et frictionnez avec un gant de toilette. Puis, après la douche, massez votre peau humide en gestes circulaires avec du bicarbonate. Une fois que vous êtes séchée, imbibez un morceau de coton de jus de citron et lâchez-vous. Attention, vous risquez d'y laisser quelques flacons de jus de citron et un bon paquet de coton. Le jus de citron assèche la peau, n'oubliez surtout pas de l'hydrater après. À vous de voir ce que vous préférez : une peau sèche et desquamée ou une délicieuse couleur orangeâtre ?

Maintenant, si vous voulez toujours bronzer, voici quelques conseils pour ne pas vous retrouver couverte d'une couleur contre nature. Faites un gommage avant d'appliquer l'autobronzant. Favorisez les applications en spray ou en mousse. Prenez plusieurs semaines pour parfaire votre bronzage, une fine couche à la fois. Dès l'instant où vous repérez des taches, faites une pause. Comptez sur vos amies les plus franches. (Vous savez, celles qui prétextent l'honnêteté pour pouvoir se permettre d'être méchantes en toute impunité ? Oui, elles.) Elles vous diront tout de suite si vous commencez à devenir trop bronzée ou à prendre une drôle de couleur. Si vous optez pour la cabine de pulvérisation, frictionnez-vous comme si votre vie en dépendait dès l'instant où la vaporisation s'arrête. Parce que vous aurez beau danser comme une folle dans la cabine, cela ne vous empêchera pas d'avoir des marques. Cette méthode peut vous dessiner comme des rivières boueuses sur les bras, et je ne vous parle même pas de l'effet désastreux sur le visage. Croyez-moi, vous ne voulez pas que les gens se demandent si c'est de la crasse ou du bronzage. J'irais même jusqu'à vous conseiller de ne pas du tout vous faire bronzer le visage. Une poudre de soleil légère vous donnera le même effet bonne mine, les risques en moins.

Des litres et des litres de larmes avaient été versés dans mon bureau depuis le début de mon activité. Des mariées, des mères, des grand-mères, des amies... Moi-même, j'en avais parfois lâché en voyant se dérouler de belles histoires d'amour. Bien sûr, je ne prenais pas en compte celles que j'avais répandues après mon mariage avorté, cela aurait été à la fois déprimant et hors sujet. Et puis il y avait les larmes des mariées. Celles-ci méritaient bien d'être citées deux fois tant elles étaient majoritaires. C'était très simple : vous preniez n'importe quelle situation génératrice d'émotions, vous ajoutiez un mariage dans l'équation, et le mélodrame qui en résultait triplait d'intensité. Je ne savais pas vraiment quel phénomène scientifique l'expliquait, mais c'était systématique.

Ajoutez à cela tous les petits détails qui pouvaient mal tourner – et qui, inévitablement, tournaient mal – comme la coiffure, la robe, le blanchiment de dents et ce maudit autobronzant, et il était presque inconcevable qu'une mariée ne fonde jamais en larmes.

À n'en pas douter, Helen était contrariée : ses sanglots me parvinrent avant même qu'elle fasse son entrée dans mon bureau, et, à l'instant où elle passa la porte, la raison de son désespoir me sauta aux yeux. Tout son visage était orange, et certaines parties de son corps l'étaient encore plus. Par bonheur, avec les années, j'avais développé une grande capacité à masquer mes réactions. Dans ce genre de situation, un halètement horrifié ne servait à rien sinon à empirer les choses. C'était le meilleur moyen de changer un code Corail en code Super Fuchsia, sans la moindre chance de repasser en Moutarde et encore moins en Sapin pour le restant de la journée.

Helen s'apprêtait à célébrer son second mariage. Son premier n'avait eu lieu qu'en raison d'une grossesse non désirée et s'était terminé trois ans plus tard. Devenue mère célibataire, elle avait eu besoin de quelques années pour se remettre sur les rails et d'encore quelques autres pour trouver l'homme qu'il lui fallait. Elle ne cessait de me dire que cette fois tout devait être parfait – même si, apparemment, elle avait cru pouvoir se dispenser de lire ma brochure et son avertissement à l'encontre des autobronzants.

Il n'y en a donc pas une pour la lire, cette satanée brochure ? Mais là n'était pas le problème, et je lui dis ce que je disais toujours :

— Ne vous en faites pas, on va s'en occuper.

Je l'accompagnai jusqu'à la salle de bains et sortis d'un tiroir le kit que je gardais pour ce genre de situation.

Ce fut alors que je remarquai la flaque qui s'étalait sur le sol. Je m'accroupis et ouvris le placard sous le lavabo pour découvrir une véritable inondation. Le bois du meuble était complètement détrempé.

— Merde !

— Ça veut dire que vous ne pouvez pas m'aider ? glapit Helen.

Double merde !

— Bien sûr que si. Mon lavabo a une fuite, c'est tout.

Pour être honnête, l'état de ma tuyauterie était bien moins préoccupant que celui de son visage. Moi, je n'aurais qu'à resserrer un boulon ici ou là une fois que j'aurais trouvé la source de la fuite. Helen, quant à elle, devrait se frotter la peau comme une folle pendant deux jours pour effacer les marques orange.

J'appliquai du bicarbonate et du jus de citron sur un gant de toilette, et lui montrai les gestes circulaires à effectuer pour se débarrasser de la coloration.

— La bonne nouvelle, c'est que cette préparation est aussi très bonne contre l'acné, déclarai-je. Votre peau sera resplendissante pour le grand jour.

Lorsqu'elle vit une partie de la couleur s'en aller sur le gant, son humeur passa instantanément de Corail à Pervenche. Je lui donnai des instructions pour poursuivre le traitement, lui dressai une liste de bons fonds de teint au cas où certaines traces perdureraient et profitai de sa présence pour régler les derniers détails de son mariage. J'étais d'une efficacité redoutable.

Aussitôt après son départ, j'effaçai ma liste de tâches et sortis ma boîte à outils. Mon père m'avait enseigné les bases du bricolage : dans sa vieille maison, il fallait tout réparer à un moment ou à un autre, et il tenait à ce qu'on puisse se débrouiller seuls. Malheureusement, en me glissant sous le lavabo, avec mon chemisier mouillé qui me collait à la peau, je me rendis compte que mon problème était plus important que je ne l'avais cru. Il n'y avait rien à resserrer : l'eau giclait directement d'un flexible rompu.

Je coupai l'arrivée d'eau et tâchai de démonter le flexible incriminé. Le problème, c'était qu'un gros tuyau se trouvait juste à l'endroit où j'avais besoin de me placer et que, dans cette position, je n'avais pas assez de puissance dans les bras. Je voulus glisser quelques classeurs sous moi pour me surélever, mais ils ne firent que rendre l'angle encore plus incommode. En dernier recours, je me mis à pousser des jurons en frappant de ma clé à molette l'endroit où le flexible était vissé, mais mes efforts furent désespérément vains.

Je répugnais à appeler un plombier : mon compte en banque faisait toujours triste mine, et c'était un problème que j'aurais dû être capable de régler seule.

Soudain, j'entendis la voix de Brendan résonner dans ma tête : *Ce n'est pas un drame de demander de l'aide de temps en temps, tu sais.* Puis je me rappelai que c'était son jour de congé.

Mais je ne veux pas qu'il passe son jour de congé à réparer mon lavabo.

Je songeai à l'autre soir au terrain de golf et à quel point je commençais à avoir besoin d'être avec lui. À force de vivre ensemble, on aurait pu croire que je me serais lassée de lui, mais c'était tout le contraire.

Une dernière fois, je frappai de toutes mes forces le boulon coincé. Puis je capitulai et appelai Brendan.

— Il est bloqué par la rouille, déclara Brendan.

Il était couché sous le lavabo qui dissimulait tout le haut de son corps. Seules ses jambes dépassaient de sous la vasque. Jamais je n'aurais cru que les jambes d'un homme puissent être aussi sexy, mais il fallait bien se rendre à l'évidence : ses cuisses emplissaient parfaitement son jean, dont le tissu se tendait juste aux bons endroits.

— Chaque fois que je tourne l'écrou, le boulon tourne en même temps, grommela-t-il.

Je ne pouvais m'empêcher de déceler des doubles sens dans les moindres mots qu'il prononçait. *Reprends-toi, Dakota ! Il répare ton lavabo, et toi, tu le reluques comme s'il était un objet sexuel !*

Les joues brûlantes, je m'éclaircis la voix et fis de mon mieux pour rester impassible.

— Est-ce qu'il faut que j'appelle un plombier ? demandai-je. Ce n'est pas grave si tu n'y arrives pas.

— Jamais de la vie ! Je vais l'avoir.

— Ha, ha ! Et maintenant qui c'est qui refuse de demander de l'aide ?

Il sortit de sous le lavabo en baissant la tête pour ne pas se cogner.

— Tu m'as appelé pour t'aider à résoudre un problème, et je sais à quel point ça a dû être dur pour toi. Je tiens à m'en occuper moi-même.

— Donc je dois apprendre à demander de l'aide, mais pas toi ?

— Exactement ! répliqua-t-il avec un sourire en coin. Mais, pour te prouver que je ne suis pas si hypocrite, je vais te demander de l'aide. J'aurais besoin que tu maintiennes le boulon pendant que je tourne l'écrou.

J'aurais pourtant dû me douter que le Brendan bricoleur serait encore plus séduisant que le Brendan normal. Il ne s'était pas rasé ce jour-là, et je mourais d'envie de caresser sa barbe naissante.

— D'accord, dis-moi ce que je dois faire, répondis-je en m'agenouillant.

Il m'observa un court instant, juste assez longtemps pour que mon cœur s'emballe.

— Euh… je vais me rallonger et tu vas te pencher sur moi, fit-il enfin.

Et maintenant comment étais-je censée ne pas avoir de pensées douteuses ? On aurait dit que l'univers tout entier cherchait à me piéger. Lorsque Brendan me tendit la pince, ses doigts s'attardèrent sur les miens. Un frisson me parcourut : je commençais à perdre le contrôle. Puis il attrapa la clé à molette et se glissa de nouveau sous le lavabo.

Je me penchai sur lui, faisant de mon mieux pour ne pas le toucher, mais il n'y avait pas assez de place. Finalement, je dus me résoudre à m'allonger sur lui, mon corps serré contre le sien d'une manière qui allait sûrement trahir les battements effrénés de mon cœur.

Brendan se déplaça sous moi, et nos hanches se rencontrèrent. Mes seins étaient pressés contre son torse ferme, et le moindre mouvement engendrait un délicieux frisson électrique qui se propageait à travers tout mon corps. Une chaleur torride montait entre nous. Peut-être étais-je la seule à la percevoir, mais j'en doutais vraiment : son souffle court était révélateur.

Lorsqu'il plaça la clé à molette sur l'écrou, je serrai le boulon à l'aide de ma pince. Il se mit alors au travail. Je sentais les muscles de son torse se contracter à chaque effort qu'il fournissait. Je me mordis la lèvre, m'efforçant d'apaiser le torrent de désir qui grondait en moi.

Enfin, l'écrou se décoinça dans un jet de rouille. Je baissai la tête pour protéger mes yeux et entendis la clé à molette tomber par terre.

Quand je relevai la tête, nos regards se croisèrent. Ses yeux semblaient plus sombres que d'habitude, mais j'étais prête à jurer que ce n'était pas à cause de la pénombre. Sa main se posa sur mon dos pour me pousser plus près de lui.

Alors, je la sentis. La chose. Non, pas « cette » chose. Cette étincelle d'espoir dans mon cœur. Celle que je ressentais pendant les mariages et quand je regardais

Grant en m'imaginant vieillir à ses côtés. Celle que je n'avais plus ressentie depuis la Jamaïque. Celle que j'avais commencé à croire perdue pour toujours.

Plus j'observais Brendan qui me regardait comme s'il aimait vraiment ce qu'il voyait, plus mon corps était parcouru de picotements nerveux qui me coupaient le souffle.

Il posa sur ma joue la main qui n'était pas appuyée dans mon dos et murmura :

— D.J. ?

Ma main glissa de son torse à sa mâchoire. Enfin, je m'autorisai le geste dont je rêvais depuis le début de la journée, et même depuis des semaines : passer mes doigts sur sa barbe naissante, puis les poser sur ses lèvres.

Brendan lâcha un grondement sourd, et, tout à coup, je sentis beaucoup de choses différentes.

— Dakota ? Tu es là ? fit soudain la voix de Grant dans mon bureau.

Je sursautai et me cognai la tête sous le lavabo. Grimaçante de douleur, je me hâtai de quitter ma position compromettante. Pour cela, je dus ramper à reculons sur le corps de Brendan, les joues en feu. Lorsque je pus enfin me relever, mon chemisier était remonté, dévoilant mon ventre. Très vite, je me rajustai.

— Ah, tu es là ! s'écria Grant en apparaissant dans l'encadrement de la porte.

Son regard se posa sur Brendan qui s'extirpait tant bien que mal de sous le lavabo. Je n'osai me tourner vers lui, car j'ignorais si ce qui venait de se passer n'était pour lui qu'une folie passagère ou si lui aussi ressentait cette attirance depuis le début.

— S… salut Grant. Je te présente Brendan. Il m'aidait à réparer mon lavabo. Brendan, je te présente Grant.

— Son fiancé, ajouta Grant en croisant les bras.

— Ex-fiancé, précisai-je.

Je ressentis un pincement de culpabilité devant son air blessé, mais c'était la vérité. Il ne pouvait pas continuer à se faire passer pour mon fiancé. J'avais accepté de reprendre le dialogue et de lui consacrer un peu de temps, mais je n'étais même pas encore prête à l'appeler mon petit ami.

— J'ai été son premier fiancé…, déclara Brendan avec un petit sourire, comme si la conversation n'était pas déjà assez tendue.

Je vis un muscle tressauter sur la mâchoire de Grant et cherchai vainement un nouveau sujet de discussion. Les mots ne me vinrent pas, mais j'aperçus soudain l'horloge suspendue au mur de mon bureau. Je n'arrivais pas à croire qu'il était déjà si tard.

— Oh, c'est vrai ! m'écriai-je. C'est aujourd'hui qu'on va au parc avec ton fils !

— Tu avais oublié ? fit Grant d'un ton à la fois incrédule et accusateur.

L'incrédulité, au moins, était méritée : d'ordinaire, je n'oubliais jamais un rendez-vous grâce à mes codes couleur et à mes alertes téléphoniques, et je n'avais même généralement pas besoin de ces rappels. Cette fois, mon portable était posé sur mon bureau, trop loin pour me permettre d'entendre les notifications que j'avais certainement ratées.

Mal à l'aise, je me passai une main dans les cheveux.

— Je n'ai pas oublié. J'ai seulement eu un impondérable avec le lavabo et j'ai un peu perdu la notion du temps.

Brendan posa la main dans mon dos, un geste qu'il avait déjà fait des dizaines de fois, mais qui revêtait à présent une signification nouvelle.

— Je termine de bricoler le lavabo et je referme en partant, ne t'en fais pas pour ça, déclara-t-il. On se voit à la maison.

Il adressa à Grant un petit signe de tête, poli sans être chaleureux. Je vis Grant serrer lentement les poings et priai pour qu'il ne perde pas son calme. Même s'il était loin d'être fluet, j'étais convaincue que, s'il tentait de s'en prendre à Brendan, il se retrouverait au sol si vite qu'il n'aurait même pas le temps de comprendre ce qui l'avait frappé.

Je me plaçai stratégiquement entre les deux, attrapai mon téléphone et mon sac à main, et me tournai vers Grant.

— Alors, on y va ?

— Comment ça, ton « premier fiancé » ? me demanda Grant dès que son fils fut occupé sur l'aire de jeux. Tu ne m'as jamais dit que tu avais déjà été fiancée.

Je m'étais demandé à quel moment il allait me poser la question. Grant m'avait présentée comme une amie lorsque nous étions allés chercher Jaden chez sa mère, mais à la façon dont cette dernière m'avait dévisagée, comme si j'étais l'Ennemie Publique Numéro Un, j'avais déduit que Grant ne l'avait pas informée que je serais de la partie. Après un interminable interrogatoire, elle avait enfin consenti à nous confier l'enfant, qui était adorable et ressemblait tellement à Grant que je n'arrivais pas à croire qu'il ait pu douter de sa paternité. Nous nous étions rendus à pied au parc, et Jaden avait couru sur presque tout le chemin.

— Brendan m'a demandée en mariage quand on avait neuf ans, expliquai-je.

Aussitôt, l'expression de Grant s'adoucit. Il aurait certainement paru un peu moins soulagé s'il avait su que je ne cessais de songer à cet instant passé avec Brendan sous le lavabo. Mon colocataire était en train de devenir bien plus à mes yeux que le petit garçon qui m'avait demandée en mariage avec une bague en bonbon. Il se glissait, lentement mais sûrement, vers un incroyable « peut-être » que j'étais très tentée d'essayer.

Pourtant, ce jour-là, je me rendis compte que je me sentais bien en compagnie de Grant. J'avais presque l'impression de retrouver la relation qui nous liait avant l'enfer de la croisière. Bien sûr, tout n'était pas gagné, mais sa présence familière était réconfortante.

Grant prit ma main dans la sienne, comme il l'avait fait des centaines de fois.

— Merci d'être venue, dit-il. C'est très important pour moi.

Les yeux brillants de fierté, il regarda Jaden descendre le petit toboggan.

— J'avais tellement peur d'être père que je ne m'étais pas rendu compte de ce que ça pouvait m'apporter, avoua-t-il.

Jaden revint vers nous en courant, un éclatant sourire aux lèvres. Lorsqu'il se mit à parler à son père dans son langage décousu de bambin tout excité, j'eus une vision fugace de la famille que j'avais toujours voulu fonder avec Grant. Contrairement aux photos que ce dernier m'avait envoyées, cette image-là était tangible, surtout avec sa main tiède qui serrait toujours la mienne.

Soudain, la voix de Brendan résonna dans mon esprit : « On dirait qu'il cherche à se servir de son fils pour te manipuler et te faire revenir… » Bien sûr, je ne pouvais pas nier que le voir en compagnie de son fils m'avait radoucie, mais, après les avoir observés ensemble, je ne pensais pas que Grant serait capable de se servir de lui pour me reconquérir. J'étais seulement la personne à qui il avait l'habitude de demander de l'aide, parce qu'il savait que je serais capable de trouver une solution à ses problèmes. Quoi qu'il m'en coûte.

Jaden repartit jouer. Grant lui fit un petit signe, puis resserra la main sur la mienne.

— Comme je te disais, reprit-il, je ne m'étais pas rendu compte du bonheur qui accompagne les responsabilités. Mais il me manque une chose. (Il porta ma main à ses lèvres et y déposa un baiser.) Tu es à l'aise avec Jaden, poursuivit-il. Je pense vraiment que ça pourrait marcher.

Mon cœur portait toujours la marque de mon amour pour lui, mais je n'étais pas certaine de l'aimer encore. J'avais la sensation d'être debout sur un étroit rebord, avec un précipice de chaque côté. Un pas vers la droite, et je retomberais amoureuse de Grant. Je serais intégrée dans sa famille, avec une belle-mère qui me traiterait comme sa propre fille et un beau-fils qui finirait, lui aussi, par m'appeler « maman ». Ce n'était pas exactement ce dont j'avais toujours rêvé, mais il fallait bien admettre que cela avait son charme. J'y gagnerais la stabilité dont j'avais tant besoin, et ce serait tellement, tellement facile.

À gauche de ce rebord, il y avait l'inconnu. Risqué, sans promesses ni garanties, mais entièrement à moi. Brendan m'y attendait peut-être, mais ce n'était même pas le plus important. J'avais besoin de savoir que quelqu'un pouvait avoir envie d'être avec moi pour d'autres raisons que ma capacité à résoudre les problèmes. J'avais besoin de savoir que je pouvais être forte toute seule s'il le fallait. Même si ce n'était pas le chemin le plus enviable. Même si c'était le plus difficile.

Il valait mieux être seule que mal accompagnée, et je n'étais pas sûre à cent pour cent que Grant soit la bonne personne.

La vraie question, cependant, était de savoir si je pourrais vivre en ne cessant de me demander : « Et si… »

Lorsque je rentrai à la maison, Brendan était installé dans le canapé, la télécommande dans une main, l'autre posée sur la tête de Cupidon.

Mes deux garçons, songeai-je avec un sourire attendri. Ma sortie avec Grant m'avait laissé l'estomac noué, et je culpabilisais de ne pas avoir pu lui donner la réponse définitive qu'il attendait. Ajoutez à cela ma confusion, et c'était toute une mosaïque d'émotions anarchiques qui me brouillait l'esprit.

Au moins, mon retour à la maison avait relégué en arrière-plan la cacophonie qui se jouait dans ma tête.

— Tu as passé un bon moment ? demanda Brendan en baissant le son de la télé.

Je haussai les épaules.

— C'était sympa de le revoir et de rencontrer son fils, et il a dit tout ce qu'il fallait dire. Mais plus je le vois, moins je sais où j'en suis.

— Je ne vois pas pourquoi. Pour moi, la situation est plutôt claire.

— Alors explique-moi, ça m'aiderait.

— C'est un con, répondit-il entre ses dents. Fin de l'histoire.

— Tu ne le connais même pas ! protestai-je, irritée. Grant est un mec bien. Et il vient de vivre quelque chose d'énorme !

Brendan quitta le canapé pour se placer en face de moi.

— Un mec bien ? Il t'a laissée toute seule sur la plage, D.J. ! S'il tenait un tant soit peu à toi, il aurait su que tu gérais mal le sentiment d'abandon. Il aurait su qu'il n'y avait pas de pire manière de te blesser.

À ces mots, mon cœur se déchira.

— Je gère très bien le sentiment d'abandon, bredouillai-je.

Il posa les mains sur mes épaules. Son regard s'adoucit.

— Tu n'as pas besoin de faire semblant avec moi, dit-il. Tu n'as pas besoin de jouer les dures. Ta mère n'aurait jamais dû t'abandonner comme ça. Et ton père a fait ce qu'il a pu, mais lui non plus n'a pas été très présent. Si ton fiancé te connaissait comme je te connais, il aurait eu le courage de te parler de ses angoisses au lieu de te laisser poireauter pour rien pendant une heure. Si tu veux être avec lui, c'est ton choix. Mais ne t'attends pas à ce que moi, je lui pardonne.

Une boule se forma dans ma gorge. Soudain, je me rendis compte que je refoulais mes larmes. Grant ne connaissait pas cette partie de mon histoire, mais c'était entièrement ma faute. Je ne lui avais jamais parlé des séquelles que m'avait laissées ma relation avec ma mère, parce que je n'avais pas voulu lui montrer mes faiblesses. J'avais voulu être son pilier, solide et fiable.

Brendan laissa glisser les mains le long de mes bras, apaisant instantanément la tempête qui faisait rage en moi.

— Ça fait peut-être de moi un hypocrite, poursuivit-il. Après tout, moi aussi, je t'ai abandonnée. J'ai dit à mes parents que je n'avais pas envie de déménager, mais c'est tout ce que j'ai pu faire.

— Tu ne m'as pas abandonnée !

Il laissa échapper un profond soupir.

— Si. Et je ne peux pas m'empêcher de penser que si j'avais été là, si j'étais revenu plus tôt, cette histoire avec Grant ne serait pas arrivée.

Je m'apprêtais à rétorquer que c'était stupide, mais la féroce détermination que je lus dans son regard m'indiqua qu'il était on ne peut plus sérieux.

— Mais il ne s'agit pas de moi, ajouta-t-il alors. Il s'agit de toi. De quoi as-tu envie ?

— Ce n'est pas si simple… Grant regrette ce qu'il a fait. Il se donne tellement de mal pour se faire pardonner… Tout le monde fait des erreurs, je ne peux pas lui en vouloir éternellement.

— Ce n'était pas ma question, répliqua Brendan.

Il s'approcha d'un pas et prit mes mains dans les siennes.

— De quoi as-tu envie ? répéta-t-il.

Je m'apprêtais à lui répondre que je n'en savais rien – c'était justement là le problème – mais, lorsque ses doigts se refermèrent sur les miens et que je sentis rejaillir en mon cœur cette fameuse étincelle d'espoir, je sus que ce n'était pas vrai. À cet instant, je savais exactement ce que je voulais.

— J'ai envie de finir ce qu'on a commencé sous le lavabo, répondis-je en serrant ses mains dans les miennes. Mais j'ai peur de me sentir coupable ou que ça ne brouille les choses entre nous alors qu'on vient à peine de se retrouver, et que ma vie est déjà assez compliquée, et…

— Je n'arrive à penser qu'à une seule chose depuis tout à l'heure, me coupa-t-il. Finir ce qu'on a commencé. En fait, ça fait des semaines que j'ai envie de t'embrasser.

Il se pencha sur moi. Sa chaleur et son parfum enivraient tous mes sens.

— Est-ce que tu te sentiras moins coupable si c'est moi qui t'embrasse ? demanda-t-il d'une voix plus rauque que la normale.

Je déglutis avec peine.

Brendan m'attira contre lui d'un geste qui me coupa le souffle. Ses lèvres frôlèrent les miennes. Mon cœur battait contre le sien.

— Ne bouge pas, souffla-t-il. Je m'occupe de tout.

Je le sentis sourire, et sa bouche se posa sur la mienne. Il fit passer mes mains au-dessus de ses épaules, puis je sentis ses doigts glisser le long de mon dos pour venir se poser sur mes hanches. Je me forçai à rester immobile, mais, à l'instant où il entrouvrit les lèvres, je ne pus me contenir.

Je passai mes doigts dans ses cheveux et ouvris la bouche, l'invitant à m'embrasser plus profondément. Sa barbe naissante frôlait délicieusement la peau de mon visage tandis que je lui mordillais la lèvre inférieure. Puis nos langues se rencontrèrent en une douce caresse qui me fit m'embraser des pieds jusqu'à la tête, et ce fut comme si mon corps se fondait dans le sien.

— Je…

Mes pensées étaient confuses, mais une chose restait claire : si je n'intervenais pas, il allait m'emporter dans sa chambre et je le laisserais faire. Je ne voulais pas que tout aille aussi vite. À grand-peine, je repris mon souffle et poursuivis :

— Je ne sais pas trop où j'en suis en ce moment, et je ne pense pas que ce soit une bonne idée de me lancer tête la première dans une nouvelle relation.

Il écarta mes cheveux de mon visage et posa la main sur ma nuque.

— D'accord, répondit-il, mais je ne pense pas être capable de rester en touche pendant que tu continues à voir Grant. Je serai toujours ton ami, quel que soit ton choix, mais j'ai besoin de savoir. Je peux accepter de prendre mon temps, mais je refuse d'être le joueur de réserve. Je ne suis pas fait pour ça.

Pour la première fois de la journée, tout me semblait clair comme de l'eau de roche. J'allais rompre avec Grant, pour de bon. Pas seulement parce que Brendan ne voulait pas jouer les remplaçants, mais aussi parce qu'en me rejetant Grant avait enfoncé dans mon cœur une épine empoisonnée. J'avais prétendu pouvoir m'en remettre, mais je m'étais menti à moi-même. Je n'étais même pas sûre de pouvoir un jour accorder de nouveau mon entière confiance à qui que ce soit.

Je plongeai mes yeux dans ceux de Brendan et y trouvai la certitude dont j'avais besoin : je ne pouvais plus faire machine arrière.

— C'est toi que je veux, déclarai-je. Seulement toi.

Un lent sourire se dessina sur ses lèvres. Puis il m'embrassa doucement.

— Vu comme tu n'arrêtais pas de répéter à tout le monde que nous n'étions qu'amis, avoua-t-il, je craignais que mon attirance ne soit pas réciproque.

— Certainement pas. (Je posai la main sur son cœur et souris en le sentant battre aussi vite que le mien.) Mais j'étais sérieuse quand je parlais de ne pas se précipiter. S'embrasser, sortir ensemble… Très bien. Mais le reste…

J'achevai ma phrase d'un signe de tête éloquent en direction de nos chambres séparées.

— On prend notre temps, acquiesça-t-il. J'ai compris. Je ne ferai pas un seul mouvement dans cette direction tant que tu ne m'auras pas dit que tu es prête. C'est d'accord ?

Je hochai la tête.

— C'est d'accord.

Puis, comme mon cerveau me haïssait, une nouvelle inquiétude s'empara de moi.

— Et si ça ne marche pas entre nous ? demandai-je. On vit tout de même sous le même toit, et cette histoire pourrait ruiner une amitié qui a commencé quand on avait sept ans.

Des tentacules de panique m'enserraient peu à peu la poitrine, menaçant d'étouffer mon bonheur naissant.

Tendrement, Brendan posa le front contre le mien.

— Je t'aime depuis le jour où je t'ai rencontrée, Dakota Jane Halifax. Et je t'aimerai toujours, quoi qu'il arrive. Même si on se rend compte qu'on est faits pour n'être qu'amis.

Je me hissai sur la pointe des pieds pour l'embrasser. Parce que j'en avais envie, parce que je le pouvais et, par-dessus tout, parce que je le croyais.

Chapitre 19

J'étais occupée à nouer un ruban couleur écume autour d'un bouquet de pivoines roses et blanches lorsque mon portable se mit à sonner. Voyant qu'il s'agissait de Tess, je maintins mon nœud d'une main et décrochai, certaine qu'elle voulait prendre des nouvelles du cours qu'elle m'avait imposé.

— Je suis à fond dans la gestion de la colère, je te le jure. J'ai ma deuxième séance dans quelques heures. (Je coinçai le téléphone entre mon oreille et mon épaule, et fis des boucles à mon ruban.) À moins que je ne puisse y couper ? ajoutai-je. Je vais mieux, vraiment. J'ai réglé tous mes problèmes.

— Ce n'est pas pour ça que je t'appelle, mais je pense que suivre le cursus dans sa totalité ne peut pas te faire de mal.

— Je compte bien le valider haut la main.

Je me gardai d'ajouter « histoire de bien emmerder Phoebe », car quelque chose me disait que cela aurait fait perdre toute crédibilité à ma déclaration de bonne volonté.

— Voilà une attitude positive ! Mais je t'appelais pour te parler de ton prochain article…

— J'hésite encore entre quelques sujets, mais je devrais être fixée à la fin de la journée.

Je n'étais pas en retard, et elle n'avait pas pour habitude de m'appeler pour vérifier l'avancement de mon travail, mais je voulais lui prouver mon sérieux. J'avais même commencé à rédiger un article intitulé « Comment attraper le bouquet sans avoir l'air d'une vieille fille désespérée ». C'était amusant mais probablement trop cynique, et surtout trop court : de combien de manières différentes pouvais-je dire « par pitié, n'en venez pas aux mains à cause d'une bête superstition datant du Moyen Âge » ? Bien sûr, je pouvais broder en racontant qu'à l'époque rapporter chez soi un morceau de la robe de la mariée était censé porter chance. Le lancer de bouquet avait donc pour but d'éviter qu'une robe ne soit mise en pièces, pas de vous encourager à arracher celle de votre voisine.

— C'est justement de ça que je voulais te parler, dit Tess. Je sais que d'habitude je te laisse la liberté du sujet, mais…

Je tressaillis à ce « mais », certaine qu'il impliquait toutes sortes de choses qui n'allaient pas me plaire.

— Les gens veulent en savoir plus à ton sujet, poursuivit-elle. Comment tu te remets de l'annulation de ton mariage. Ta vie amoureuse. Comment tu te sens.

— Comment je me sens ? Qu'est-ce que ça peut leur faire ?

C'était pire que tout ce que j'avais imaginé.

— C'est simple : tu commençais déjà à te faire un nom, mais, depuis que tu organises le mariage de Valentina et Marcus, tu fais carrément le buzz. Nos lectrices aiment tes conseils et trouvent tes articles adorables et spirituels.

« Adorables » ? Les gens trouvent mes articles « adorables » ? Et moi qui me croyais provocatrice !

— Mais apprendre tes problèmes de cœur les a vraiment touchées, poursuivit Tess. Je ne compte même plus les mails que j'ai reçus à ce sujet. Elles veulent en savoir plus.

Machinalement, je me mis à caresser les pétales soyeux d'une pivoine. Puis je les froissai entre mes doigts jusqu'à les réduire en une petite boule fripée.

— Je… euh… je ne sais pas si j'ai envie d'écrire sur ma vie privée.

— Je comprends, et je ne t'obligerai pas à le faire. Mais c'est ce que le public demande, et, s'ils ne l'obtiennent pas de toi, Phoebe continuera à fouiner. Qu'est-ce que tu préfères voir dans le journal ? Sa version ou la tienne ?

— Hey, Wild Bill ! m'écriai-je tapant dans le poing tendu de l'homme que j'avais initialement surnommé « l'Écrâneur ».

J'étais tentée de lui demander la permission de l'appeler ainsi, mais mon petit doigt me disait que cela risquait de mal s'accorder avec l'ambiance pacifique que Ron se donnait tant de mal à créer. Il tamisait les lumières – ou peut-être n'était-ce qu'une impression due au mauvais éclairage – et nous mettait en fond sonore des musiques expérimentales à base de harpe et de flûte traversière. Malheureusement, j'étais prête à jurer que ces petites mélodies faisaient grimper mon rythme cardiaque au lieu de l'apaiser.

Ron se racla la gorge et leva les deux mains, signe qu'il était temps de commencer. Lorsque le son monocorde de sa voix se mit à résonner dans la salle, je me calai au fond de ma chaise et laissai mes pensées vagabonder librement. Mon esprit ne cessait de revenir à ce que Tess m'avait demandé : « Qu'est-ce que tu préfères voir dans le journal ? Sa version ou la tienne ? »

Une chance que je sois aussi versée dans le contrôle des humeurs, parce que j'avais eu envie de lui demander pourquoi je n'avais pas comme option de ne plus du tout apparaître dans le journal. Mais je m'étais abstenue.

— … les émotions contenues sont tout aussi dangereuses, déclara Ron à cet instant.

J'étais certaine qu'en prononçant ces mots il me regardait droit dans les yeux. *Mais j'y travaille, bordel!* songeai-je.

Il ne cessait de regarder dans ma direction en expliquant à quel point cette habitude pouvait être dangereuse, mener à de l'hypertension ou à une dépression. C'était comme un buffet à volonté où l'on entassait des problèmes dans son assiette jusqu'à s'en rendre malade. C'était d'ailleurs pour cette raison que j'évitais les buffets du casino : « à volonté » semblait être un bon concept jusqu'au moment où vous ingurgitiez votre poids en crevettes, au point que l'odeur suffisait à vous donner la nausée.

— Mais attention ! poursuivait Ron. Cela ne signifie pas qu'il faut absolument exprimer toutes ses émotions. « Il faut tout faire sortir » n'est rien de plus qu'un mythe dangereux dont les gens se servent pour justifier leurs sautes d'humeur. Est-ce une bonne chose ?

Je voulus jouer les avocats du diable en répondant que cela dépendait de ce qu'on nous avait fait subir, mais je jugeai préférable de garder mes réflexions pour moi – tout comme mes émotions. Avec un peu de chance, je m'en sortirais avec une petite hypertension. Ron attendit de voir tous ses élèves hocher la tête avant de reprendre :

— La colère peut rendre cynique. Presque paranoïaque. On peut se mettre à croire que les autres font exprès de nous contrarier ou de nous mettre des bâtons dans les roues.

Étant donné que je détenais une preuve noir sur blanc des mauvaises intentions de Phoebe Pratt, je n'appréciais pas vraiment d'être traitée de paranoïaque.

— Nous avons tous besoin d'apprendre à faire confiance, déclara Ron. Et, pour cela, il est temps de pratiquer un petit exercice.

— S'il s'agit d'un exercice de chute en arrière, je me mets avec Wild Bill, dis-je en adressant un sourire à l'homme aux cheveux grisonnants assis à côté de moi.

— Je te rattraperai, répliqua celui-ci avec un clin d'œil.

Ron croisa les bras, l'air réprobateur.

— C'est une activité de groupe, expliqua-t-il. Nous allons tous raconter quelque chose. Mademoiselle Halifax, puisque vous semblez pressée de participer, que diriez-vous de commencer ?

Tous les regards se tournèrent vers moi.

Qu'est-ce qu'ils ont tous à vouloir que je me confie, aujourd'hui ? songeai-je.

— Pourquoi ne pas débuter par la raison qui vous a amenée ici ? demanda Ron d'un air si plein d'espoir que je le méprisai aussitôt un peu plus.

— C'est ma patronne qui m'y a obligée.

— Parce que… ? insista Ron.

Je levai un doigt. Pas celui que j'aurais voulu lever, mais celui qui permettait d'obtenir un instant de répit. Allais-je vraiment tout raconter ? Devant ces gens que je connaissais à peine ? Après tout, Tess voulait que j'en parle à la ville entière… Ce ne devait pas être si terrible de commencer par un petit auditoire qui, au moins, comprenait ma situation.

— Tout a commencé quand mon fiancé m'a quittée au pied de l'autel…

Wild Bill se pencha vers moi pour murmurer :

— Donne-moi son adresse, tu vas voir, on va lui faire son affaire à ce type.

D'accord, il menaçait mon ex, mais la colère n'était pas sa motivation. Il s'agissait plutôt d'une manifestation de solidarité, et j'aurais menti en prétendant ne pas apprécier l'attention.

Ron secoua la tête et soupira :

— Une attitude positive, Bill. La violence n'est pas la solution, vous vous rappelez ?

Il me jeta un regard qui signifiait clairement qu'il me tenait pour responsable de l'incident. Et il arrivait encore à se demander pourquoi j'hésitais à me confier…

— Poursuivez, fit-il.

— Bref, cette horrible collègue du journal…

— Des mots positifs.

Sérieusement ? Je fais de mon mieux pour ne pas me mettre en colère, et on dirait que tu fais tout pour me pousser à bout ! Je pris une profonde inspiration que j'espérais libératrice, puis repris :

— Elle a raconté toute l'histoire dans le *Las Vegas Beacon*, remettant en question mes compétences d'organisatrice de mariage.

Gina, la femme assise à ma gauche, laissa échapper un halètement indigné. *Vous voyez ? Elle, au moins, me comprend. Même si elle a réduit en miettes la voiture de son ex-mari infidèle à coups de batte de baseball.* À vrai dire, j'étais un peu envieuse. Ce devait être tellement jouissif d'extérioriser toute cette rage en détruisant un objet au lieu de se laisser soi-même détruire de l'intérieur…

J'adressai à Gina un sourire reconnaissant.

— Et ensuite ? demanda Ron.

— Ensuite, j'ai atterri ici. Vous n'avez plus qu'à remplir les blancs.

Notre cher instructeur fit la moue. Il baissa le menton pour m'observer par-dessus ses grosses lunettes, la lumière des néons se réfléchissant sur son crâne chauve et luisant. Qui avait eu la bonne idée de choisir un type aussi agaçant pour enseigner le contrôle de soi à un groupe de gens agressifs ? Certes, j'avais apprécié certains de ses conseils, mais il allait devoir me lâcher la grappe.

Mais peut-être était-ce mon trop-plein d'émotions qui s'exprimait. D'après Ron, trop d'émotions emmagasinées pouvaient nous pousser à décharger notre colère sur des innocents.

— Je n'avais pas vraiment l'intention de lui mettre mon poing dans la figure, ajoutai-je. On n'a plus le droit de plaisanter, maintenant ?

— Les cas de coups et blessures ne sont pas matière à plaisanterie, répliqua Ron.

Wild Bill me jeta un regard en coulisse. Il ne semblait pas d'accord, mais il n'avait visiblement pas envie que Ron lui fasse la leçon.

Je tentai d'expliquer ma version de l'histoire, laissant échapper un peu de la colère qui bouillonnait en moi :

— Je n'ai jamais demandé à ce qu'elle étale ma vie privée dans sa rubrique publique.

Ron s'approcha de quelques pas, une franche lueur de sympathie dans le regard. Enfin, il comprenait mes raisons.

— Pouvons-nous contrôler les actes et les paroles des autres ? lâcha-t-il.

« Contrôler. » C'était donc là le nœud du problème. Oui, j'aimais tout contrôler. J'aimais donner des ordres. Je savais que la réponse attendue était « non », mais j'aurais bien voulu savoir pourquoi. Tout serait tellement plus simple si j'avais un peu plus de contrôle sur mon existence…

D'un autre côté, lorsque j'étais avec Brendan, j'aimais la façon dont il me surprenait et dont mes émotions s'exprimaient spontanément. Avec lui, perdre le contrôle n'était plus aussi effrayant.

Gina me donna un petit coup de coude et me souffla « non », comme si elle pensait sérieusement que je séchais sur la question.

— Nous ne pouvons pas contrôler les actes imprévisibles des autres, déclarai-je alors, récitant ce que nous avions appris lors du premier cours. Seulement la façon dont les événements nous affectent.

J'avais répondu uniquement pour que Ron me laisse tranquille, mais je me rendis compte avec stupeur que prononcer ces mots avait eu sur moi un effet apaisant. C'était comme si mon esprit avait eu besoin d'entendre cette vérité élémentaire : je ne pouvais pas tout contrôler. Bien sûr, cela ne voulait pas dire que j'acceptais la chose ni que j'étais prête à passer l'éponge sur ce que Phoebe m'avait fait. Ni même que je ne serais plus tentée de la menacer d'un bon coup de poing dans la figure. Mais c'était tout de même un progrès, non ?

Je regardai Ron droit dans les yeux et dis :

— Merci. Vous venez de m'aider à comprendre quelque chose.

Il cligna des yeux d'un air incrédule, puis un sourire idiot se dessina sur son visage, et il s'éloigna. Une fois tranquille, je me remis à songer à mon futur article. La seule chose que je contrôlais dans le *Las Vegas Beacon*, c'était le contenu de ma propre rubrique. J'allais donner aux gens ce qu'ils réclamaient. Et, par-dessus le marché, j'allais rendre ma rubrique plus populaire que celle de Phoebe.

Rien qu'à l'idée d'exprimer tous les sentiments que j'avais accumulés en moi, je sentis mon ventre se serrer. Et si, une fois les vannes ouvertes, je ne parvenais plus à les refermer ?

Et, pire encore, si je n'aimais pas la personne que je découvrirais en moi ?

Quoi qu'il en soit, il était temps de reprendre le contrôle de ma vie et de tourner enfin la page de mon mariage raté. Et je savais par quoi commencer.

L'espoir que j'avais perçu dans la voix de Grant lorsqu'il m'avait demandé de le retrouver pour un dîner tardif avait mis à rude épreuve ma détermination. Je ne cessais de me répéter que c'était lui qui m'avait quittée et que je ne devrais pas me sentir coupable pour ce que j'avais à faire. J'avais même appelé Jillian pour solliciter des encouragements et lui parler de Brendan et de notre baiser, mais cela n'avait rien changé à la nervosité qui me serrait l'estomac.

Heureusement que j'ai l'habitude d'annoncer les mauvaises nouvelles avec tact.

Grant entra dans le restaurant d'un air conquérant, un grand sourire aux lèvres.

« Tu me tues, Smalls. » Évidemment, c'était une phrase tirée du *Gang des champions* – un film que j'avais regardé avec Brendan une bonne dizaine de fois quand nous étions gamins – qui me revenait à l'esprit. Mais cela m'aida à rester forte. À me souvenir des raisons pour lesquelles il fallait que je le fasse. C'était pour mon bonheur à venir, pour donner sa chance à ma relation avec Brendan.

Je n'avais pas souhaité aller chez Grant, et le retrouver chez moi était hors de question sachant que je vivais avec Brendan, mais, d'un seul coup, se rencontrer dans un endroit public ne me semblait plus être la meilleure idée qui soit. Trop tard.

— Je suis tellement content que tu aies appelé ! déclara Grant en s'asseyant en face de moi.

Je répète : « Tu me tues. »

— Grant, tu sais que je tiens à toi et que ça ne changera jamais…

Son sourire s'évanouit. J'aurais sûrement dû préparer un discours de rupture un peu plus original, mais je ne voulais pas tourner autour du pot. Je pris une grande inspiration et me concentrai, priant pour que les mots sortent de ma bouche comme je les avais imaginés.

— Ces derniers jours, je me suis rendu compte d'une chose, déclarai-je. J'imagine que, jusque-là, j'avais refusé de le voir à cause de ce que je ressentais pour toi. Mais voilà : nous n'avons pas les mêmes aspirations.

Plus j'avais réfléchi à notre relation, plus j'avais pris conscience de son déséquilibre. De nous deux, j'étais celle qui réglait les problèmes. Je me retenais de lui parler de mes soucis ou de mes angoisses pour mieux m'occuper des siens.

— Je me suis donné tant de mal pour être la parfaite petite amie, puis la parfaite fiancée… Sur le coup, ça me semblait normal d'être toujours là pour toi. Parce qu'aider les gens, c'est ce que je fais de mieux. L'ennui, c'est que je me suis perdue en route. Mais attention : je ne te le reproche pas à toi. C'est moi qui pensais avoir besoin d'être comme ça.

— Je ne t'ai jamais demandé d'être parfaite.

— Je sais. Mais, Grant, comment tu réagirais si d'un seul coup je m'effondrais et me mettais à pleurer ?

— Mais tu ne pleures jamais.

Je comprenais sa confusion. Après tout, je ne m'étais jamais laissée aller à pleurer devant lui. C'était Brendan qui m'avait montré qu'on pouvait se sentir entier même en étant brisé et qu'il n'y avait pas de honte à avoir des faiblesses, pas plus qu'à les laisser voir à ses proches. Mais, si j'étais incapable de me laisser aller avec Grant, comment notre relation était-elle censée fonctionner ?

— Là-dessus, poursuivis-je, nos liens ne sont pas assez profonds pour faire tenir un mariage.

Sans parler du fait que jamais je n'oublierais ce jour où il m'avait laissée seule sur les côtes de Jamaïque. Cet épisode ressortirait à chaque dispute. Chaque fois que nous traverserions un moment difficile. Je pouvais pardonner, mais j'étais incapable d'oublier. Ma confiance en lui était brisée pour toujours. Cela faisait peut-être de moi une mauvaise personne, mais, dans ce cas, au moins étais-je une mauvaise personne honnête. Comme je ne voulais pas retourner le couteau dans la plaie, je me retins d'en parler. « Des mots positifs », comme dirait l'autre.

— Je t'admire pour t'être autant impliqué dans la vie de ton fils, repris-je. Je sais que la transition a été dure, mais tu feras un très bon père. Tu n'as pas besoin de moi pour ça. Et, un jour, tu trouveras une autre femme que tu n'hésiteras pas à épouser.

Grant plissa les yeux.

— C'est à cause de ce type, hein ?

Quelque chose en moi se brisa d'un coup sec. J'avais voulu rester courtoise, mais un raz-de-marée de colère menaçait à présent de me submerger. Grant avait toujours eu tendance à accuser le monde entier de ce qui lui arrivait, et j'avais pris l'habitude de le caresser dans le sens du poil en lui disant que je comprenais. Je lui avais fourni mille excuses en essayant de le soutenir. J'avais toujours été celle qui s'occupait de tout. Mais ce n'était plus mon rôle désormais.

— Faut-il vraiment que je te rappelle que c'est toi qui m'as abandonnée au pied de l'autel ? répliquai-je sèchement. Toi qui as pris la fuite au lieu de me parler ? Tout ça, c'est entièrement ta faute. Alors prends tes responsabilités et apprends à vivre avec tes décisions !

Grant me dévisagea, bouche bée, comme s'il ne me reconnaissait pas.

Je me levai de mon siège, toute à ma dignité bafouée. Il était temps que moi aussi, je prenne mes responsabilités. Reprendre le contrôle de ma vie avait été plus long et difficile que prévu, mais je n'avais cessé de me relever pour recommencer, jour après jour, jusqu'à y arriver.

Pour la dernière partie du cours de gestion de la colère, ce jour-là, Ron nous avait appris à nous affirmer sans tomber dans l'agressivité. J'avais dit à Grant ce que je ressentais sans crier ni l'insulter, et je me sentais libérée d'un poids.

— Adieu, Grant. Bonne chance pour le reste de ta vie.

Je sortis du restaurant et inspirai profondément l'air nocturne. J'avais des mariages à finir de préparer. Et, pour la première fois depuis longtemps, j'avais vraiment hâte de m'y mettre.

Partie IV

Prudence Pervenche – Précaution

(Risque général d'attitude étrange, pression familiale, stress et angoisse. Larmes retenues mais peuvent vite déborder.)

« Le cours de l'amour vrai ne fut jamais paisible. »

William Shakespeare

Chapitre 20

Vivre avec un homme séduisant prêt à m'entraîner dans sa chambre dès que je me sentirais prête, mais qui n'essayait pas d'en profiter, c'était un peu comme longer une table couverte de succulents gâteaux de mariage sans en prendre une part. Ni même y passer le doigt pour en goûter le glaçage.

En d'autres termes, c'était si difficile que je me croyais folle d'avoir même voulu essayer.

Je commençais à croire qu'il faisait exprès de parader dans la maison à moitié nu, sachant pertinemment qu'il me poussait peu à peu vers la démence. Un sourire alangui aux lèvres, il m'observait depuis l'autre bout de la cuisine. Il portait son jean bleu délavé très bas sur les hanches, ses cheveux étaient toujours humides après sa douche, et il ne s'était pas rasé.

— Bonjour.

Aussitôt, mon cœur s'emballa, semblant vouloir sortir de ma poitrine. Je me mordis la lèvre en admirant son torse ferme et le « V » si sexy de ses obliques. Je posai les M&M's aux cacahouètes que je grignotais, franchis la distance qui nous séparait et passai mes bras autour de sa taille. Sa peau était fraîche et humide. Il passa la main dans mes cheveux et se pencha sur moi jusqu'à ce que nos lèvres se rencontrent. En l'embrassant, je fis courir mes ongles sur les muscles de son dos, souriant de l'entendre gémir. S'il cherchait à me rendre folle de désir, on pouvait être deux à jouer à ce petit jeu.

Si notre relation avait été normale, il m'aurait fallu plusieurs rendez-vous pour évaluer notre compatibilité et notre attirance mutuelle avant de décider si j'étais prête à ajouter le sexe dans l'équation. En l'occurrence, notre compatibilité battait déjà tous les records. Nous aimions les mêmes plats, les mêmes films, les mêmes sports. Bien sûr, il était plus désordonné que moi, mais ce petit défaut était largement compensé par la croissance exponentielle de son potentiel d'attraction.

Seulement, sauter le pas trop vite m'aurait donné l'impression que notre relation n'était qu'une façon de rebondir après ma séparation d'avec Grant. Et je ne voulais pas que Brendan ne soit qu'un rebond.

Pourtant, chaque jour, chacun de nos baisers affaiblissait un peu plus mes défenses. Chaque fois, j'avais un peu plus de mal à me rappeler pourquoi j'avais pris la décision de ne pas aller trop vite.

Brendan me souleva par la taille pour me poser sur le comptoir, puis se glissa entre mes jambes. Le souffle court, je sentis ses lèvres frôler mon cou. Un long frisson me parcourut. Incapable de contenir un gémissement, je l'emprisonnai entre mes jambes.

La corbeille de fruits se renversa, mais je remarquai à peine les pommes et les oranges qui roulaient sur le comptoir et sur le sol. Un feu ardent brûlait en moi, un peu plus chaud et sauvage à chaque baiser que nous échangions. Du bout des doigts, je caressais son ventre ferme, descendant peu à peu jusqu'à frôler la ceinture de son pantalon.

Par moments, j'avais l'impression de jouer à la partie de « cap ou pas cap » la plus excitante du monde. Tester les limites de l'autre, voir jusqu'où on pouvait les repousser. Et qui allait craquer en premier. Ah, si seulement le résultat final ne se résumait pas à une intense frustration !

— Vivre ensemble était la pire idée qui soit, soufflai-je.

— Non non, protesta Brendan.

Il me caressait les jambes, glissant les mains vers le haut de mes cuisses. Si je n'avais pas porté un pantalon, j'aurais été perdue. Je l'étais déjà virtuellement. Sa caresse me brûlait à travers mon jean, me faisant regretter ma jupe.

— Tu sais qu'il faut qu'on parte dans… je ne sais pas… cinq minutes…

— C'est tout ce dont j'ai besoin, répliqua-t-il.

Je lui donnai un coup de poing dans l'épaule.

— Je blaguais, s'esclaffa-t-il en laissant courir sur mon corps son regard brûlant. Il va me falloir beaucoup plus de temps.

Mon cœur s'emballa de nouveau, atteignant la vitesse de pointe d'un oiseau-mouche.

— Tu es diabolique, tu le sais ?

Je caressai doucement son visage, m'attardant sur la fossette de son menton. Sa barbe naissante me chatouillait le bout des doigts.

— Tu savais qu'on devait partir bientôt, repris-je. Tu as fait exprès de traîner à moitié nu dans la cuisine.

Une lueur de malice s'alluma dans son regard.

— Je n'ai jamais prétendu être un bon garçon.

Il m'embrassa férocement puis se détourna pour ouvrir le frigo, m'offrant une vue parfaite sur les muscles bien dessinés de son dos et de ses épaules. Il resta un instant penché, à prendre de longues inspirations. De mon côté, je m'éventai de la main, m'efforçant de reprendre le contrôle de mes hormones en ébullition. Nous nous apprêtions à partir chez mon père, et mon esprit ne se trouvait pas du tout là où il aurait dû être.

Brendan saisit deux bouteilles d'eau, prit une longue gorgée de l'une et me tendit l'autre. Depuis quelque temps, nous buvions beaucoup plus d'eau que la normale.

— Besoin d'aide pour ramasser les pommes et les oranges ? demanda-t-il.

— Va plutôt finir de t'habiller, il ne faut pas se mettre en retard. Je les ramasserai plus tard, en rentrant.

— Hmm hmm, fit-il avec un demi-sourire sceptique.

Je vidai la moitié de ma bouteille en une seule gorgée, puis baissai les yeux sur les fruits éparpillés par terre. Une partie de moi voulait les y laisser pour prouver à Brendan que j'en étais capable, mais l'autre partie était de loin plus virulente. Après tout, quel genre de personnes laissait de la nourriture traîner par terre ?

Je rassemblai les fruits afin de les ranger proprement dans leur corbeille. Ce faisant, je repensai à l'habitude qu'avait Brendan de les laisser simplement posés sur le plan de travail. Ils n'auraient probablement pas roulé partout avec son ancienne méthode, mais la corbeille était bien plus esthétique. Et puis j'aimais l'idée que nos baisers étaient assez fougueux pour tout renverser sur leur passage.

Je pris mon sac à main et me mis à faire les cent pas dans le salon en jetant de fréquents coups d'œil à l'horloge. Alors que je m'apprêtais à crier à Brendan de se dépêcher, il sortit enfin de sa chambre. Il avait enfilé un maillot de baseball et portait sa casquette noire délavée des Niners. *Il est au moins aussi irrésistible habillé*, songeai-je aussitôt. C'était à la fois une bonne et une mauvaise chose. Il haussa les sourcils pour me signifier qu'il avait surpris mon regard insistant, et je lui répondis par mon sourire le plus innocent accompagné de battements de cils.

Je ne m'étais jamais sentie aussi… folle amoureuse. Bien sûr, j'avais déjà eu des papillons dans le ventre, ressenti du désir, de l'attirance… Mais avec Brendan j'avais l'impression de devenir Cupidon. J'avais envie de sauter partout et de me jeter sur lui dès qu'il entrait dans la pièce, et je haletais énormément.

J'étais si heureuse que c'en était presque irréel, mais je n'étais pas non plus entièrement confiante. J'avais aimé Grant de tout mon être et je n'étais pas certaine de pouvoir revivre ça avec un autre. Ce qui était injuste pour Brendan.

Cependant, il m'avait clairement fait comprendre que lui-même n'était pas très porté sur les engagements à long terme. Et, à ce moment-là, j'avais bêtement acquiescé sans me rendre compte que cela pourrait plus tard se retourner contre moi.

— Ne t'en fais pas, dit Brendan en me lissant le sourcil du bout du pouce avant de me caresser la joue. On va y arriver.

Je ne savais pas s'il parlait de la sortie avec mon père ou d'autre chose. J'avais tellement de sujets d'inquiétude. Mais, lorsqu'il m'embrassa, tout cela ne me sembla soudain plus aussi important.

— C'est un voyage dans le temps, déclara Brendan en s'arrêtant devant la maison style ranch de mon père.

Le jardin était rocailleux, parsemé de quelques petits palmiers trapus. Dans ce décor, la porte rouge avec sa drôle de petite fenêtre que ma mère avait insisté pour installer ressortait étrangement, comme dans une partie de « Trouvez l'intrus ».

— C'est vrai que rien n'a changé, dis-je en descendant de voiture.

En dehors de la porte, la petite maison à deux chambres n'avait pas été modifiée depuis sa construction dans les années 1970. Tout le quartier s'était modernisé, mais elle seule était restée figée dans le temps. Mon père faisait partie de ces gens qui ne changeaient jamais ce qui n'était pas cassé. Et, apparemment, avoir cruellement besoin de rénovation n'était pas un critère suffisant.

Je passai la main par-dessus la clôture grillagée et ouvris le portail. Lorsque mon père apparut sur le seuil après mon coup de sonnette, il mit moins de deux secondes avant de regarder d'un air sans équivoque la main de Brendan posée sur ma hanche.

— Bonjour, papa !

Je le serrai dans mes bras et en profitai pour lui murmurer à l'oreille :

— N'oublie pas d'être gentil.

Papa poussa un petit soupir qui n'augurait rien de bon. Néanmoins, il afficha un sourire pour se tourner vers Brendan et lui serrer la main.

— Brendan. Ça fait longtemps.

— Oui monsieur.

— Tu joues toujours ?

— Juste un petit match de temps en temps, dès que j'en ai l'occasion.

Mon père hocha la tête en le jaugeant d'un long regard, comme il le faisait avec ses joueurs.

— Tu étais un bon lanceur. Je m'en souviens.

— D.J. aussi.

— Ça, c'est sûr ! s'écria mon père avec une tape sur mon épaule.

— C'est de famille, ajoutai-je, désireuse de prolonger la bonne humeur.

Nous entrâmes, et mon père indiqua d'un geste les boîtes en carton empilées sur la table basse.

— J'ai commandé des pizzas. J'espère que ça vous va.

— Super !

Je m'assis sur le canapé à côté de Brendan et m'emparai d'une part de pizza au pepperoni. Mon père, quant à lui, s'installa dans son fidèle fauteuil inclinable, avec tous ses petits compartiments pour ranger les télécommandes et les boissons, qui me faisait beaucoup penser au canapé de Brendan.

Une fois encore, mon père nous regarda attentivement, et je dus résister à l'envie de m'éloigner de Brendan. Mais, après tout, j'étais une adulte qui vivait une relation parfaitement épanouissante. Je n'avais rien à cacher. J'allai même jusqu'à sourire pour montrer que tout allait pour le mieux.

Mon père fronça les sourcils, et son sourire s'effaça.

— Quand Dakota m'a dit que vous veniez ensemble, lâcha-t-il, je n'avais pas compris ça comme ça.

Je m'essuyai la bouche avec une serviette et répliquai :

— Quand je t'en ai parlé, Brendan et moi n'étions pas encore ensemble.

— Oui, vous viviez seulement sous le même toit, rétorqua mon père en haussant les sourcils, qu'il avait gris et touffus, ce qui rendait le mouvement encore plus expressif.

— Mais on n'a même pas… (Je m'interrompis. Terrain glissant.) On se contente de sortir ensemble, repris-je. On prend notre temps. Je sors tout juste d'une relation sérieuse, et…

— Tu t'es presque mariée, tu veux dire. D'abord tu décides de faire ça sur une côte lointaine, où je ne peux même pas t'accompagner jusqu'à l'autel, et puis cet abruti ne prend même pas la peine de se montrer. Tu ne crois pas que tu devrais attendre un peu avant de te trouver un nouveau petit ami ? Tu as toujours été comme ça : amoureuse une minute, partie l'instant d'après. Je n'ai jamais réussi à te suivre.

Sa remarque me blessa, comme lorsqu'il me demandait comment je pouvais me laisser blesser si facilement. Il était toujours à jouer les coachs. Pour lui, les émotions étaient des faiblesses à éliminer.

Fallait-il s'étonner, par conséquent, que je passe mon temps à contenir mes sentiments et que je préfère risquer la mort plutôt que de demander de l'aide ?

Brendan posa la main sur mon genou.

— D.J. et moi avons décidé de prendre notre temps. Je sais qu'elle a peur d'aller trop vite. Cet abruti, comme vous le dites si bien, l'a blessée. Je tiens beaucoup à votre fille. Depuis toujours. Je prendrai soin d'elle, je vous le jure.

Mon père serra les lèvres. Une tension palpable s'installa entre nous tandis qu'il nous observait d'un air songeur, tordant la bouche d'un côté puis de l'autre. Je retins mon souffle. Je me sentais comme une petite fille. Je m'attendais presque à ce que mon père interdise de nouveau à Brendan de venir dormir à la maison.

Enfin, il se cala au fond de son fauteuil et poussa un soupir.

— Après tout, ce ne sont pas mes affaires, déclara-t-il. Je ne suis que son père. Elle se prétend toujours capable de prendre ses propres décisions.

— Elle en est capable, rétorquai-je. Même si elle apprécie ton inquiétude.

Le reste du repas se déroula dans une ambiance un peu plus légère. De toute façon, on pouvait difficilement faire pire. Nous évitâmes les sujets sensibles et nous cantonnâmes au football et aux potentiels gagnants du Super Bowl. (Forcément les Niners.)

Après le déjeuner, je laissai Brendan sur le canapé et suivis mon père dans la cuisine. Je voulais le coincer pour lui parler. Contrairement à lui, j'avais appris à déceler les émotions derrière les mots.

— Je n'avais pas compris que c'était si important pour toi de m'accompagner jusqu'à l'autel, lançai-je. Tu as prétendu que ça t'était égal, mais j'aurais dû comprendre que tu y tenais.

Il haussa les épaules et ouvrit sa canette d'Orangina.

— Ça m'est égal. J'ai seulement parlé de ça pour appuyer mon propos. Tu allais te marier et tu étais heureuse, et j'étais heureux pour toi. Jusqu'à cette histoire, Grant m'avait fait bonne impression.

— Nous n'étions pas faits l'un pour l'autre, voilà tout. Il m'a peut-être rendu service, finalement. Même si ça me fait toujours très mal.

Mon père rouvrit le frigo et me tendit une canette, comme si c'était la solution à tous mes problèmes. Quand j'étais petite, cela semblait marcher. Un genou écorché ? Des devoirs que ni lui ni moi ne parvenions à résoudre ? « Prends un soda orange. » J'en avais probablement bu tout un pack au cours des quelques jours qui avaient suivi le déménagement de Brendan. Chaque fois que les larmes me montaient aux yeux, mon père m'en donnait une.

J'ouvris ma canette et en pris une gorgée, appréciant la sensation familière des bulles au fond de ma gorge. Avec mon addiction au café, j'avais presque oublié le bonheur simple de boire un soda orange.

— Je ne pensais pas ressortir avec un homme aussi vite, repris-je. Mais il me rend heureuse, papa. Il y a un mois, je ne pensais même pas que c'était encore possible.

Mon père racla du bout de sa chaussure le linoléum délavé, peinant visiblement à exprimer sa pensée.

— Je sais que je ne t'ai été d'aucune aide pour tes histoires d'amour, déclara-t-il enfin. Tu aurais eu besoin d'une femme à la maison. Mais je ne veux pas qu'on te fasse du mal. Je te l'ai dit, tu t'emballes toujours tellement vite… Une minute, tu aimes un homme, et, l'instant d'après, on doit appeler les pompiers à cause d'une séance de spiritisme qui a mal tourné.

— Ce n'était pas du spiritisme, protestai-je en levant les yeux au ciel. Ce n'était qu'un… rituel de purification. Et c'était il y a des années.

— Et ensuite il y a eu le mec suivant, puis celui de la fac, puis cet accro au jeu…

— J'ai compris, papa ! Pas besoin de me faire visiter le musée des horreurs relationnelles !

— Ce que j'essaie de te dire, c'est : ne te précipite pas. Prends le temps de réfléchir avant d'agir.

— J'essaie.

Mais, parfois, l'amour se fout du bon sens. Je le savais mieux que quiconque. J'avais vu des couples absolument mal assortis qui fonctionnaient très bien, j'avais entendu des histoires d'amour qui allaient à l'encontre de tout ce que l'on qualifierait normalement de « romantique ». Mais je me tus, parce qu'il aurait répliqué que c'était absurde. Malgré ce qu'il prétendait, je voyais bien que ne pas avoir pu venir à mon mariage, même si ce dernier n'avait pas eu lieu, l'avait contrarié.

Bien sûr, il était trop entêté pour l'admettre. C'était un de ses traits de caractère dont j'avais probablement hérité, même si, à ses yeux, je n'étais qu'une petite fille faible et influençable.

En grandissant, j'avais compris pourquoi ça n'avait pas marché entre lui et ma mère. Bien sûr, elle l'avait quitté pour sa carrière, mais il n'y avait pas que cela. Elle avait besoin d'être comprise, et papa ne savait pas faire ça. Et, de son côté, elle-même n'avait pas pris le temps de voir que lui aussi avait des sentiments si l'on y regardait de plus près.

— Tu seras toujours ma petite fille, dit-il.

— Et tu seras toujours mon vieux, rétorquai-je.

Mon père éclata de rire puis jeta un coup d'œil à Brendan, toujours dans le salon, désireux de nous laisser discuter entre nous.

— Brendan a toujours été un bon garçon, déclara-t-il. Et j'apprécie sa volonté de prendre soin de toi.

Sur ces mots, il fit craquer ses phalanges, comme si cet aveu nécessitait un geste typiquement masculin pour le ramener à un niveau acceptable de virilité.

— Bon, je vais rassembler mon matos et on part tous au stade ! À moins que tu n'aies changé d'avis pour le match ?

— Je ne raterais ça pour rien au monde !

Je levai ma canette pour trinquer avec lui, puis il disparut dans le garage pour y effectuer son mystérieux rituel de préparation pré-match qui lui prenait toujours sept minutes trente.

Je revins dans le salon, et Brendan se leva.

— Alors, tout est arrangé ? demanda-t-il avec l'air de déjà connaître la réponse.

— Tu es télépathe ?

— Un peu, répondit-il d'un air rusé. J'ai vu ton père sourire, donc j'imagine que ça s'est bien passé. Et puis mes feuilles de thé me l'ont prédit ce matin même.

— C'est plutôt de la clairvoyance, du coup. Ou peut-être de la divination.

— Je touche un peu à tout, répliqua-t-il en haussant les épaules.

Je posai les mains sur sa taille.

— Et alors, demandai-je, qu'est-ce qu'elles t'ont révélé d'autre, tes feuilles de thé ?

— Que tu meurs d'envie de m'entraîner dans ta chambre.

Il me mordilla la lèvre inférieure, et je sentis mon pouls s'emballer.

— J'ai tellement de souvenirs associés à cette chambre, poursuivit-il. J'aimerais voir à quel point elle a changé avec les années.

Je jetai un coup d'œil en direction du garage, puis le pris par la main pour l'entraîner dans le couloir. Si les feuilles de thé l'avaient prédit, je ne pouvais pas lutter. J'ouvris la porte de mon ancienne chambre, et nous y découvrîmes un véritable bric-à-brac. La pièce était remplie d'équipements sportifs, et il y avait même un vieux magnétoscope dont mon père se servait encore pour visionner ses cassettes. Il était enfin passé au numérique un an auparavant, mais certaines cassettes recélaient des matchs cultes de la NLF, y compris des moments forts du Super Bowl, et il n'avait pu se résoudre à abandonner son magnétoscope.

Je secouai la tête, dépitée, devant tout ce bazar que je brûlais de ranger.

— Et après ça il se demande pourquoi je n'ai pas envie de revenir, soupirai-je. Il n'y a plus de place pour moi, ici.

— Il y a toujours tous tes posters de foot, remarqua Brendan.

Il y en avait un de David Beckham, pour des raisons évidentes, et un autre de Mia Hamm, l'athlète que j'avais prise comme modèle. Il y avait également quelques photos de l'équipe du lycée, que Brendan n'avait jamais vues puisqu'il avait déjà déménagé. J'adorais le football, mais j'avais vite compris que je ne voulais pas y jouer à un niveau professionnel. J'avais trop de centres d'intérêt différents et, après quatre années dans l'équipe du lycée, j'en avais eu assez.

— Et voilà tes premiers moments de féminité, s'esclaffa Brendan en désignant des photos de moi et de mes amies, toutes pomponnées pour le bal de promo du lycée. Il n'y avait pas de mecs avec vous ?

— Je me suis débarrassée des photos où ils apparaissaient après que mon cavalier m'a plaquée. Avec mes copines, on a organisé une cérémonie de Purifie-Toi De Ton Connard D'Ex pour les brûler.

C'était vraiment cathartique, jusqu'au moment où un buisson a pris feu dans le jardin. On a dû appeler Larry, un ami pompier de mon père, pour l'éteindre.

Brendan se laissa tomber sur le lit et m'attira tout contre lui.

— Tous les souvenirs que ça réveille…, dit-il. (Il se pencha en arrière pour ouvrir la fenêtre et passa son doigt sur une petite fissure dans la vitre.) C'est toujours là.

— Ouais… La prochaine fois que tu essaies d'entrer en douce, préviens-moi. Comme ça, j'ouvrirai la fenêtre.

— J'avais tellement peur que ton père ne me surprenne… J'étais persuadé qu'il allait me tuer et m'enterrer au fond du jardin. Je n'arrêtais pas de me dire que ça ne valait pas la peine de prendre tant de risques, mais on s'amusait tellement que je revenais toujours.

— J'avais hâte d'être à ces soirs-là, avouai-je en lui caressant pensivement l'avant-bras. Mais j'étais aussi terrifiée à l'idée que mon père t'attrape et nous tue tous les deux.

Je fermai les yeux et me remémorai ce que nous étions à l'époque, si jeunes et innocents, allongés sur mon lit à parler de sport, à plaisanter et à élaborer de nouvelles stratégies pour notre prochaine partie de Fugitif.

— J'ai été dévastée quand tu as déménagé, repris-je en ouvrant les yeux pour le regarder. Je voulais être la fille forte qui ne versait jamais une larme, mais j'ai pleuré pendant des semaines. Après ton départ, ce n'était plus pareil avec les autres garçons. Je suis restée solitaire pendant quelques années.

— Ça me tue de l'admettre, mais j'ai peut-être moi aussi versé quelques larmes. (Il rougit et frotta les paumes de ses mains sur son jean, puis secoua la tête.) Je n'arrive pas à croire que je viens de te dire ça.

Je cognai mon épaule contre la sienne.

— Ce n'est pas grave. Je ne le dirai à personne.

Il me prit par la main et enroula les doigts autour des miens.

— À la fin, quelques mois avant le déménagement, j'ai commencé à avoir envie de t'embrasser.

— Ah oui ? fis-je, la gorge sèche.

— Mais je n'arrêtais pas de me dégonfler. Je me disais que ce serait bizarre. Mais, après mon départ, j'ai eu des regrets.

— Et maintenant… ?

Il se pencha sur moi. Nos souffles se mêlèrent un instant, puis il posa les lèvres sur les miennes.

— Maintenant, je suis content d'avoir enfin osé.

— Moi aussi.

J'entendis les pas lourds de mon père dans le salon, signe que la voiture était prête à partir. Avec les années, j'avais passé une infinité de week-ends derrière la ligne de touche. Puis, lorsque j'avais eu à peu près le même âge que les joueurs, j'étais devenue une « distraction » et avais dû m'installer dans les gradins. C'était à cette période que j'avais cessé d'assister aux matchs en déplacement. J'avais mes amies de l'équipe de football du lycée et passais de nombreuses soirées chez elles, à apprendre à me maquiller et à échanger des ragots sur les garçons.

J'embrassai Brendan une dernière fois – rien qu'un petit baiser –, et nous revînmes dans le salon.

Papa leva les yeux de son porte-bloc.

— Qu'est-ce qu'on attend ? fit-il en enfilant sa casquette vert et orange. On a un match à gagner.

« On » : c'était pour cette raison que je serais toujours la petite fille de mon père. Même s'il me criait parfois dessus et me faisait remarquer que je tombais amoureuse trop facilement, ce dont j'étais déjà douloureusement consciente lorsque je regardais Brendan et me rendais compte à quel point je m'y étais déjà attachée. Mon père était là quand j'avais vraiment besoin de lui, et « on » s'était toujours battus ensemble contre les tracas de la vie.

Et si un jour il me reprenait l'envie de marcher jusqu'à l'autel – un énorme « si » qui faisait monter ma tension artérielle rien que d'y penser – il serait là pour m'y conduire.

Chapitre 21

Je venais de recevoir un texto de Brendan : en raison d'un incident survenu au casino, il devait faire une journée double et ne rentrerait pas avant le lendemain soir. Personnellement, je trouvais qu'« incident » était un mot un peu faible pour un événement capable de causer ce genre de réaction, mais, pour ce que j'en savais, ce n'était peut-être qu'une simple affaire de triche au black-jack

D'une certaine manière, c'était une bonne chose : je devais commencer à rédiger mon article, et la présence de Brendan nuisait à ma concentration. J'étais bloquée depuis une heure devant la page blanche de mon écran, avec ce stupide curseur qui ne cessait de clignoter. Mais je ne me laisserais pas abattre. J'avais pour objectif d'offrir à Las Vegas un accès direct à ma vie, avec mes propres mots, et je remplissais toujours mes objectifs. Je pensais m'être faite à l'idée, mais mettre mon histoire par écrit me donnait l'impression que quelqu'un avait plongé sa main dans ma poitrine pour m'attraper le cœur et le serrer un peu plus fort à chaque ligne que j'écrivais.

Je n'aimais pas me sentir vulnérable, et j'aimais encore moins l'idée que quelqu'un le lise.

Je dus m'y reprendre à cinq fois pour donner à mon article la tournure que je voulais, et le résultat final fut bien plus long que tout ce que j'avais jamais écrit, mais il était temps d'apporter quelques bémols à mon image de pauvre mariée larguée devant l'autel. De préférence avant que Phoebe me fasse passer pour une espèce de pathétique rencardeuse en série incapable d'attendre avant de se jeter dans les bras d'un autre homme. Bien sûr, c'était vrai que je n'avais pas attendu très longtemps, mais là n'était pas la question. Cela dit, je ne voulais pas non plus donner l'impression que je n'avais pas été affectée par ce qui s'était passé, genre : « Hé, les filles ! Me faire plaquer le jour de mon mariage est la meilleure chose qui me soit arrivée, vous devriez essayer ! »

Dès que j'eus fini de me relire afin de corriger les fautes de frappe et de vérifier la fluidité de l'ensemble, je me calai confortablement sur ma chaise pour siroter mon deuxième verre de vin. Peut-être était-ce la raison pour laquelle j'étais satisfaite de ce que j'étais parvenue à rédiger.

Une partie de moi me disait que je devrais attendre le matin pour me relire et prendre un peu de recul, mais je craignais de me dégonfler. J'écrivis donc un mail à Tess, mis le fichier en pièce jointe et plaçai le curseur de la souris sur le bouton « Envoyer ».

Très vite, je cliquai. À cet instant, un frisson d'excitation me parcourut, venant s'ajouter à la nausée qui me tordait l'estomac. Ce n'était pas une combinaison que je recommanderais, mais au moins c'était fait.

Il ne me restait plus qu'à espérer que je ne venais pas de commettre une énorme erreur.

La fin de la semaine se déroula dans une frénésie de nappes à rallonger, de tissu à dénicher et de rendez-vous avec Valentina et sa mère pour régler les derniers détails du mariage, au cours duquel M. Maddox fit une apparition. Brendan travaillait beaucoup, et je passais moi-même mon temps à régler des problèmes en cascade – il y avait des semaines comme ça. Ce soir-là, cependant, nous avions des projets, et mon impatience devait m'aider à tenir le coup jusqu'au bout de la journée.

C'est alors que j'aperçus le *Beacon* dans ma pile de courrier. Même si je connaissais déjà le contenu de mon article, je me sentis obligée de l'ouvrir pour le voir imprimé.

Prête-à-marier, par Dakota Halifax

Quand les « oui, je le veux » se changent en « non, je ne veux plus »

Avez-vous déjà désiré quelque chose au point d'être prête à n'importe quoi pour y arriver? Avez-vous déjà eu l'impression d'avoir perdu de vue ce qui comptait vraiment ? Vous êtes-vous déjà demandé comment vous êtes devenue la personne que vous êtes aujourd'hui ? Il y a quelques mois, j'ai rédigé un article pour partager le bonheur que je ressentais à l'approche de mon mariage. Au cas où vous ne seriez pas au courant, mes noces n'ont pas eu lieu. Est-ce arrivé à cause d'une mauvaise organisation ? Non. Ce mariage était très bien organisé, je vous assure. C'est même la seule chose que j'ai faite convenablement.

J'ai été élevée par un père formidable, qui compte beaucoup pour moi et qui a fait un travail fantastique, mais j'ai toujours rêvé d'une vie de couple traditionnelle, avec deux personnes qui s'aiment et vivent sous le même toit en élevant ensemble leurs enfants. Petite, j'enviais les familles « normales », comme celles de mes amis. C'était du moins l'image que je m'en faisais. Je suis une femme déterminée et, une fois que je me suis fixé cet objectif de vie, j'ai cherché un moyen de le réaliser. Et j'en étais si proche… Mon rêve était à portée de main. Bien sûr, il ne s'agissait pas seulement d'atteindre mon objectif : j'étais amoureuse. Hélas, mon histoire d'amour n'a pas eu la fin heureuse que j'espérais.

Est-ce que ça m'a fait mal d'attendre un fiancé qui n'est jamais venu ? Je n'ai même pas les mots pour décrire à quel point ça m'a dévastée. J'ai pourtant eu mon compte de chagrins d'amour, mais ceux-là n'étaient rien en comparaison. C'était comme si ma vie s'effondrait tout autour de moi et que je ne pouvais rien faire d'autre que de pleurer. Oui, j'ai pleuré. Et je déteste ça. Vraiment.

Toutefois, cette malheureuse histoire m'a permis de comprendre certaines choses. Je m'étais perdue dans le tourbillon des détails du mariage et dans l'idée que je m'apprêtais à réaliser mon rêve. J'avais oublié que l'amour ne pouvait pas tenir dans la jolie petite boîte où j'avais voulu le faire entrer. Alors, maintenant, je redécouvre qui je suis. Je réapprends à être une personne à part entière. Je pense à l'amour sous une nouvelle lumière. Et vous savez quoi ? J'ai appris que j'étais plus forte que ce que je croyais. Qu'il n'y a pas de famille normale ni de date butoir. Il ne s'agit pas d'une course. Il n'y a pas de check-list à remplir. S'il y en avait une, je peux vous assurer que je l'aurais trouvée.

Peu importe à quel point votre vie est bien réglée, il y aura toujours des hauts et des bas. L'inattendu peut se produire. Parfois, on a l'impression que tout arrive pour une bonne raison et, d'autres fois, que l'univers se paie une bonne crise de rire à nos dépens. Mais, au final, je suis heureuse d'avoir vécu des aventures inattendues.

Suis-je heureuse d'être l'organisatrice de mariage dont le mariage ne s'est pas passé comme prévu ? Pas vraiment. Suis-je heureuse de ne pas m'être

mariée ? Eh bien, j'ai eu un bon moment pour y réfléchir et, même après toute cette douleur, oui, j'en suis heureuse.
Désirer une chose, peu importe à quel point, ne signifie pas toujours que cette chose soit bonne pour vous. Il faut parfois apprendre à lâcher prise. Voici donc mon conseil à toutes, et surtout aux futures mariées : prenez le temps de découvrir ce que vous voulez vraiment. Ne faites pas de compromis (à moins qu'il ne s'agisse d'une question de budget, auquel cas je suis passée experte dans l'art du plan B). J'ai redécouvert la petite fille que j'ai été. J'ai la chance d'avoir de bons amis qui m'ont soutenue durant cette épreuve. Sans eux, je ne m'en serais pas sortie.
Alors, si vous avez déjà été blessée, sachez que vous n'êtes pas seule. Je suis passée par là. J'en souffre encore parfois, mais ça va déjà mieux. Et j'ai hâte de connaître la suite.

— Je crois que je vais vomir, dis-je dans mon bureau désert.

Les gens allaient vraiment lire « ça » ? Qu'est-ce qui m'avait pris ? Je me sentais comme dans un de ces rêves où je courais nue dans la rue. Seulement, cette fois, je n'avais pas de vêtements à enfiler pour camoufler ma honte. C'était là, dans le journal, noir sur blanc. Les gens allaient savoir que j'avais pleuré. Que j'étais humaine.

— Je crois que je préférerais encore être un robot…

Le téléphone de mon bureau se mit à sonner. Je décrochai machinalement.

— Le DJ vient de me laisser tomber pour le mariage ! hurla une voix de femme en pleine hystérie de niveau Fuchsia. (Je passai en revue mes mariées, essayant de mettre un visage sur cette voix.) On l'a réservé depuis des mois parce que c'est l'un des seuls à passer des chants hindous, et maintenant il nous abandonne ! Qu'est-ce que je vais faire ?

Padma. Bien sûr. Je ne devais décidément pas être en grande forme si je n'étais pas parvenue à reconnaître sa voix dès la première seconde.

— Ne vous en faites pas, répondis-je d'une voix apaisante spécialement étudiée pour faire redescendre la situation de quelques niveaux de couleur. Je vous trouverai un nouveau DJ avec la musique que vous voulez d'ici à la fin de la journée.

En rentrant à la maison, je découvris Brendan et Cupidon occupés à jouer à la balle dans le salon. Tous deux se figèrent un instant en me voyant entrer, comme pris en faute. Puis Cupidon m'apporta sa balle couverte de bave, probablement pour m'assurer à sa manière que ce serait toujours moi sa maîtresse. En dépit de la bave, j'appréciai l'attention. Je pris le jouet dans sa gueule et le lançai dans le couloir. Il bondit après, la langue pendante, faisant cliqueter ses griffes sur le sol.

Brendan m'observa une seconde, puis ouvrit grands les bras.

— Viens ici.

En soupirant, je le rejoignis et le laissai me serrer contre lui.

— Est-ce que tu as idée à quel point c'est difficile de trouver un bon DJ spécialisé en musique hindoue ?

— Je n'en sais rien, mais j'ai comme l'impression que ce visage triste n'est pas dû qu'au travail.

Était-ce si évident ? C'était donc ce qui arrivait quand on se mettait à nu devant le monde entier ? Bien sûr, je savais que Brendan était capable de lire en moi comme personne, mais cela ne suffit pas à me remonter le moral.

— Je me sens tellement nue et vulnérable… Je n'aime pas ça du tout.

Brendan me frôla la joue du bout du nez.

— Je ne vois pas ce qu'il y a de mal à être nue, murmura-t-il.

— Je ne parle pas de ce genre de nudité, gémis-je en fermant les yeux avant de me blottir plus profondément entre ses bras.

Cupidon revint nous tourner autour, sa balle entre les dents, mais en voyant qu'aucun de nous ne semblait vouloir bouger il abandonna et s'en alla dans la cuisine.

— J'ai lu ton article, dit Brendan. Il était très bon.

Je grimaçai.

— Je ne sais pas. Je pensais que je serais contente d'avoir exposé ma version des faits, mais, pour le moment, j'ai juste envie de me cacher au fond d'un trou et de ne plus jamais en sortir.

Mon article n'avait rien appris à Brendan. Après tout, il avait été le premier témoin de ma douleur. Savoir qu'il l'avait lu était à la fois rassurant, parce que je savais qu'il me soutenait, et angoissant, parce que cela avait dû lui rappeler ce côté brisé de ma personne que je peinais toujours à accepter.

— Je croyais que j'avais tourné la page – et c'est le cas, en grande partie –, mais le fait de coucher toute l'histoire sur le papier et de savoir que les gens la lisent a fait remonter tout un tas d'émotions...

— Ne sois pas si dure avec toi-même. Ce qui serait inquiétant, ce serait que tu ne ressentes rien, dit-il en me caressant le bras du bout des doigts. Tu as ouvert ton cœur dans cet article. C'est courageux et positif. Les gens vont s'identifier à toi.

Je relevai la tête et examinai attentivement les profondeurs sombres de ses yeux.

— Merci, mais je n'aime toujours pas ça. C'était censé me redonner de la force, et j'ai l'impression d'être en miettes. Bon, je ne pleure pas tout le temps, c'est déjà ça. Pas comme le jour où tu as débarqué dans mon bureau. Je n'en reviens toujours pas que tu ne sois pas parti en courant. Tu aurais peut-être dû, d'ailleurs. Ce n'est toujours pas trop tard, mais, vu notre arrangement locatif, ça risque d'être un peu compliqué. Tant pis pour toi.

J'avais eu l'intention de plaisanter pour alléger l'atmosphère, mais mon succès était mitigé.

Brendan me souleva doucement le menton.

— Tu ne comprends toujours pas ? fit-il. Le jour où je suis entré pour la première fois dans ton bureau, j'ai tout de suite su que j'étais perdu. Je pensais seulement que ce serait sympa de te revoir, mais quand tu as levé ton beau visage, avec tes joues toutes noires de mascara, j'en ai oublié mon nom. Pendant qu'on parlait, je me répétais de me calmer, que tu étais D.J., mon amie d'enfance. Mais, dès cet instant, je n'ai plus réussi à penser à autre chose qu'à toi.

À ces mots, l'angoisse qui me comprimait la poitrine se dénoua, remplacée par une joie profonde.

— Toi aussi, tu m'as fait beaucoup d'effet, avouai-je. Je n'arrêtais pas de me dire d'arrêter de te reluquer. Et puis c'était tellement facile de parler avec toi... Je me sentais tellement mieux en ta compagnie... (Je me collai contre lui et me tus un instant pour respirer son parfum familier et sentir sa peau tiède contre la mienne.) Sans toi, je ne sais pas comment j'aurais survécu à ces derniers mois. Tu sais que je suis un petit peu folle de toi, non ? conclus-je en tournant la tête pour poser les lèvres sur sa joue.

Je vis le contour de ses yeux se plisser et devinai son sourire.

— Rien qu'un « petit peu » ? demanda-t-il d'un air faussement déçu.

Il plaisantait, c'était évident, mais une pointe d'appréhension me transperça. Je songeai à mon père, qui m'avait fait remarquer ma tendance à tomber amoureuse trop vite. Il avait raison. Je voulais être forte, faire comme si tout allait bien, mais, au fond de moi, j'étais toujours dévastée quand un homme ne me rappelait pas ou qu'une relation se terminait.

Brendan n'était pas seulement l'homme pour qui j'avais craqué, il était aussi mon meilleur ami. Ce n'était pas pareil. Me lancer dans une relation avec lui, c'était sauter d'un avion sans vérifier si j'avais pris un parachute. Et, s'il ne s'ouvrait pas, je m'écraserais au sol sans la moindre chance de m'en remettre.

— Ça va mieux ? demanda Brendan en reculant pour me regarder. Tu n'es plus en code Rose ?

— Code Fuchsia, corrigeai-je machinalement en songeant à part moi que nous avions peut-être réellement un problème de niveau Fuchsia.

Brendan m'entraîna vers le canapé.

— On peut peut-être changer ça en Passion Pourpre, dit-il en s'asseyant pour m'attirer sur ses genoux.

Ses mains se posèrent sur mes cuisses. Aussitôt, mes inquiétudes se perdirent dans un brouillard avec toutes mes autres pensées. Il m'attira plus près encore, jusqu'à ce que nos lèvres se frôlent et que nos corps ne fassent plus qu'un.

Il pencha la tête et fit courir ses lèvres le long de ma clavicule. Je me cambrai contre lui en remuant les hanches, lui arrachant un gémissement, et, l'instant d'après, j'étais couchée sur le dos, délicieusement clouée au canapé par le poids de son corps. Nous nous entremêlâmes dans un tourbillon de bras et de jambes, de baisers et de caresses. Je soulevai sa chemise et suivis du bout des doigts les muscles fermes de son ventre. Je nouai mes jambes autour de ses hanches, faisant remonter ma jupe. Brendan en profita, et je sentis ses mains glisser le long de mes cuisses.

C'était fini. Peut-être étais-je en train de me jeter de l'avion sans parachute, et peut-être était-ce un peu effrayant et un peu rapide, mais je ne pouvais plus attendre.

À cet instant, le portable de Brendan se mit à sonner, vibrant contre ma hanche. Brendan poussa un juron. Il se souleva légèrement et prit quelques profondes inspirations tandis que son téléphone continuait à sonner.

— C'est la sonnerie de M. Maddox. Je suis vraiment désolé, mais je vais devoir décrocher.

Lorsqu'il attrapa son téléphone, je fus presque sûre de l'entendre murmurer : « On dirait bien que ce soir je suis parti pour un code Bleu. »

Je me couvris la bouche pour dissimuler un sourire, parce que ce n'était pas vraiment amusant. J'étais à la fois excitée et soucieuse.

— Ils sont de retour ? demanda Brendan au téléphone en se passant la main dans les cheveux. Non, je comprends. J'arrive dès que possible. (Il raccrocha et poussa un profond soupir.) On a des clients VIP qui ont besoin de mesures de sécurité particulières, et apparemment ils m'aiment bien. Je ne vais pas m'en plaindre, mais le souci, c'est qu'ils veulent que je sois présent vingt-quatre heures sur vingt-quatre. Ils seront là toute la semaine.

Nos regards se croisèrent, et je sentis monter en moi comme une bouffée de chaleur.

— J'avais prévu de te faire sortir ce soir, ajouta-t-il.

De l'index, j'attrapai un des passants de sa ceinture.

— Ah bon ? répliquai-je. J'avais plutôt l'impression qu'on était bien partis pour rester ici.

— Tu ne m'aides pas vraiment, là, grogna-t-il en passant le pouce sur ma lèvre inférieure. Je t'aurais bien proposé de venir avec moi à l'hôtel, mais tu risquerais de trop me distraire. Et puis je serais capable de tuer quelqu'un si on nous interrompt encore une fois. Tu ne pourrais pas être un peu moins sexy ?

Je plissai le nez et lui tirai la langue, lui offrant ma meilleure grimace, qui n'aurait pas manqué de faire fuir à toutes jambes le pire des obsédés sexuels.

— Bien essayé, mais c'est toujours beaucoup trop mignon. (Il se pencha sur moi, ses lèvres tout contre mon oreille.). Dès que possible, on va finir ce qu'on a commencé.

À ces mots, un agréable frisson me parcourut l'échine. Il déposa un baiser sur mon petit endroit sensible juste en dessous de l'oreille, puis se redressa.

— Et cesse de t'inquiéter pour ton article, d'accord ? Il était très bon.

Une agréable tiédeur m'emplit la poitrine, très différente de la chaleur ardente qui courait toujours dans mes veines. Un dernier baiser, et Brendan disparut dans sa chambre. Il en ressortit quelques minutes plus tard, vêtu d'une veste noire et d'une cravate noire et brillante. Il ressemblait exactement à l'agent de sécurité que voulaient voir ces gens importants. J'étais presque tentée de l'engager comme garde du corps personnel, mais je doutais de pouvoir le payer aussi bien que ses clients.

Pas avec de l'argent, en tout cas. *Ce n'est pas ce genre de pensées qui va arranger la situation*, me réprimandai-je. Brendan s'arrêta devant la porte d'entrée, et je lui soufflai un baiser. Pas de doute : j'étais foutue. Dès que la porte se referma derrière lui, Cupidon revint dans la pièce.

Je tendis la main pour caresser mon fidèle compagnon.

— Je crois que j'ai un problème, Cupidon. Est-ce que tu m'as tiré une flèche ?

Mon chien me jeta un regard perplexe.

— Je pense que je l'aime déjà, avouai-je.

Le problème, c'était la tête que faisait toujours Brendan en entendant le mot « mariage ». Ce qui, étant donné mon travail, arrivait souvent. Je ne pus m'empêcher de penser à la conversation que nous avions eue au sujet de son ex-petite amie. Il avait été très clair : ce n'était pas son truc. Bien sûr, je n'étais moi-même pas encore prête à me marier – rien que l'idée me terrifiait –, mais je n'étais pas sûre que ce soit très judicieux de m'attacher autant à un homme qui ne s'y intéressait absolument pas.

Chapitre 22

À la fin du dernier cours de gestion de la colère, juste avant de s'en aller, Ron nous mit au défi de nous lier d'amitié avec une personne qui nous avait fait du tort. Il nous prévint que ce ne serait pas facile et nous conseilla de faire marche arrière si nous sentions que la situation risquait de déraper. Selon lui, si j'apprenais à connaître Phoebe, je serais moins tentée de lui attribuer des intentions malveillantes ou de lui faire porter la responsabilité de mes problèmes.

J'étais sceptique, mais j'avais tout de même ajouté l'idée à ma liste de tâches. Ce jour-là, en me rendant au bureau de Tess, je me sentis prête à amorcer le processus de paix. Ainsi, en passant devant le poste de travail de Phoebe, je me forçai à sourire et lâchai :

— Bonjour, Phoebe.

Elle pivota sur son siège, les yeux écarquillés de terreur. En toute hâte, elle attrapa son téléphone et le tint devant elle comme une arme.

— Qu'est-ce que tu veux ?

Le jour de l'altercation, je m'étais dit qu'elle jouait la comédie en faisant mine d'avoir peur de moi, mais elle semblait réellement effrayée. Je ne pus m'empêcher de ressentir une vague satisfaction, même si cela n'allait pas vraiment dans le sens de l'interaction amicale.

— Je voulais seulement te dire bonjour. Comment se portent les cercles mondains de Vegas ? Tu as espionné une célébrité intéressante dernièrement ?

Elle rabaissa son téléphone de quelques centimètres.

— Pour le savoir, tu devras lire ma rubrique.

— J'ai hâte.

Elle me dévisagea d'un air suspicieux, comme si mes gentillesses ne lui inspiraient pas confiance. Sans me démonter, je m'obligeai à sourire plus largement encore. Nous n'en étions pas à nous faire mutuellement des tresses, mais nous n'allions pas non plus nous tirer par les cheveux. Personnellement, je ne me battais jamais ainsi – j'avais passé bien trop d'années à traîner avec des garçons –, mais j'étais certaine que Phoebe était une tireuse de cheveux.

J'adressai quelques signes de la main et hochements de tête aux autres journalistes, puis poursuivis ma route en direction du bureau de Tess. La porte était ouverte, mais je frappai pour m'annoncer.

— Prête pour notre rendez-vous ? demandai-je.

— Oui, oui. Ferme la porte et assieds-toi.

Tess tenait à la main une grosse enveloppe en papier kraft, tellement pleine qu'elle semblait sur le point de se déchirer.

— Tu sais ce que c'est ? demanda-t-elle.

— Pas la moindre idée.

— Le courrier des lecteurs.

— Les lecteurs écrivent toujours des lettres ?

— Certains. Je reçois aussi beaucoup de mails. Mais ça, fit-elle en jetant l'enveloppe de l'autre côté de son bureau, ce sont des réactions à ton article. J'ai aussi imprimé les mails. Je me suis dit que ça t'intéresserait de voir ce que disent les gens.

Je saisis l'enveloppe par un coin et la soulevai comme si je craignais qu'elle ne me saute au visage.

— Je ne suis pas sûre d'avoir envie de savoir.

— Crois-moi, tu en as envie. Il n'y avait que deux ou trois lettres d'insultes, et je ne les ai pas incluses.

Voilà qui est rassurant.

Tess s'empara d'un stylo qu'elle tapota contre le bord de son bureau.

— Tu as su toucher les gens, reprit-elle. Ils s'identifient aux ruptures, aux chagrins d'amour, aux efforts que l'on fait pour s'en remettre. Je savais que cet article aurait du succès, mais même moi, j'ai sous-estimé les réactions. On a reçu du courrier de tout le pays.

Tout le pays ? Waouh !

En y repensant, cela expliquait peut-être mon récent regain d'activité au bureau.

— Merci de m'avoir poussée à le faire, dis-je.

Je n'étais toujours pas sûre d'aimer faire étalage de mes sentiments, mais il fallait bien admettre que, malgré ma peur panique de me sentir nue et vulnérable, l'expérience avait été libératrice. Sans compter que cela m'aidait à m'ouvrir auprès de Brendan. À cause de ses clients VIP, il avait été coincé au casino pendant toute une semaine. Les conversations téléphoniques et l'unique dîner que nous avions réussi à caser au *Terra*, le restaurant du casino, avaient été nos seules interactions. Ses clients devaient repartir le samedi, jour du mariage Jones/Taylor, et Brendan et moi aurions alors le dimanche entier pour nous deux. J'avais ma petite idée sur la façon dont nous allions le passer, et je comptais les heures.

Je serrai l'enveloppe sur ma poitrine, prévoyant de lire les lettres en soirée, Cupidon à mes côtés, un mauvais film à l'eau de rose en guise de fond sonore. J'avais cru que regarder ce genre de films n'aurait pour seul effet que de me faire pleurer et de me lamenter sur mon sort, mais, à présent que ma foi en l'amour était revenue, j'étais prête à voir des personnages fictifs tomber amoureux l'un de l'autre. Du moins, tant que le mot commençant par « M » n'était pas invoqué. Je passais déjà bien trop de temps à m'angoisser à ce sujet.

— J'ai hâte de lire ton prochain article, déclara Tess. C'est bien de conserver un ton drôle et léger la plupart du temps, mais souviens-toi de l'impact que peut avoir un texte un peu plus profond de temps en temps. Après tout, tu es en train de devenir une célébrité dans la région.

J'éclatai de rire et la remerciai.

Je quittai son bureau, pressée de retrouver le brillant soleil de l'après-midi, lorsque Phoebe me coupa la route.

— On m'a dit que tu sortais avec un employé de la sécurité du nouveau casino, l'*Aces Resort*, lâcha-t-elle. À ce qu'il paraît, c'est même le bras droit de M. Maddox.

Mon regard se posa sur son iPhone, qu'elle tendait vers moi, visiblement pour m'enregistrer. J'avais essayé d'être gentille, et à présent elle tentait d'en profiter. Foutu Ron !

— Je ne ferai pas le moindre commentaire sur ma vie privée, Phoebe.

— Dans ce cas, j'imagine que je vais devoir creuser moi-même. Je me demande ce que je vais trouver… Qu'est-ce que tes proches vont bien pouvoir me dire de votre relation ?

Personne ne savait grand-chose de notre relation. Jillian, mon père et les collègues de Brendan étaient certainement les mieux informés, mais ils ne diraient rien. Cependant, je n'avais aucune envie que Phoebe se colle à nos basques telle une sangsue pour tenter d'obtenir une info croustillante qui n'existait pas.

— Tu sais ce qui est vraiment injuste ? demanda Phoebe.

Je haussai les sourcils sans mot dire, craignant de répondre à la question et de briser cet instant d'intimité cordiale, si c'était bien de cela qu'il s'agissait.

— Je pensais que tu allais enfin descendre de tes grands chevaux, poursuivit-elle.

Apparemment, je ne vais pas avoir besoin de gonfler des ballons pour fêter notre nouvelle amitié…

— Mais non ! Tu te contentes d'aller de l'avant, comme si rien ne s'était passé. Tu te trouves un nouveau mec comme ça, cracha-t-elle en claquant des doigts.

Je voulus répliquer que ce genre de choses arrivait quand on était gentil avec les gens, mais je vis alors de vraies larmes lui monter aux yeux.

— Tu crois que ça m'amuse, de suivre les relations amoureuses de tout le monde ? gémit-elle. Tu crois que je n'en voudrais pas une, moi aussi ? Tu ne te rends pas compte à quel point c'est dur d'être seule !

Cette conversation vient de sauter toutes les couleurs pour passer directement au Fuchsia ! Généralement, les gens y grimpaient peu à peu. Je n'avais jamais assisté à une telle évolution, mais, s'il y avait une situation pour laquelle j'étais toujours prête à intervenir, c'était bien un chagrin d'amour.

Normalement, à cet instant, je serrais ma mariée dans mes bras pour la consoler, mais Phoebe aurait été capable de me poursuivre pour harcèlement sexuel. Je me contentai donc de lui tapoter doucement l'épaule.

— Je connais des tas d'hommes qui adoreraient sortir avec toi, assurai-je.

Si elle assistait à un mariage, n'importe lequel, les garçons d'honneur se jetteraient sur elle comme des mouches sur un pot de miel.

— Tu entres dans les clubs les plus sélects de la ville. Tout le monde te connaît. Tu as un succès fou.

— Pas autant que toi ! rétorqua-t-elle en reniflant, le menton tremblant.

Vraiment ? Même pas une once de gentillesse alors que j'essaie de te consoler ?

— C'est sûrement pour ça que Grant t'a choisie, ajouta-t-elle.

Cette conversation commençait sérieusement à me donner la migraine.

— Grant ? Qu'est-ce que Grant vient faire là-dedans ?

— Lui et moi, on est sortis ensemble. Je pensais que tout se passait bien, mais il a arrêté de répondre à mes coups de fil. Et, après ça, j'ai appris qu'il était avec toi. Quand je l'ai mis au pied du mur, il m'a dit que notre relation n'avait jamais été sérieuse et qu'il fallait que je tourne la page. Il m'a même proposé de m'arranger un rendez-vous avec un autre homme, comme si je n'étais même pas capable de m'en trouver un moi-même. Alors oui, tu as gagné ! Au travail comme en amour, tu m'as battue à plates coutures. Félicitations.

Pendant quelques secondes, je restai bouche bée. Je ne voulais pas imaginer Phoebe avec Grant, et je n'en revenais pas qu'il ne m'en ait jamais parlé. Je l'avais toujours vu mal à l'aise lorsque je lui parlais d'elle, mais j'avais mis ça sur le compte du coup de gueule que je m'apprêtais à pousser. Je me demandai un instant si les choses n'auraient pas été plus simples si je l'avais largué directement en apprenant plus tôt la nouvelle, puis je me dis qu'il valait mieux que nos ex respectifs n'aient pas été responsables de notre séparation. Je l'avais quitté parce que je savais qu'il n'était pas bon pour moi, et cette nouvelle lâcheté ne faisait que le confirmer.

Mission suivante : trouver quoi dire à Phoebe qui pleurait à présent comme une Madeleine.

— Écoute, commençai-je. L'amour n'est pas une compétition. Même au travail, ce n'est pas comme si toi et moi étions concurrentes. Tu n'as pas de raison de rivaliser avec moi.

— Je ne veux pas rivaliser. Je veux gagner.

À cet instant, j'aperçus dans son regard un éclair de sa personnalité habituelle. Puis elle détourna les yeux, et, lorsqu'elle les releva vers moi, son air triste et malheureux était de retour. Je n'avais pourtant pas l'impression qu'elle jouait la comédie, mais plutôt qu'elle ne savait pas comment se comporter.

— Tu sais à quel point je suis appréciée, ici ? poursuivit-elle. La collègue qui devait me covoiturer n'est même pas venue me chercher comme prévu. Ma voiture est en réparation, et non seulement elle a trente minutes de retard, mais en plus elle ne répond pas à mes coups de fil.

Phoebe se tourna un instant vers la porte de verre que je mourais d'envie de passer, puis me regarda. Aussitôt, je me tendis, certaine de ce qui allait suivre :

— Je sais que je ne le mérite pas, murmura-t-elle, mais je te serais reconnaissante si tu me ramenais à la maison.

J'eus très envie de rétorquer que je préférais encore lui payer le taxi plutôt que de lui servir de chauffeur, mais je choisis de prendre sur moi. Ron serait fier de mes progrès.

— Bien sûr, répondis-je enfin.

Phoebe avait été presque correcte avec moi, mais son « je veux gagner » m'effrayait. Ça ressemblait à un défi. La Phoebe méchante, je savais la gérer. J'avais même appris à contrôler ma colère en sa présence. Mais la Phoebe vulnérable me fichait les jetons.

— Je n'ai pas seulement trouvé un nouveau petit ami, tu sais, lui expliquai-je alors que nous marchions vers ma voiture. Comme je l'ai dit dans ma rubrique, j'ai énormément souffert lorsque Grant m'a larguée devant l'autel. Je comptais attendre avant de me remettre à sortir avec des hommes, mais, quand un mec bien entre dans ta vie comme par miracle, tu ne lui demandes pas d'attendre, tu te contentes de remercier ta bonne étoile. Et puis ce n'est pas un type lambda que je viens à peine de rencontrer. On a été amis pendant longtemps.

— Alors c'est sérieux ? C'est le bon ?

Des sonnettes d'alarme se mirent à résonner dans ma tête. Malgré l'apparente fragilité de Phoebe, je devais rester sur mes gardes. Penser à Brendan suffisait à me plonger dans un état de bonheur extatique, et je ne voulais pas qu'il prenne ses jambes à son cou en lisant dans le journal que je parlais de lui comme de mon futur mari. Si seulement nous n'étions pas tombés d'accord avec un tel enthousiasme sur notre dégoût respectif des relations sérieuses, je n'aurais pas eu aussi peur qu'il ne découvre à quel point j'étais déjà amoureuse de lui !

Moi et ma grande bouche !

Quand nous fûmes assises dans ma voiture, Phoebe se tourna vers moi. Elle attendait clairement une réponse.

— C'est le bon pour le moment..., répondis-je en pesant chaque mot.

Le trajet se fit en silence. Lorsque nous arrivâmes devant chez elle, Phoebe descendit de voiture, puis se retourna brutalement.

— Merci, Dakota, fit-elle avec un semblant de sourire avant de claquer la portière.

Je la regardai grimper les marches du perron. J'avais l'impression d'avoir passé un marché avec le diable et je me demandai si je ne lui avais pas par inadvertance confié une chose que j'aurais dû garder pour moi.

Chapitre 23

Prête-à-marier, par Dakota Halifax

Jouer avec le feu

Les bougies font fureur en ce moment. Après tout, pourquoi pas ? Elles sont associées à l'amour depuis des siècles. Mais vous savez ce qui n'est absolument pas romantique ? Voir votre mariage partir en fumée. Alors, si vous faites ce choix (les bougies, pas l'incendie), surveillez-les de près et prévoyez beaucoup d'eau et d'extincteurs. Et, tant qu'à faire, pensez aussi aux fers à friser, aux fers à repasser et à tout autre objet susceptible de déclencher une catastrophe. En ce qui concerne les feux d'artifice, qui sont aussi très à la mode, vous devrez vous renseigner sur la légalité de la chose. S'ils ne sont pas autorisés, quelques cierges magiques peuvent constituer une jolie alternative, sobre et peu coûteuse.
Les flammes sont dangereuses, aussi aimerais-je vous rappeler qu'il existe d'autres options, comme

les bougies électriques et les lumières blanches. Mais, quel que soit votre choix, vous devez être parée à toute éventualité. La règle numéro un de tout mariage… (Je sais, c'est ce que je dis de toutes les règles, mais, dès qu'un détail se passe mal, il devient numéro un sur le moment.) Donc… où en étais-je ? Règle numéro un : si ça peut mal tourner, ça tournera mal. Restez sur vos gardes, et la journée se passera bien. J'aimerais au passage remercier nos pompiers de Las Vegas, qui m'ont plusieurs fois sauvé la mise.

À présent, passons à une autre manière de jouer avec le feu. J'aimerais accorder une mention « pas si honorable » à certains comportements stupides qu'on peut avoir pendant son enterrement de vie de jeune fille. Pensez-vous vraiment qu'on puisse garder un secret dans une pièce remplie de gens tous plus soûls les uns que les autres ? Vraiment ? Alerte spoiler : c'est impossible. Le fameux principe du « ce qui se passe ici reste ici » a tendance à en rendre certaines un peu trop confiantes. Je vais donc me charger de vous apprendre une nouvelle dévastatrice : il s'agit d'une légende urbaine, et ce qui se passe pendant ces soirées peut vous poursuivre toute votre vie comme l'Esprit des Strip Clubs Passés !

Ne faites rien que vous ne voudriez que votre fiancé voie, apprenne ou fasse lui-même. Ça a signé l'arrêt de mort de bien des jolis couples, et ça n'arrive pas qu'aux autres. Vous ne l'aviez peut-être pas prévu, mais, si vous voulez mon avis, il est inutile de jouer avec le feu. Vous n'envoyez pas un junkie récupérer votre prescription à la pharmacie, alors ne vous mettez pas vous-même dans une situation que vous ne sauriez pas gérer, surtout une fois ivre. Un bref moment de débauche sous les encouragements de vos amies ne vaut pas de ruiner votre avenir avec une personne qui vous aime. Alors réfléchissez-y à deux fois, et ne vous brûlez pas les ailes.

— Finalement, ça ne m'étonne pas qu'elle réclame trois cent seize bougies, déclara Jillian. Les robes de ses demoiselles d'honneur ont l'air tout droit sorties de *Seize Bougies pour Sam*.

Elle souleva la robe rose, mousseuse et volantée, que j'avais posée sur un banc. Le tailleur et moi avions sué sang et eau, mais nous étions parvenus à ajuster la robe à la nouvelle taille de la demoiselle d'honneur enceinte. Pourquoi avait-elle attendu l'avant-veille de la cérémonie pour effectuer un dernier essayage et découvrir qu'elle ne pouvait plus remonter la fermeture ? Je n'en savais rien. Apparemment, elle avait voulu tenir sa grossesse secrète et venait à peine de cracher le morceau à ses amies.

— Tu ne crois pas si bien dire, répliquai-je. Kara s'est vraiment inspirée de *Seize Bougies pour Sam*. On a même un bijou de tête floral tiré du film pour la petite fille qui jettera les pétales.

Comme Jillian avait déjà fini d'installer le buffet, je l'avais embrigadée pour m'aider à placer les bougies dans la chapelle. Ce travail aurait dû être effectué la veille, mais les bougies monogrammées avaient été retenues à Saint George, dans l'Utah. Il y en avait trois cent seize, une pour chaque jour que Kara et Jack avaient passé ensemble avant leurs fiançailles. J'avais donc pris la route à 6 heures du matin, m'étais rendue jusqu'à Saint George et étais revenue à tombeau ouvert. Une franche partie de rigolade. Ce mariage semblait déterminé à mal tourner, tout comme j'étais déterminée à ne pas le laisser faire.

Tout ce qu'il me reste à faire, c'est de tenir jusqu'à ce soir. Brendan était censé terminer sa mission de baby-sitter auprès de ses clients VIP dans la soirée, et j'avais hâte de me pelotonner contre lui sur le canapé. Ou, si l'un de nous avait encore assez d'énergie, peut-être nous adonnerions-nous à une activité qui nécessiterait un peu moins de vêtements et un peu plus d'endurance.

Je nous voyais déjà nous câliner, nous raconter mutuellement nos journées et partager nos doléances. Nous échangerions quelques plaisanteries, puis je verrais ses pupilles se dilater, et il esquisserait ce sourire séducteur auquel je ne pouvais résister. Le cœur battant, envahie d'un mélange grisant de désir et de tendresse, je l'imaginai défaire les derniers boutons de sa chemise avant de m'agripper par les cuisses pour m'attirer plus près de lui.

Le crissement de pneus sur le gravier me tira de ma douce rêverie. Des portières claquèrent et des bribes de conversation me parvinrent, portées par le vent. Apparemment, quelqu'un se demandait où était passée Elise, la demoiselle d'honneur enceinte. Je pris donc mentalement note de partir à sa recherche s'ils ne l'avaient pas trouvée dans les minutes à venir.

Kara entra dans la chapelle, ses cheveux blonds couverts de bigoudis, vêtue d'un pantalon de yoga et d'un débardeur avec le mot « mariée » inscrit en strass en travers de la poitrine. Elle parcourut des yeux les bougies étalées partout sur le sol.

— Vous les avez récupérées ! Oh, merci, merci beaucoup !

Elle se jeta sur moi pour me serrer dans ses bras, renversant quelques bougies au passage.

— J'ai toujours voulu des bougies à mon mariage ! reprit-elle. C'est exactement comme ça que je l'imaginais quand j'étais petite !

Un instant auparavant, je grommelais intérieurement contre les exigences fantasques des mariées, les trois heures de route et le nombre de bougies. Mais soudain, grâce aux embrassades de Kara et à l'émerveillement que je lisais dans son regard, je me sentis comme une marraine la bonne fée réalisant les rêves de sa filleule. L'espoir m'était peu à peu revenu, mais j'avais craint de ne plus jamais ressentir cette excitation pour une de mes mariées. J'étais heureuse de l'éprouver pour Kara. Elle avait adoré *Seize Bougies pour Sam* quand elle était petite et disait que Jack était le genre d'hommes qu'elle n'aurait jamais cru trouver. Il l'aimait à la folie, était extrêmement riche et lui avait promis de céder à tous ses caprices pour son mariage. Elle avait opté pour une sobre petite cérémonie dans une chapelle, les bougies constituant sa plus grosse exigence. Lorsque sa demoiselle d'honneur avait annoncé sa grossesse pendant son enterrement de vie de jeune fille, un outrage pour lequel j'aurais vu bien des mariées sortir de leurs gonds, Kara avait versé des larmes de joie pour son amie.

Elle recula enfin, le regard étincelant.

— Vous arrivez à croire que je me marie enfin ? J'ai cru que ce jour n'allait jamais arriver !

— Je suis heureuse pour vous, répondis-je sincèrement.

À cet instant, sa famille et les demoiselles d'honneur entrèrent dans la chapelle. À l'exception de la future maman.

— Toujours pas d'Elise ? demanda Kara à l'amie qu'elle avait choisie comme témoin.

Celle-ci secoua la tête.

— Je vais essayer de la trouver, dis-je en posant la main sur son épaule. Vous, allez vous préparer.

— D'accord. Aux dernières nouvelles, Elise a passé toute la matinée à vomir. Nausées matinales. Elle a dit qu'elle pensait que ce serait bientôt fini et qu'elle aurait seulement dix minutes de retard, mais elle ne répond plus au téléphone.

Après la débâcle de la robe, j'avais déjà son numéro, ainsi que son adresse s'il fallait en arriver là.

Raquel entra à son tour, son sac d'accessoires de coiffure à la main. Je lui fis signe.

— Tout est installé dans l'arrière-salle pour la coiffure. Je pars aux renseignements pour Elise. Ne vous en faites pas. (Je serrai le bras de Kara avec un sourire rassurant.) Tout sera parfait, ajoutai-je.

Une heure plus tard, je n'en étais plus aussi certaine. Chaque fois qu'un invité entrait dans la chapelle, le courant d'air soufflait une poignée de bougies. Je m'étais déjà roussi les poils des bras ainsi que l'ourlet de ma jupe en voulant enjamber la mer de mèches enflammées. C'était précisément pour cette raison que j'avais conseillé à Kara des bougies électriques, mais, devant son expression déconfite, je n'avais pas insisté. Je traversai donc sur la pointe des pieds le labyrinthe enflammé, rallumai les bougies éteintes et priai pour qu'il n'y ait pas de nouveaux invités qui entrent.

Pour couronner le tout, Elise qu'on avait fini par retrouver avait le teint verdâtre et n'avait cessé de vomir depuis son arrivée. Encore heureux, sa robe lui allait bien. Elle sirotait le thé au gingembre que Jillian lui avait préparé, les mains serrées sur sa tasse comme si sa vie en dépendait. Au moins, dans une chapelle, j'étais pile au bon endroit pour prier pour que tout se passe comme prévu. Ou, au moins, pour que personne ne se fasse vomir dessus.

La mère de la mariée se dirigea vers moi à grands pas, l'air préoccupé. Aussitôt, mon estomac se noua. Son expression me disait qu'il s'était passé quelque chose de terrible. Quelque chose d'au moins aussi grave qu'une mariée en fuite, même si ce n'était pas le genre de Kara.

— Est-ce que vous sentez de la fumée ? me demanda-t-elle en arrivant à ma hauteur. J'ai l'impression de sentir de la fumée.

Après avoir allumé toutes ces bougies, j'avais l'impression que les émanations de fumée ne me quitteraient jamais. Mais, maintenant qu'elle en parlait, l'odeur me semblait soudain plus présente. Je parcourus la mer de flammes du regard, mais ne décelai rien de suspect.

— Je crois que ça vient de la salle où les hommes se sont changés, déclara Dianne.

Les témoins du marié étaient dehors, je les avais autorisés à sortir prendre l'air à condition de ne pas aller trop loin. Sans perdre mon temps à poser d'autres questions, j'attrapai un extincteur et me ruai vers l'aile ouest.

Lorsque j'arrivai devant le vestiaire improvisé des hommes, des panaches de fumée noirs et menaçants se glissaient déjà sous la porte. Du bout des doigts, je tapotai prudemment la poignée : elle était brûlante.

Tous mes instincts me disaient de me ruer dans la pièce et de me servir de l'extincteur, mais je savais qu'une poignée chaude pouvait être annonciatrice d'explosion de fumées si l'on ouvrait la porte.

— Appelez les pompiers ! ordonnai-je à Dianne qui m'avait suivie. Dites-leur de venir avec les camions !

— Feu de cigarette, m'annonça Larry lorsque lui, Antonio et deux autres pompiers sortirent de la chapelle. Beaucoup de fumée, mais peu de flammes.

— Dieu merci ! soupirai-je.

Je me tournai vers les invités, tous bien habillés, qui attendaient sur la pelouse à la lumière du soleil couchant. Des nuages rose et violet s'étiraient dans un ciel d'une obscurité grandissante, encore percé de quelques rayons orange. La mariée était restée en arrière pour ne pas que son fiancé la voie dans sa robe, mais ils ne cessaient de se téléphoner pour s'assurer que l'autre allait bien. J'aimais déjà beaucoup Jack, mais je me sentis fondre en l'entendant assurer à Kara que, quoi qu'il arrive, ils trouveraient un moyen de se marier parce qu'il avait terriblement hâte de pouvoir l'appeler sa « femme ».

Je n'aurais surtout pas voulu les décevoir.

— Il y a toujours de la fumée dans la chapelle ? demandai-je aux pompiers.

— Presque plus. Si vous voulez reprendre le mariage, c'est sans danger.

— Je vais vérifier, mais je pense qu'on va essayer.

Larry me tapa dans le dos, comme toujours.

— Tu sais : à la caserne, on commence à faire des paris sur le moment où tu auras de nouveau besoin de nous.

Génial ! Je peux ajouter « risque d'incendie » à mon profil public.

— Dans ce cas, qu'est-ce que tu dirais de rester ici, histoire de m'épargner la peine de vous rappeler ? Ma mariée a exigé qu'on allume trois cent seize bougies dans la chapelle. J'ai déjà des extincteurs, mais votre présence me rassurerait.

Sa moustache grise tremblota, comme s'il tentait de dissimuler un sourire.

— Tout ce que tu voudras, répondit-il.

— Merci, Larry. Et dis aux autres pompiers que je les remercie également. Je vous apporterai des gâteaux de mariage à la caserne. Vous en aurez plus que vous ne pourrez en manger !

Cela étant réglé, je partis demander à Kara si elle désirait reprendre la cérémonie. Dès qu'elle eut accepté, je courus ouvrir les fenêtres de la partie enfumée de la chapelle. Je dénichai même un ventilateur pour créer un courant d'air dans la pièce où l'incendie avait eu lieu. Une demi-heure plus tard, tout le monde était rassis à sa place, les bougies étaient rallumées – grâce à l'aide précieuse de Larry et d'Antonio –, et la marche nuptiale résonnait dans la chapelle.

J'arrangeai en hâte la traîne de Kara pour qu'elle soit bien étalée derrière elle lorsqu'elle remonterait l'allée centrale, puis la laissai au bras de son père.

Les muscles de mon cou étaient tendus à faire mal, la douleur irradiant le long de mes omoplates, et mes pieds criaient grâce à force de courir partout en talons hauts. Je me secouai pour me remettre en train, puis me glissai à l'avant de la salle afin de veiller au bon déroulement de la cérémonie.

Sous le voile, je devinais le sourire étincelant de Kara tandis qu'elle remontait vers l'autel. À sa place, n'importe quelle autre mariée aurait été nerveuse, ou même fâchée contre moi, mais Kara affichait l'expression rêveuse d'une femme plus intéressée par l'amour qu'elle portait à son futur époux que par tout le reste du monde.

Ivre d'optimisme, je me surpris à prendre en main mon téléphone pour appeler Brendan et lui dire à quel point il comptait pour moi. Mais je savais que c'était la magie du mariage qui parlait et que je devais remettre les pieds sur terre avant de le faire fuir.

Cette fois, je dois prendre mon temps. Je pensai aux projets que j'avais caressés un peu plus tôt dans la soirée et me dis que, peut-être, je devrais eux aussi les revoir à la baisse.

Et puis non. J'étais prête à franchir cette étape. N'est-ce pas ? *Merde, je m'embrouille de nouveau. Je crée des problèmes là où il n'y en a pas.*

Je secouai la tête. *Concentre-toi sur l'amour, concentre-toi sur l'amour.* À présent, Jack et Kara se faisaient face devant le prêtre. Tous deux avaient les yeux grands ouverts et souriaient comme s'ils ne parvenaient pas à croire à leur chance. J'étais si absorbée par la scène que je faillis ne pas la remarquer : une des flammes était plus haute que les autres de plusieurs centimètres. Elle léchait le ruban du bouquet d'Elise et semblait impatiente d'en goûter un peu plus. J'esquissai un petit signe de la main, tentant d'attirer l'attention d'Elise – au moins, son visage avait repris sa couleur normale, et elle ne semblait plus avoir envie de vomir –, mais elle était si concentrée sur Kara et Jack qu'elle ne remarqua pas mon geste discret.

Ce mariage est donc décidé à ne pas me laisser une minute de répit ? Je n'avais pas moyen de me dissimuler complètement, mais me faire remarquer était un moindre mal à côté d'un deuxième incendie. Les gens risqueraient d'y voir un mauvais signe, voire de penser que ce mariage était maudit. Et ça, moi vivante, jamais.

Je me glissai donc derrière Elise et lui donnai un petit coup de coude en murmurant :

— Tenez votre bouquet plus haut. Il touche une des flammes.

Elle ouvrit de grands yeux inquiets, puis hocha la tête et leva son bouquet plus haut que nécessaire.

Les vœux furent prononcés, et les mariés s'embrassèrent. Dans ma tête, j'entamai une petite danse de la victoire, mais mon exultation fut de courte durée : à cet instant, la petite fille qui jetait des pétales en remontant l'allée centrale renversa une bougie. Par chance, le témoin du marié s'avança aussitôt, une canette à la main, pour éteindre la flamme sous les applaudissements du public. En passant devant moi, il leva la main pour un *high five*. Je tapai joyeusement dedans, puis adressai un signe de tête à Larry et à Antonio pour leur signifier que tout allait bien de mon côté. Une fois que tous les invités furent sortis de la chapelle, mon gentil pompier m'aida à vérifier que toutes les flammes étaient bien éteintes.

— À la prochaine, dit Larry.

— J'espère qu'il n'y aura pas de prochaine, répliquai-je en jetant aux bougies un dernier regard suspicieux.

— Espère toujours !

Sur ces mots, Larry m'envoya une dernière claque dans le dos et s'en alla. Quant à moi, je me traînai jusqu'à la salle de réception pour m'assurer que tout se passait comme prévu et, avec un peu de chance, qu'aucun incendie ne menaçait.

En patrouillant dans la salle de réception, je ne pus m'empêcher de me demander si je ne jouais pas avec le feu en me jetant à corps perdu dans une relation amoureuse si vite après l'échec de la précédente. C'était comme si Jack et Kara m'avaient transmis suffisamment d'espoir en l'amour pour que je commence à m'inquiéter de ce qu'il adviendrait si Brendan ne visait pas les mêmes objectifs que moi.

Un avenir « très, très lointain ». Voilà comment il envisageait la simple possibilité de se marier. Cela signifiait-il qu'un jour, d'un seul coup, il en aurait envie ? Je n'avais pas besoin dès maintenant d'une promesse d'éternité, mais je ne voulais pas être seule à envisager un avenir à deux.

J'avais beau m'efforcer de tout pardonner à Grant, je le haïssais pour avoir ébranlé ma foi en mon propre jugement et ma confiance dans les autres hommes. J'avais déjà assez souffert d'avoir été dépossédée de ma foi en l'amour. Pourquoi avait-il fallu qu'il m'en prenne encore plus ?

Je tentai de penser à autre chose. Ce n'était pas juste de faire subir à Brendan mes problèmes de confiance, mais cela ne signifiait pas que je ne devais pas être prudente. Cependant, comment savoir où se situait la frontière entre prudence et paranoïa, et, dans ces conditions, comment profiter de l'instant présent ?

Et voilà que je m'investis trop vite, comme toujours. Plus que tout, j'aurais voulu être capable de ne pas accorder d'importance à l'étiquette à coller sur notre relation, mais la maniaque du contrôle en moi aimait que les choses soient clairement définies.

D'un autre côté, je ne voulais surtout pas que Brendan s'imagine que je lui mettais la pression à l'image de son ex.

Comme s'il avait senti que je pensais à lui, je reçus à cet instant un texto de Brendan : il avait officiellement terminé son service et me demandait ce que je faisais.

Moi : Je supervise la réception. Je risque de rentrer tard.

J'eus envie d'ajouter qu'il m'avait manqué et qu'il me tardait de le voir, mais je craignais d'avoir l'air désespérée. Apparemment, je ne savais plus gérer une relation de couple. C'était trop de stress. Trop d'échecs potentiels qui me laissaient brisée et marquée à vie.

Merde, je vais tout gâcher !

Moi : Ne te sens pas obligé de m'attendre, va te coucher.

Voilà. Je lui laissais le choix. C'était peut-être lâche, mais au moins n'était-ce pas désespéré. Pourtant, je devrais bien finir par me résoudre à trouver un moyen d'aborder le sujet. J'avais besoin de savoir si lui et moi étions sur la même longueur d'onde, car je savais que je ne pourrais pas me remettre d'une nouvelle rupture dévastatrice. Bien sûr, je m'étais efforcée de devenir plus forte, mais un objet brisé plusieurs fois au même endroit finit immanquablement par ne plus être réparable.

Je glissai mon portable dans mon soutien-gorge et refis le tour de la salle. Après l'enfer de la cérémonie, je peinais presque à croire que la réception se déroulait aussi bien.

Je m'avançai vers les tables du buffet, où Jillian commençait à débarrasser le plat principal. Plus que quelques minutes avant l'heure du gâteau, qui était toujours magique : de mignonnes interactions entre les jeunes mariés, suivies d'une overdose de sucre.

— Comment ça se passe de ton côté ? demandai-je à Jillian.

— Tout baigne. Je m'inquiétais un peu pour le petit nouveau, mais il est plutôt doué, dit-elle en désignant de sa fourchette à viande un jeune serveur qui courait çà et là, son plateau à la main.

— Il a l'air d'avoir seize ans !

— Dix-huit. Et plutôt mignon pour son âge.

— On se calme, la couguar ! la taquinai-je. Au fait, comment ça se passe avec le témoin qui ne sait pas écrire un discours ? Tim, c'est bien ça ?

— Déjà fini. Mais c'était sympa le temps que ça a duré. Tiens, en parlant de beaux mecs, ajouta-t-elle en se penchant vers moi avec des airs de conspiratrice, j'ai discuté avec Antonio. Il m'a demandé mon numéro.

— Bien joué ! En fait, c'était mon plan depuis le début ! Mettre le feu à l'église pour t'arranger un rencard avec un beau pompier. J'espère que je n'irai pas en enfer pour ça.

— Je te ferai savoir si ça en valait la peine, s'esclaffa Jillian.

Je la laissai à son travail et repartis vérifier si tout se passait bien du côté de mes mariés.

On mangea le gâteau, on dansa, puis tout le monde souffla des bulles sur le jeune couple tandis qu'ils montaient en voiture pour s'en aller. Attendrie, je regardai le panneau « Just Married » collé à l'arrière du véhicule. Peut-être me restait-il des doutes dans ma vie personnelle, mais au moins ma carrière était-elle repartie. Et, tant que Phoebe ne rédigeait pas un nouvel article sous-entendant que j'étais incapable de mener à bien ce que j'entreprenais, les affaires devraient rester au beau fixe.

— D.J. ?

Je me retournai, persuadée d'avoir imaginé cette voix familière. Pourtant, personne d'autre ne m'appelait D.J., et nulle autre voix ne faisait ainsi bondir mon cœur dans ma poitrine. Tous mes doutes s'envolèrent à la vue de Brendan : son costume d'agent de la sécurité, ses cheveux en bataille, ses lèvres parfaites, qu'il retroussait peu à peu en un lent sourire…

— Je suis venu voir si je pouvais t'aider, dit-il. Et je t'ai apporté un café macchiato aux noisettes, juste au cas où tu aurais besoin d'un peu d'énergie, ajouta-t-il en me tendant un gobelet fumant.

La tête étrangement légère, je passai mes bras autour de sa taille.

— Mon preux chevalier en Armani, soupirai-je.

Brendan baissa les yeux et tira sur un pan de sa veste.

— Je suis à peu près sûr que ce n'est pas une Armani, déclara-t-il.

— Peut-être, mais ça sonnait bien, rétorquai-je avec un sourire en m'emparant du café.

Alors que j'avalais ma première gorgée de ce divin breuvage, Brendan glissa les mains dans mon dos et m'attira tout contre lui.

— Tu m'as manqué, dit-il.

Mon cœur enfla dans ma poitrine. Je lui avais manqué.

— Toi aussi, répondis-je.

— J'adore mon travail d'habitude, mais là…

Il poussa un soupir, et j'eus envie de le serrer dans mes bras. Il semblait épuisé.

— J'imagine que, quand on dépense 3,5 millions en une semaine, on peut se permettre quelques caprices, poursuivit-il.

Je faillis recracher mon café.

— Tu es sérieux ? Ils ont perdu tout ça ?

Brendan hocha la tête.

— La femme est accro aux machines à sous, et le mari aime le poker et le black-jack.

— Tu aurais pu rentrer te reposer à la maison au lieu de venir ici.

— J'avais trop hâte de te voir.

Ses lèvres frôlèrent les miennes, puis il m'embrassa doucement. Chaque regard, chaque geste, chaque caresse…, tout en lui me faisait un peu plus croire en nous.

— Et puis je me suis dit que, si je venais t'aider, je pourrais te faire rentrer un peu plus tôt, avoua-t-il d'une voix un peu rauque qui me rendit folle de désir.

Tous mes doutes me semblaient à présent stupides et sans importance. Il était absurde de croire que je m'investissais trop vite. L'homme qui se tenait devant moi me connaissait mieux que quiconque. Il savait comment j'aimais mon café, il connaissait ma maniaquerie et ma drôle d'échelle de couleur… Il savait que je contenais toujours mes émotions et toutes ces petites choses qui faisaient que j'étais moi.

J'avais envie de croire que je n'aurais plus à souffrir, mais je savais pertinemment qu'il n'existait aucune garantie. En revanche, refuser de se laisser aller au sein d'une relation ne pouvait que la vouer à l'échec. Parfois, il fallait oser plonger sans savoir ce qui se dissimulait sous la surface, et je ne disais pas cela uniquement parce que je mourais d'envie de ramener Brendan à la maison pour lui arracher ses vêtements.

Sortir mon téléphone pour mettre à jour ma liste de tâches aurait probablement gâché l'instant, j'y ajoutai donc mentalement : « Arrêter d'avoir peur de me lancer dans une vraie relation avec Brendan et laisser les choses se faire. » Puis je posai mon gobelet sur une table voisine et tirai sur le col de sa veste pour l'attirer à moi et l'embrasser. Je fermai les yeux, concentrée sur la sensation de nos corps enlacés, et lui mordillai tendrement la lèvre inférieure.

Brendan laissa échapper un sourd gémissement et plaqua les mains sur mes hanches pour me coller contre lui. À présent, plus un millimètre ne nous séparait. Je glissai les mains sous sa veste, sentis les muscles de son dos se mouvoir à travers sa chemise et calculai mentalement le temps qu'il nous faudrait pour rentrer à la maison et nous débarrasser de cette couche de tissu importune. J'avais toujours conscience que nous n'étions pas seuls et que je devrais peut-être me montrer un peu plus discrète, mais j'aimais tant être serrée contre lui au point de ne plus savoir où commençait son corps et où se terminait le mien... Nos souffles se mêlaient, nos cœurs battaient au même rythme...

Derrière moi, quelqu'un s'éclaircit la gorge.

— Navrée d'interrompre cet instant de passion, dit Jillian, mais la demoiselle d'honneur enceinte a recommencé à vomir. Tu dois être le fameux Brendan ? ajouta-t-elle en lui tendant la main. Moi, c'est Jillian.

Pour être honnête, je ne voyais pas trop ce qui m'obligeait à m'occuper d'Elise : le mariage et la réception étaient terminés, l'organisation et l'exécution achevées. Cependant, le personnel ne semblait pas au courant, et la pauvre femme enceinte avait sans doute besoin d'aide. J'avais appris plus tôt dans la journée que son mari vomissait lui aussi, par empathie, et la dernière chose dont j'avais besoin, c'était bien que d'autres invités restituent leur dîner.

Je savais bien que cette réception était trop belle pour être vraie.

— Le devoir m'appelle, soupirai-je. Je ne peux pas laisser seule une personne qui vomit.

— J'en prends note, répliqua joyeusement Brendan avant de déposer un baiser sur ma joue. Pendant que tu t'occupes de ça, je vais aider Jillian à remballer son matériel.

Aussitôt, Jillian afficha un grand sourire carnassier, et un signal d'alarme se mit à résonner dans ma tête. À coup sûr, elle avait l'intention de l'interroger dès que j'aurais le dos tourné. Peut-être même de le menacer en agitant un couteau de cuisine. Je ne voulais pas qu'elle lui donne envie de prendre la fuite, pas maintenant que j'avais enfin décidé d'arrêter de me poser toutes ces questions… Pour le moment, nous n'avions pas besoin d'avoir les mêmes objectifs ni de définir quoi que ce soit. Nous avions besoin de légèreté, de nous amuser… Tout le contraire de nos relations passées.

Je m'apprêtais à prendre Jillian à part pour lui demander de ne pas le brusquer, mais je vis alors Elise se pencher pour vomir dans les buissons. À côté d'elle, son mari semblait sur le point de l'imiter, et je n'eus pas d'autre choix que de laisser ensemble mes deux meilleurs amis en espérant que tout se passe bien.

Chapitre 24

Quelle meilleure surprise que de trouver votre mère assise sur le perron quand vous rentrez à la maison en pensant coucher pour la première fois avec votre petit ami ? Un vrai baquet d'eau froide en pleine figure.

Un instant, je restai pétrifiée en pensant – ou plutôt en espérant – que j'avais des visions.

— Maman ?

Elle se leva pour m'embrasser.

— Bonsoir, ma chérie. Je commençais à me demander si je ne m'étais pas trompée d'adresse.

Je voulais lui demander ce qu'elle faisait là, mais je savais qu'elle se vexerait. Et ce n'était pas comme si je la voyais souvent.

— J'ai senti que tu avais besoin de moi, déclara-t-elle.

Comme d'habitude, son instinct maternel était complètement à côté de la plaque.

— Si tu m'avais appelée, j'aurais pu te dire que j'allais bien.

— Oui, mais tu dis toujours ça. Et puis tu ne m'as pas rappelée quand j'ai essayé de te joindre cette semaine.

J'avais été plongée jusqu'au cou dans les problèmes du mariage et n'avais pas eu la force de m'occuper de quoi que ce soit d'autre. Et, même si notre relation avait bien évolué depuis quelques années, je n'estimais pas que nous soyons assez proches pour nous permettre de débarquer l'une chez l'autre sans prévenir.

Brendan remonta l'allée dans sa voiture, dont les phares m'éblouirent un instant avant de disparaître dans le garage. J'entendis sa portière claquer, puis il revint vers nous, le visage dissimulé dans la pénombre. Ma mère l'avait déjà rencontré une fois ou deux, en passant, mais je doutais qu'elle le reconnaisse. Cependant, si c'était mon père qui lui avait donné mon adresse, ce qui était plus que probable, il avait dû lui apprendre que nous vivions ensemble. Peut-être même lui avait-il appris que nous sortions ensemble, mais rien n'était moins sûr : même quand ils se voyaient, ils se parlaient très peu.

— Brendan, tu te souviens de ma mère ?

Je vis ses épaules se contracter imperceptiblement.

— Oui. Cheryl, c'est bien cela ?

Ma mère lui serra la main. Puis un silence gêné s'installa.

— Et alors…, commençai-je en me tournant vers sa voiture, garée sur le bord du trottoir. Où est Frank ?

— Oh, il était occupé ! Comme je te l'ai dit, j'ai senti que tu avais besoin de moi, alors j'ai pris ma voiture et je suis venue. Je me disais qu'on pourrait peut-être aller faire les boutiques demain, toutes les deux. Frank déteste le shopping, et c'est tellement rare que je puisse me faire une journée entre filles !

Il y avait quelque chose d'étrange dans sa façon de prononcer le nom de son petit ami, et je me demandais quelles étaient les véritables raisons de sa visite impromptue. Elle devait commencer à avoir la bougeotte, à se sentir prise au piège, installée depuis trop longtemps au même endroit. Typique. Elle avait quitté tous les hommes qu'elle avait trouvés, sans cesse à la recherche de cette fameuse herbe plus verte dans le jardin du voisin, n'hésitant pas à chercher chaque fois un nouveau travail dans une nouvelle ville.

Et à présent elle se servait de ma vie pour s'évader de la sienne.

— J'espère que cela ne vous dérange pas si je m'installe chez vous, dit ma mère en m'entourant les épaules de son bras. Rien que pour quelques jours. Ma petite fille m'a tellement manqué !

Brendan nous regarda alternativement, puis haussa les sourcils en une question muette. Dans ces moments-là, la télépathie était vraiment pratique. Je haussai les épaules, et Brendan se tourna vers ma mère.

— Bien sûr que non. Puis-je prendre votre sac ?

— Oh, un vrai gentleman ! s'écria-t-elle en lui attrapant le bras pour le mener vers sa voiture sans cesser de jacasser.

Il saisit sa valise, l'invita à entrer et partit déposer ses affaires dans la chambre d'amis.

Lorsqu'elle disparut dans la salle de bains, je me tournai vers Brendan.

— Je suis désolée. Je ne savais pas qu'elle allait venir.

— Tu veux qu'elle reste ? murmura-t-il.

— « Vouloir », c'est un peu fort. Disons que j'ai l'impression qu'elle a des problèmes dans son travail ou avec Frank. C'est dans ces moments qu'elle a tendance à me rendre visite, et je me vois mal lui dire non. C'est tout de même ma mère, et je ne la vois pas très souvent.

— Je comprends. Mais je n'y peux rien, je ne peux pas m'empêcher d'avoir envie de te protéger, déclara Brendan en me prenant la main pour l'embrasser. Je sais que ta mère t'a fait du mal, et je ne veux pas qu'elle recommence, ajouta-t-il en gardant ma main tout près de ses lèvres.

— Ça va. Je suis grande, maintenant. Et elle est… Eh bien, elle n'a pas changé, mais je crois qu'elle essaie.

Petite, j'avais perdu beaucoup de temps à me demander comment elle avait pu m'abandonner et, comme beaucoup d'enfants, je m'étais dit que j'avais dû faire quelque chose de mal. En grandissant, j'avais compris que c'étaient ses propres problèmes qui l'avaient poussée à partir, et que je n'y étais pour rien. Bien sûr, une partie de moi s'inquiétait de découvrir un jour que je n'étais pas non plus une bonne mère, mais une chose était sûre à mes yeux : quelles que soient les difficultés, jamais je n'abandonnerais mes enfants. Je trouverais toujours une solution.

— Je vais quand même la tenir à l'œil, dit Brendan.

Ma mère sortit de la salle de bains. Aussitôt, je me tendis, appréhendant ce qu'elle s'apprêtait à dire. Brendan m'attira contre lui d'un geste protecteur.

Elle nous observa un instant tous les deux, sourcils froncés.

— Oh ! Ton père ne m'a pas dit que vous étiez ensemble. Mais ça ne m'étonne pas. Dakota n'a jamais su rester longtemps célibataire.

Je tressaillis, mais Brendan me prit par la main et glissa les doigts entre les miens.

— Bref ! Je suis venue à Vegas pour jouer au casino autant que pour voir ma petite fille, mais j'avoue que je suis un peu rouillée.

Elle fouilla dans son sac à main et en sortit un paquet de cartes tout neuf, encore dans son emballage plastique.

— Qui est partant pour une partie de poker ?

Je remplis la gamelle de Cupidon et lui tapotai la tête.

— À quoi tu penses, mon gros ? Notre nouvelle maison est plutôt bien, non ?

Il me lécha la main, puis se replongea dans sa pâtée. J'étouffai un bâillement et jetai un coup d'œil à la cafetière, espérant qu'elle accélère le mouvement. Ma mère nous avait tenus debout, Brendan et moi, jusqu'à 3 h 30 du matin, pour « s'entraîner ». Après la semaine chargée que nous avions eue tous les deux, nous étions fatigués et pas forcément de très bonne compagnie, mais elle avait insisté pour continuer, trouvant excuse après excuse pour faire durer la soirée. Encore une partie. Brendan pouvait-il lui expliquer les règles du craps ? Elle lui avait même demandé des trucs pour tricher aux cartes, en jurant qu'elle ne s'en servirait pas au casino où il travaillait. Il ne s'était pas démonté et, avec un sourire poli, lui avait conseillé de se servir des statistiques.

Les « statistiques ». La raison même pour laquelle je ne serais jamais une bonne parieuse. J'aimais connaître l'issue du jeu, pas l'espérer, et la chance semblait toujours être contre moi.

— Bonjour ! s'écria ma mère d'une voix joyeuse et haut perchée.

Mesdames et messieurs, voici la preuve numéro un de mon manque de chance ! Je me sentis aussitôt coupable d'avoir eu une telle pensée, mais, honnêtement, elle n'aurait pas pu choisir un pire moment pour débarquer. À cause d'elle, je me sentais à la fois frustrée et sur mes gardes.

Je m'emparai de la cafetière. Quelques gouttes s'écrasèrent en grésillant sur la plaque chauffante.

En signe de bonne volonté, je servis également une tasse à ma mère. J'ajoutai ma crème aux noisettes, formant un nuage clair dans le liquide sombre, et me hâtai de porter ma tasse à mes lèvres.

À cet instant, ma mère posa sur le comptoir un exemplaire du *Las Vegas Beacon*.

— Tu es dedans, dit-elle.

Je lui passai sa tasse.

— Oui, je rédige la rubrique « Prête-à-marier ». Je t'en ai déjà parlé.

— Je sais, c'est pour ça que je l'ai acheté. Mais je ne parlais pas de ton article. Je parlais de ça.

Elle enfonça son doigt au milieu de la page, et j'aperçus l'en-tête de la rubrique mondaine de Phoebe. Là, tout en haut, était inscrit mon nom. Mon estomac se noua lorsque je lus celui qui apparaissait juste à côté.

Dakota Halifax est actuellement en couple avec Brendan West, un membre du personnel de sécurité du tout nouveau Aces Resort. Ils n'étaient à l'origine que des amis, mais Dakota m'a assuré qu'ils avaient passé cette étape. Elle a cependant déclaré qu'il était « le bon pour le moment » et, même pour cela, semblait assez hésitante. Attendons donc de voir quelle sera sa prochaine conquête, car, à la rédaction, on est à peu près sûrs que celui-ci s'apprête à se faire jeter.

— Brendan est au courant ? demanda ma mère en tournant la tête vers le couloir.

Brendan n'était pas encore sorti de sa chambre, et j'espérais qu'il n'aurait pas la bonne idée de faire tout de suite son apparition.

— Je sentais bien qu'il se passait quelque chose entre vous, poursuivit-elle, mais je n'avais pas idée…

— Cet article est un tissu de mensonges.

Je doutais que Brendan lise un jour de lui-même cette page du journal, mais, puisque cette histoire n'allait pas manquer de faire parler d'elle, j'allais devoir l'informer de notre apparition dans la rubrique mondaine.

— Saleté de Phoebe ! J'aurais dû me douter qu'il ne fallait pas lui adresser la parole ! J'aurais dû la laisser rentrer à pied.

La colère commençait à monter, et je ne voulais pas me servir des conseils du cours de gestion de la colère. Je voulais la laisser me submerger. Suivre les indications de Ron ne m'avait servi qu'à une chose : voir ma relation avec Brendan traînée dans la boue en public.

— Tu sais, c'est parfaitement normal si tu te sens un peu oppressée après t'être installée aussi vite avec lui, déclara ma mère. Ce n'est pas une mauvaise chose d'avoir besoin d'espace.

— Je tiens beaucoup à Brendan, et j'aime vivre avec lui. Je ne veux pas qu'il lise ça et se mette dans la tête que je suis sur le point de le quitter.

Je m'emparai du journal et le fourrai tout au fond de mon sac de travail pour que Brendan ne le trouve pas posé sur le comptoir, ouvert à la mauvaise page. Dès que j'aurais l'occasion de lui parler seul à seul, quand ma mère ne serait pas là pour glisser ses petits commentaires, je lui expliquerais. Apparemment, cette fameuse discussion que j'appréhendais tant n'était plus optionnelle. Nous allions devoir définir clairement notre relation.

Ma mère termina son café et posa sa tasse dans l'évier.

— Viens, dit-elle. Sortons d'ici, allons faire les boutiques et oublions un peu tout le reste. Ça te fera du bien.

J'étais à peu près sûre que c'était à elle que cette sortie était censée faire du bien, mais j'avais soudain l'impression que les murs de la pièce voulaient se refermer sur moi.

— À plus tard, Cupidon, dis-je à mon chien en lui caressant la tête.

J'attrapai mon sac à main et suivis ma mère dehors, me disant qu'après tout un peu de shopping ne pouvait que m'aider à me sentir mieux. C'était probablement une solution plus saine que de me rendre chez Phoebe.

Je savais pertinemment qu'à cet instant, si je l'avais en face de moi, je ne me contenterais pas de la menacer.

Trois boutiques et quelques sacs plus tard, ma mère poussa un soupir :

— Je ne sais pas si Frank et moi allons rester ensemble…

Je posai le petit haut en soie que j'examinais et me tournai vers elle.

— Je croyais que tu étais heureuse de t'installer. Que tu étais prête à lever le pied.

— C'était aussi ce que je pensais. Mais la vérité, Dakota, c'est que toi et moi ne sommes pas du genre à nous poser, quels que soient les efforts que nous faisons.

Mes épaules se tendirent, comme souvent quand elle était là, et je sentis un vide se creuser au fond de mon estomac.

— Sans vouloir te vexer, maman, parle pour toi. Tu n'es peut-être pas du genre à t'installer, mais moi, si. C'est ce que j'ai toujours voulu.

— C'est ce que tu crois vouloir. Mais tu ne t'es pas mariée, si ?

À ces mots, tous les progrès accomplis au cours des derniers mois se volatilisèrent. Une simple phrase, et toutes mes cicatrices s'étaient rouvertes. J'avais bien dépassé la douleur de m'être fait plaquer, mais comprendre que ma propre mère refusait de voir à quel point j'avais souffert me blessa profondément.

— Je voulais me marier. C'est Grant qui a refusé.

— Bien sûr, mais, à un certain niveau, tu as bien dû saboter votre relation. C'est pour ça qu'elle n'a pas tenu.

La colère montait. Je serrai les dents, m'efforçant de me contenir.

— Il a découvert qu'il avait un enfant. Et, crois-moi, je n'y étais pour rien.

— D'accord, mais tu n'as pas dit toi-même que tu étais contente de ne pas t'être mariée ? Je lis ta rubrique, tu sais.

Ma douleur s'estompa légèrement : au moins avait-elle fait l'effort de lire mes articles. Mais pourquoi s'était-elle sentie obligée de s'en servir contre moi ? J'expirai lentement, craignant que la discussion ne se mette à tourner en rond.

— Oui, répondis-je enfin. Parce que notre relation n'était pas saine. Et parce que ça m'a permis de retrouver Brendan, avec qui je pense vraiment pouvoir vivre quelque chose de fort.

— Moi aussi, c'est ce que je pense chaque fois. Mais je passe d'un homme à l'autre, tout comme toi. Je tombe amoureuse, puis ça me passe. Nous sommes très douées pour ça, mais pas pour nous attacher.

— Je suis capable de m'attacher. J'ai vécu à Vegas quasiment toute ma vie.

— Justement… J'ai peur qu'à cause de ça tu ne saches pas vraiment qui tu es. Tu l'as dit toi-même dans ta rubrique : tu as perdu une partie de toi-même. Je m'en souviens, parce que c'est exactement ce que j'ai ressenti juste avant mon divorce. J'étais une mère et une épouse, mais tout ce qui faisait ma personnalité propre avait disparu.

La douleur se réveilla, déchirante. Je ne lui avais pas suffi, pas plus que papa. À cause de nous, elle s'était sentie perdue. Je comprenais, mais cela ne m'en faisait pas moins mal.

— Mais ça ne veut pas dire que je ne vous aimais pas, ajouta-t-elle. Tu le sais.

Elle tendit la main vers moi, semblant vouloir la poser sur mon épaule. Puis elle hésita, comme si elle ne savait pas si elle pouvait me toucher. Je n'avais pas la réponse, moi non plus.

— Ce que j'essaie de te dire – pas très adroitement, je l'admets –, c'est que je ne veux pas que tu le ressentes comme un échec si ta relation avec Brendan ne fonctionne pas, ou si tu te rends compte dans quelques mois que tu veux être avec un autre, ou même si tu découvres que tu as envie d'être seule de temps en temps.

Elle laissa finalement tomber la main sur mon épaule, les yeux plongés dans les miens, et j'eus l'impression qu'elle me demandait de lui dire qu'elle aussi avait le droit de s'en aller. Que ce n'était pas grave. Ou peut-être était-ce sa manière de m'expliquer pourquoi elle était partie quand j'étais petite. Mais je n'étais pas d'accord. Si elle voulait du réconfort, il faudrait qu'elle aille voir quelqu'un d'autre.

Je m'emparai des premiers hauts qui me tombèrent sous la main, sans même prendre la peine de vérifier les tailles, et m'éloignai vers les cabines d'essayage. J'avais besoin d'être un peu seule. Loin d'elle. La partie rationnelle de mon cerveau me répétait qu'elle n'avait pas la moindre idée de ce dont elle parlait. Elle ne me connaissait même pas – pas vraiment. Pourtant, un doute se frayait peu à peu un chemin dans mon esprit. Avais-je inconsciemment saboté ma relation avec Grant ? Étais-je en train de faire la même chose avec Brendan ?

Une maison, un homme et des enfants, ça avait toujours été mon objectif. Mais en avais-je vraiment envie ou ne cherchais-je qu'à me prouver que je n'étais pas ma mère ? J'étais censée passer le week-end à me rapprocher de Brendan et, au lieu de ça, je le passais avec la seule personne capable de semer l'incertitude dans mon esprit et de me faire douter de tout.

À cet instant, la voix de ma mère me fit revenir à la réalité :

— Dakota ? Et si après ça on faisait le tour des casinos ? On peut se prendre un sandwich sur la route, et j'ai très envie de goûter à un de ces fameux cocktails de Vegas.

— Oui, pourquoi pas ! criai-je, principalement parce que lui résister était une bataille perdue d'avance et que je n'en avais pas la force.

Le tissu rose du tee-shirt que je venais d'enfiler s'accrocha à mon soutien-gorge, et je tirai dessus pour bien le mettre en place. Puis je me tournai vers mon reflet et lui demandai ce que je voulais vraiment. J'espérais qu'il me dise que je n'étais pas brisée. Que je pouvais surmonter mes problèmes de confiance et que j'étais, en fin de compte, du genre à m'attacher.

Chapitre 25

En m'éveillant le matin suivant, je mis quelques minutes à me rendre compte que je me trouvais dans le lit de Brendan qui dormait paisiblement à mes côtés. Mes poumons semblèrent soudain peser une tonne, et, lorsque je tentai de déglutir, j'eus l'impression d'avoir avalé un seau de sable. Une violente migraine me battait les tempes, mais je fis de mon mieux pour l'ignorer et remettre en ordre les souvenirs de la veille.

Des bribes me revinrent peu à peu. Le shopping avec ma mère, ses remarques blessantes… Elle avait prétendu que je n'étais pas du genre à m'attacher… M'avait traînée dans divers casinos, où elle était allée des machines à sous au poker en passant par le black-jack pour finir au craps… J'avais joué quelques parties çà et là et gagné 60 dollars pour en perdre aussitôt la moitié. Ma mère, quant à elle, avait perdu 1 000 dollars. Et le plus étrange, c'était qu'elle en semblait heureuse.

Nous avions bu, peut-être un peu trop. On nous avait servi les Long Island Ice Tea les plus chargés en alcool que j'aie jamais goûtés, mais, pour une raison inconnue, je n'avais cessé d'en reprendre. Bon d'accord… La raison, je la connaissais : j'étais terrorisée à l'idée d'être comme ma mère, et cela n'avait fait qu'empirer en voyant tous les hommes avec qui elle avait flirté au cours de la soirée.

Nous avions aussi ri et dansé, mais le fait de m'amuser avec elle n'avait fait que m'inquiéter davantage. Du coup, j'avais commandé d'autres verres. Satanée Vegas ! Moi qui croyais, après toutes ces années, être immunisée contre ses charmes !

Cependant, je devais bien avouer que tout oublier pendant quelques heures avait vraiment été très agréable.

Je me souvins alors d'un homme qui m'avait attirée contre lui sur la piste de danse, et mon ventre se serra.

Puis je me vis le repousser en lui disant que j'avais un petit ami. *Ouf !*

J'avais le vague souvenir d'être montée à l'arrière d'un taxi en fin de soirée, mais la suite ne me revenait pas. Comment m'étais-je retrouvée au lit avec Brendan West ? J'étais enfin arrivée là où j'avais tant voulu me trouver, mais je n'avais pas la moindre idée de ce que j'y faisais. Et, surtout, je ne savais pas jusqu'où les choses étaient allées. Je voulais que notre première fois soit mémorable, et l'idée d'en avoir perdu tout souvenir me glaçait.

Rongée d'appréhension, je jetai un coup d'œil sous les couvertures. Et poussai un soupir de soulagement.

Je portais toujours mes vêtements de la veille. Et ils empestaient la fumée.

Brendan remua puis ouvrit les yeux, les paupières lourdes.

— Bonjour, fit-il. Comment va la fêtarde, ce matin ?

Je pressai les bouts de mes doigts sur mes tempes douloureuses.

— Embrouillée. Et confuse. Comment je suis arrivée ici ? Est-ce que tu as dû me porter ? Ce serait beaucoup trop embarrassant…

— Non, tu es venue toute seule. (Brendan leva la main pour étouffer un bâillement.) Tu es entrée dans ma chambre, tu m'as dit que tu allais réaliser mes rêves les plus fous, tu as titubé jusqu'à mon lit et tu m'as embrassé…, et puis tu t'es endormie sur moi.

Je grognai et tirai la couverture sur ma tête.

— Encore plus embarrassant. Génial !

Brendan éclata de rire et m'enleva la couverture.

— Ce n'était pas si mal, vraiment. Tu dis des choses marrantes dans ton sommeil.

Je secouai la tête, mortifiée, et il m'attira contre lui. Ses cheveux étaient en bataille, son torse nu. J'appuyai ma tête contre lui. Sa peau était tiède, et son cœur battait tout contre mon oreille.

Je me redressai brusquement, et le regrettai aussitôt, car une douleur aiguë me transperça la tête.

— Et ma mère ? Est-ce qu'elle est bien rentrée ?

— Elle va bien. Je suis allé vérifier après que tu t'es endormie. Vous avez dû passer une sacrée soirée !

— C'était… intéressant. D'abord j'étais dans une cabine d'essayage, furieuse contre elle. Et, l'instant d'après, on était au *Caesars Palace* et elle était tellement à fond que j'aurais eu du mal à ne pas me laisser entraîner. Après ça, on a beaucoup bu… Je suis à peu près sûre qu'elle va quitter Frank et que c'est pour ça qu'elle est venue me voir. Pourtant, je croyais vraiment qu'elle allait réussir à s'installer cette fois-ci, mais… j'imagine que ce n'est pas son truc…

Mais était-ce le mien ? Je refusais de croire que j'étais incapable de m'attacher durablement. Je pouvais tout faire si je le voulais vraiment. J'étais sortie avec des tas d'hommes qui n'étaient pas bons pour moi, mais j'avais aussi fréquenté des mecs bien avec qui ça n'avait simplement pas collé. Pas besoin de « sabotage » pour ça. Mais comment savoir si mon envie de me marier et de fonder une famille n'était pas qu'une idée stupide à laquelle je me raccrochais parce que je ne savais pas abandonner ?

De toute façon, Brendan serait probablement soulagé si je lui disais que je ne veux plus de ça.

Brendan posa la main sur ma joue.

— D.J. ?

— Ça va, mentis-je avec le sourire le plus convaincant que je pus invoquer. J'ai une sale gueule de bois, mais ça va. Je crois que je vais prendre quelques aspirines et aller voir si ma mère en a besoin aussi.

Il m'attrapa par le bras pour m'empêcher de me lever.

— Il faut que je te parle, D.J., dit-il d'un ton qui n'augurait rien de bon.

Aussitôt, ma migraine empira.

— Laisse-moi d'abord prendre quelques cachets, une douche et un café, d'accord ? J'ai trop mal à la tête.

Il relâcha mon bras et hocha la tête. Son air sombre m'inquiétait. Des scénarios catastrophe se bousculaient déjà dans ma tête, mais, grâce à ma gueule de bois, ils restaient flous et indistincts. Dès que j'aurais retrouvé mon état normal, je prendrais mon courage à deux mains et demanderais à Brendan ce qu'il voulait. Au moins, comme ça, je saurais si nous avions une chance d'être à peu près sur la même longueur d'onde – en espérant que, d'ici là, je parvienne à savoir sur quelle longueur d'onde je me trouvais.

Argh ! Je ne boirai plus jamais ! Régler mes problèmes en étant en pleine possession de mes moyens était déjà assez difficile à mon goût.

Lorsque je sortis de la douche, ma mère était déjà debout et avait préparé du café. Il n'en fallait pas plus pour qu'aussitôt je sois presque prête à tout lui pardonner. Mais, lorsque la caféine m'eut remise un peu d'aplomb, je compris qu'il fallait que nous ayons une vraie conversation.

— Maman, qu'est-ce qui se passe entre Frank et toi ?

— Tu sais ce qu'on devrait faire ? demanda-t-elle sans m'écouter, en me montrant sur son portable la photo d'une petite maison avec vue sur la mer. On pourrait s'installer là-bas. Tout oublier pendant un moment. On pourrait vivre tous les jours comme hier soir : rien que toi et moi, à sortir ensemble et à faire les folles. Ce ne serait pas génial ?

Apparemment, ma mère s'était fait de moi l'image d'une fêtarde, et je ne savais pas comment lui dire que j'étais loin d'en être une. Bien sûr, je m'étais amusée la veille, mais ce n'était pas vraiment moi. Ni la personne que je voulais devenir.

— J'ai une vie, ici, répondis-je. Des amis. Un petit ami. Un travail. Et toi, tu as ta maison avec Frank, non ? Vous n'avez pas presque fini de la retaper ?

Ma mère posa son portable et soupira :

— Je crois que ça ne va pas marcher avec Frank. Je l'aime beaucoup et j'ai passé de bons moments avec lui, mais j'ai besoin d'une nouvelle aventure.

Au moins, elle admettait enfin ce qui l'avait amenée jusqu'à moi. Dommage que cela ne m'aide pas à me sentir mieux…

— La vie ne doit pas toujours être une aventure, rétorquai-je. Parfois, il faut s'occuper de choses ennuyeuses ou difficiles. Tu ne peux pas prendre la fuite chaque fois que ça devient compliqué.

Bon, peut-être étais-je un peu hypocrite, puisque j'avais moi-même repoussé le moment de parler à Brendan, mais j'avais bien l'intention de mettre un terme à cette situation.

— Je ne prends pas la fuite, soupira-t-elle. Comme je te l'ai dit, toi et moi, nous ne sommes pas du genre à nous installer.

— Non. Toi, tu n'es pas de ce genre-là. Moi, mon genre, c'est la fille que sa mère a abandonnée alors qu'elle avait besoin d'elle !

J'étais la première surprise de mon éclat, mais je me sentis aussitôt profondément soulagée : enfin, je n'aurais plus à ravaler ma rancœur ! Faire les boutiques et se soûler ensemble n'effaçaient pas le passé.

Ma mère pâlit.

— Alors c'est de ça qu'il est question. Je me suis excusée. Je ne peux pas changer le passé.

— Tu as dit être désolée de ne pas avoir eu la fibre maternelle, mais ce n'est pas s'excuser de ne pas avoir été là. Alors peut-être que toi, tu fuis tes responsabilités, mais moi, j'ai des obligations ici. Et je vais jusqu'au bout des choses.

— Je t'admire pour ça. J'espère seulement que tu ne vas pas te réveiller un jour avec l'impression d'avoir gâché ta vie.

Ma mère posa sa tasse de café et se passa la main dans les cheveux.

— Je crois qu'il est temps que je m'en aille, ajouta-t-elle.

« Gâcher sa vie » : était-ce ainsi qu'elle voyait les années passées avec mon père et moi ?

— Préviens quand même Frank que tu le quittes. Il mérite au moins ça. Il ne mérite pas de se réveiller un jour, comme moi, pour se rendre compte que tu n'es plus là.

À ces mots, une douleur déchirante me poignarda le cœur. Je n'avais pas voulu rouvrir toutes ces vieilles cicatrices. J'avais seulement voulu lui parler de Frank, lui demander si elle allait bien. Avoir une vraie conversation honnête et franche. Mais soudain ma colère avait repris le dessus. Parce qu'elle m'avait abandonnée. Parce que j'avais dû contenir ma peine pendant des années. Refouler toutes ces émotions m'avait rendue amère, et, à vrai dire, cela faisait des années que j'aurais dû les exprimer.

Pour se construire un avenir, peut-être fallait-il simplement affronter le passé. Tourner enfin la page.

Ma mère sortit de la cuisine.

— J'espère qu'un jour tu trouveras ce que tu cherches, lançai-je dans son dos.

Elle hésita, puis se retourna.

— Toi aussi, Dakota. Toi aussi.

Les larmes me montaient aux yeux. Je m'apprêtais à retourner voir Brendan quand mon téléphone se mit à sonner.

— Est-ce que tu as lu le journal ? me demanda Jillian à l'autre bout du fil, sans même prendre la peine de me saluer.

Je reniflai, m'efforçant de dissimuler le fait que j'étais sur le point de fondre en larmes.

— Oui, j'ai vu. Je suis furieuse, mais j'imagine que ça aurait pu être pire.

— Waouh ! Peut-être que ce cours de gestion de la colère t'a changée, finalement ! Moi, je n'aurais jamais pu rester aussi calme si mon ex avait écrit une lettre au journal et que mon petit ami apparaissait dans la rubrique mondaine pour avoir flirté avec une autre femme !

À la seconde où Jillian ouvrit sa porte, elle me tendit le *Las Vegas Beacon*, ouvert sur son iPad. Elle ne prit pas le temps de me faire la discussion ni même de me demander de ne pas m'énerver. Au moins, avec ça, la dispute avec ma mère était reléguée au second plan…

Les mains tremblantes, je parcourus en diagonale la rubrique mondaine. Les premiers paragraphes, comme toujours, parlaient de célébrités et des night-clubs où on les avait aperçues. Puis j'aperçus le nom de Brendan, et mon souffle se bloqua dans ma poitrine.

> *Brendan West a été repéré hier soir à l'*Aces Resort. *Sachant qu'il y travaille, l'information n'a rien d'un scoop, mais, cette fois-ci, il n'était pas en train de boire un verre au Terra en compagnie de Dakota Halifax. Non, il flirtait avec une beauté brune qui, selon nos sources, travaille également au casino. Dakota aurait également été vue hier soir, au* Pure, *où elle buvait et dansait comme une vraie célibataire. Nous ignorons lequel des deux a largué l'autre, mais on dirait qu'ils ont déjà tourné la page. Messieurs, si vous attendiez*

l'occasion de conquérir notre célèbre organisatrice de mariage, c'est le moment ! Il paraît qu'elle est en train de se redécouvrir !

Mes jambes se dérobèrent sous moi, et je me laissai tomber sur le canapé. Comme si l'information ne suffisait pas, la petite pique finale me faisait l'effet d'un jet d'acide sur la blessure que venait de m'infliger Phoebe en me poignardant dans le dos.

— Il doit y avoir une bonne explication, dit Jillian. Après tout, si elle a inventé cette histoire sur toi au *Pure*...

— J'y étais. Comment fait-elle pour tout découvrir aussi vite ? (Jillian ouvrit de grands yeux interrogateurs.) Ma mère a débarqué avant-hier, et elle et moi..., on est sorties. Le jeu a mené à la boisson, et la boisson a mené à la danse. Mais je ne sortais pas en tant que célibataire, et je ne pensais certainement pas que Brendan le faisait !

Jillian enroula une de ses boucles brunes autour de son index.

— En tout cas, déclara-t-elle enfin, j'ai vu la façon dont il te regardait l'autre soir, et tu le connais depuis des années, donc... sa soirée a peut-être été comme la tienne. Innocente.

Étant donné son scepticisme vis-à-vis de l'amour, c'était probablement le discours le plus positif dont elle était capable. En revanche, une petite voix méfiante dans ma tête me soufflait que, même si je l'avais connu des années auparavant, nous venions à peine de nous retrouver. Puis je le revis m'apporter un café et tenter de me protéger de ma mère, et me dis qu'il me connaissait mieux que quiconque.

Mais qu'avait-il dit, au réveil ? « Il faut que je te parle, D.J. » C'était pour le moins inquiétant. Que s'apprêtait-il à m'annoncer ? Qu'il s'était découvert des sentiments pour une collègue ? Qu'il voulait fréquenter d'autres femmes ? M'arracher le cœur ?

— Je ne... sais pas, balbutiai-je enfin. Je voudrais bien te répondre « bien sûr que oui », mais...

Ma gorge se noua. Après tout, jamais je n'aurais pensé une seconde que Grant s'apprêtait à me plaquer au pied de l'autel, et pourtant je le connaissais bien. Il y avait tant de choses sur lesquelles je m'étais trompée dernièrement que je n'avais plus la moindre confiance en mon propre jugement.

— Je n'aurais peut-être pas dû t'en parler, dit Jillian, mais... je suis censée être celle qui lit ce genre de choses et t'informe de ce qui est important tout en essayant de te préserver de ce qui va te faire du mal. Mais ça... Je ne peux pas rester là et faire comme si de rien n'était alors qu'il te trompe.

Les larmes aux yeux, je serrai la main de Jillian dans la mienne.

— Je préfère être là avec toi plutôt que de lire ça toute seule.

Je clignai des yeux pour chasser mes larmes et expirai longuement. Il était temps de voir ce que mon ex avait raconté dans sa lettre à la rédaction.

Quand les « non, je ne veux pas » se changent en « oui, je le veux »

Avez-vous déjà désiré une chose au point d'écrire une lettre à un journal ? Pris conscience de combien vous la désiriez au moment même où vous l'abandonnez ? Je m'appelle Grant Douglas, et, si vous vous demandez pourquoi ce nom vous est familier, c'est qu'il a été mentionné récemment dans la rubrique de Dakota Halifax, « Prête-à-marier ». Je suis son ex-fiancé.
Dakota a dit vrai. Notre mariage a été très bien organisé. C'est elle qui a fait tout le travail, et j'ai honte d'admettre que je ne l'ai pas aidée ni soutenue autant que je l'aurais dû. Je m'étais dit qu'un mariage en croisière serait plus facile. Que ça allégerait l'angoisse que je ressentais à l'idée de me marier. Je voulais la rendre heureuse. Je me suis dit que mes peurs n'étaient que les peurs habituelles d'un homme sur le point de s'engager. Puis, alors que je paniquais déjà à l'approche de la date fatidique, une de mes ex a refait surface pour m'annoncer que j'étais le père de son enfant. Je ne l'ai pas très bien vécu. Déjà usé par la pression, je me suis perdu. Je regrette de ne pas avoir été plus

fort et de ne pas avoir osé en parler à ma fiancée. Je hais l'idée d'avoir fait du mal à Dakota. De l'avoir fait pleurer. Je pense que nous avons tous les deux oublié qui nous étions et ce que nous voulions. Comme elle, j'ai passé ces derniers mois à essayer de me retrouver, et j'écris cette lettre pour prendre la responsabilité de mes actes.

J'ai merdé. Et je vais devoir vivre avec ça toute ma vie. Pourtant, j'aime ma nouvelle vie. Je suis le père d'un fils formidable, et j'apprends peu à peu à assumer mes erreurs et à devenir une meilleure personne. J'espère que cette lettre permettra à ceux que j'aime de me pardonner, au moins pour une partie de la douleur que je leur ai infligée. Je suis désolé, Dakota, surtout pour toi. À présent, peut-être que moi aussi, je peux tourner la page.

Grant Douglas
Las Vegas, Nevada

— Merde ! murmurai-je en secouant la tête, essayant de refouler une nouvelle vague de larmes. Je ne m'attendais pas à ça. Surtout que je l'ai incendié la dernière fois que je l'ai vu.

Il avait pris ses responsabilités et exposé ses sentiments d'une manière qui, je le savais d'expérience, vous donne envie de vomir avant de disparaître dans un trou de souris.

— Ouais, c'est vrai qu'il a eu du courage. Et pourtant Dieu sait que je ne fais pas partie de son fan-club.

Jillian me reprit doucement son iPad – je ne m'étais pas rendu compte que je le serrais si fort entre mes doigts – et le posa sur la table basse.

La lettre de Grant. Le satané article de Phoebe. La femme qu'on avait vue avec Brendan. Tout cela accumulé, c'était trop. J'étais submergée de doutes et de peurs, et seule ma colère me permettait de tenir le coup. J'étais terrassée à la fois par la douleur passée d'avoir aimé Grant et la douleur présente d'aimer Brendan.

J'aimais Brendan. Et pas seulement comme un ami. J'étais amoureuse de lui. Un amour fou, ardent, qui me donnait envie de tout partager avec lui.

Ma mère avait tort, et, à présent, je trouvais même ridicules mes angoisses. Notre façon d'aimer n'était pas génétique. Elle et moi tombions peut-être amoureuses rapidement, mais je n'avais jamais cessé d'aimer qui que ce soit. Bien sûr, j'avais eu des relations qui n'avaient pas fonctionné, mais chaque rupture m'avait dévastée, même lorsque c'était moi qui partais. Je m'impliquais. J'aimais.

Je me levai. J'ignorais où j'allais, mais je savais que j'avais besoin d'aller quelque part. De faire quelque chose. Ma vie m'échappait de nouveau. Peu à peu, je perdais le contrôle. Toute la colère et les émotions que j'avais refoulées, même celles que j'avais cru avoir dépassées, remontaient à la surface.

Il fallait que je leur échappe avant de m'effondrer et de me mettre à hurler jusqu'à ce que ma gorge soit au moins aussi écorchée que mon cœur.

Chapitre 26

Je ne savais pas vraiment comment j'avais échoué dans ce salon de tatouage ni même ce qui m'avait pris de m'y rendre. Brendan avait essayé de m'appeler, mais même si j'avais hésité à décrocher pendant plusieurs secondes, le cœur tellement noué que je pouvais à peine respirer, je n'étais pas prête à lui parler. En regardant les dessins affichés sur les murs, je me demandais combien de personnes s'étaient fait faire des tatouages qu'ils avaient regrettés par la suite. Et combien étaient totalement ivres ce jour-là. Car, sérieusement, tout ce qui se passait à Vegas ne restait pas à Vegas.

Bien sûr, j'étais certaine que des tas de gens étaient venus au salon après mûre réflexion ou s'étaient fait faire sur un coup de tête un tatouage qu'ils avaient adoré. En revanche, je doutais fortement que l'un d'eux soit entré pour les mêmes raisons que moi. Je m'avançai vers le bureau d'un pas décidé.

— Vous avez rendez-vous ? me demanda la jeune réceptionniste couverte de tatouages.

— Pas vraiment.

Je détestais quand les gens répondaient ça. Soit on avait un rendez-vous, soit on n'en avait pas. Mais je le disais tout de même.

— Je voudrais voir Wild Bill. Il est là ?

Elle jeta un coup d'œil vers une porte ouverte.

— Il est là, et son dernier client vient de partir. Il devrait pouvoir s'occuper de vous maintenant si vous savez quel tatouage vous voulez.

Rien que pour voir sa réaction, je fus tentée de lui annoncer que Wild Bill était mon mentor de gestion de la colère. Ce n'était pas tout à fait vrai, mais, si je devais parler à quelqu'un d'un sentiment de frustration si intense que j'avais envie de me mettre à hurler et de ne plus jamais m'arrêter, il me semblait être la personne indiquée.

— Pouvez-vous seulement lui dire que Dakota Halifax aimerait lui parler ?

Elle commença à se lever, mais Wild Bill passa la tête par l'encadrement de la porte. Il me dévisagea un instant, puis un immense sourire s'afficha sur son visage.

— Hey ! Tu es venue pour un tatouage ?

— En fait, j'espérais pouvoir te parler.

Il m'indiqua la porte d'un grand geste de la main.

— Le docteur est là.

Je m'assis sur une chaise dans un coin et, quelques minutes plus tard, j'avais vidé mon sac. Pour être franche, j'avais choisi de me confier à lui parce que j'avais craint d'effrayer Jillian avec toute ma colère accumulée et que je ne connaissais personne d'autre qui pourrait me comprendre.

— Et maintenant, conclus-je, c'est comme si toutes les émotions que j'ai réprimées pendant des années se libéraient en même temps. J'ai essayé de me servir des conseils du cours, mais j'ai encore l'impression de perdre le contrôle de ma vie. Je sais bien que je ne peux pas tout contrôler, mais je ne sais pas comment le supporter. Une chose est sûre : c'est que je ne peux pas me contenter de penser à autre chose en respirant profondément. Mais, en même temps, je n'ai pas envie de déraper de nouveau. Tu vois ce que je veux dire ?

— Je comprends, répondit-il avant de se pencher sur moi comme s'il s'apprêtait à me révéler son plus grand secret. Tu veux savoir ce que je fais quand je suis à ce point en colère ?

Je hochai la tête.

Wild Bill se leva.

— Suis-moi.

Il me vint vaguement à l'esprit que je devrais peut-être lui demander où nous allions, mais je ne pris pas le temps de poser la question. Il avait une étincelle particulière dans le regard, et je savais qu'il avait un plan. C'était si agréable de me concentrer sur autre chose que l'angoisse et la frustration qui m'étouffaient que je ne pris même pas la peine de m'interroger.

Nous sortîmes par la porte de derrière, qui menait sur une étroite ruelle. *Un vrai coupe-gorge*, songeai-je, mais je plaignais quiconque essaierait de trancher la gorge de Wild Bill. Il frappa à la porte d'une vieille bâtisse délabrée, et je me dis soudain que j'aurais peut-être dû m'enquérir de notre destination. Il ne me restait plus qu'à ajouter cette situation à la liste des choses sur lesquelles je n'avais plus aucun contrôle. En fait, j'étais à peu près sûre que Wild Bill s'apprêtait à me vendre de la drogue. Peut-être était-ce sa manière à lui de se détendre, mais moi, j'avais besoin d'une solution plus permanente.

L'homme qui ouvrit la porte était deux fois plus imposant que Wild Bill et semblait s'être pris une muraille de plein fouet : son visage était aplati, avec le nez tordu sur le côté.

— Euh… Bill ? murmurai-je en reculant d'un pas.

Wild Bill me prit par la main et m'entraîna à l'intérieur. Au milieu d'une grande salle trônait un ring de boxe, sur lequel deux hommes s'entraînaient, et le reste de l'espace était occupé par toutes sortes de punching-balls. Il y régnait une odeur typique de salle de sport : un mélange de cuir, de renfermé et de sueur.

— On a besoin de se libérer d'un peu d'agressivité, expliqua Wild Bill.

L'homme au visage plat hocha la tête.

— Prenez votre temps, répliqua-t-il en envoyant une grande claque dans le dos de Wild Bill.

Ce dernier sortit d'un casier une paire de gants de boxe et m'entraîna vers un punching-ball.

— Tu as déjà frappé dans un de ces trucs ? me demanda-t-il.

Malgré toutes mes années de sport, je n'avais jamais pratiqué la boxe, à moins de compter les quelques coups de poing en l'air des parcours d'entraînement. Je secouai la tête, et Wild Bill m'enfila les gants.

— Quand j'ai besoin d'évacuer ma colère, que je me sens frustré ou que j'ai simplement besoin de m'éclaircir les idées, je cogne.

Mon regard se posa sur ses bras musculeux. Apparemment, il en avait souvent besoin.

Il me montra comment me tenir, puis m'expliqua :

— Maintenant, pivote sur tes hanches et frappe le sac en plein milieu. Garde ton poing bien serré.

Je frappai, faisant retentir un agréable claquement.

— Très bien. Maintenant, qui as-tu envie de frapper ?

— Personne. (Wild Bill haussa un sourcil broussailleux.) D'accord, soupirai-je. J'aimerais bien commencer par Phoebe.

— Vas-y, fit-il en désignant d'un geste le punching-ball noir au cuir craquelé.

— Mais ce n'est pas malsain d'imaginer ça ? On n'est pas censés éviter les images violentes ?

— Ce qu'on est censés faire, c'est éviter d'agir sur la base de ces images. Et ça, c'est le meilleur moyen que j'ai trouvé pour m'en libérer l'esprit. Maintenant, au lieu de me laisser entraîner dans une bagarre dans un bar, je me retire et je viens ici pour tabasser un sac. Crois-moi : c'est exactement ce qu'il te faut.

Je frappai une fois, puis deux, puis trois.

Wild Bill attrapa le sac qui se balançait et le maintint en place.

— Qui d'autre ? demanda-t-il. Ce mec qui t'a larguée le jour de ton mariage ?

— Non, ça va. J'ai tourné la page. Il a même fait publier une lettre d'excuse dans le journal.

Pour que toute la ville puisse la lire.

— Conneries. Pense à toute la colère, à toute la frustration qu'il t'a fait ressentir, et cogne. Continue à cogner jusqu'à ce que tu n'en puisses plus.

Je pris une grande inspiration et frappai. Encore et encore. Mes bras et mes poumons me brûlaient un peu plus à chaque coup. Lorsque je ne fus plus en mesure de me servir de mes poings, je donnai des coups de pied. Ainsi, je pansai la blessure que ma mère avait infligée à mon amour-propre en partant. J'évacuai la frustration que j'avais ressentie lorsqu'elle avait une nouvelle fois pris la fuite. Je réparai les ravages que Grant avait causés dans mon cœur. Je fis disparaître l'image de Brendan en compagnie de cette collègue qui ne connaissait même pas son nom. Je donnai des coups de pied et de poing jusqu'à tomber, épuisée, essoufflée, sur le matelas.

Wild Bill s'assit à côté de moi.

— Ça va mieux ?

Je passai mon avant-bras sur mon front en sueur. Ma colère était passée, c'était vrai, et, même si rien n'avait changé, j'avais l'impression de pouvoir surmonter n'importe quoi.

— Oui.

— Si tu veux une carte de membre, je peux en parler à Dan.

Je parcourus la salle du regard. Les équipements et les hommes qui s'en servaient.

— Ça me plairait bien, répondis-je enfin.

Wild Bill hocha la tête, et je me relevai pour le serrer dans mes bras.

— Merci.

— À ton service, chérie.

Épuisée, les poumons en feu, en serrant dans mes bras un tatoueur aux cheveux grisonnants rencontré lors d'un cours de gestion de la colère, je venais de retrouver ce dont j'avais besoin. Je sentais que j'avais le contrôle. Pas sur tout ce qui m'arrivait, évidemment, car ma vie était devenue un véritable feuilleton télé depuis quelques semaines, mais sur moi-même.

J'étais prête à régler le problème que j'évitais depuis bien trop longtemps.

Lorsque je rentrai à la maison, Brendan était dans la cuisine.

— Qu'est-ce que tu foutais, D.J. ? Je te dis qu'il faut qu'on parle, et tu disparais de la surface de la terre ! Je commençais à m'inquiéter !

Rien qu'au son de sa voix, mon cœur s'emballa. J'essayai de ne pas penser que ce dernier serait réduit en un million de petits morceaux si jamais cette conversation tournait mal.

— Je suis désolée. Je suis prête.

Je pris une grande inspiration, décidée à affronter la suite des événements.

— Tu es au courant que Phoebe a parlé de toi dans sa rubrique cette semaine ? demandai-je enfin.

— C'est de ça que je voulais te parler.

Je me préparai au pire. Je me répétai que je pouvais tout supporter. J'étais forte. Ma mère m'avait abandonnée, mon fiancé m'avait quittée au pied de l'autel, et mon humiliation était devenue une affaire publique. Mais je me battais toujours.

Brendan contourna le comptoir, son regard plongé dans le mien. Malgré toute ma force, l'idée de le perdre me fit un coup dans la poitrine. S'il y avait ne serait-ce qu'une petite partie de lui qui voulait toujours de moi, je me battrais jusqu'à la mort pour le garder.

— Est-ce que je suis seulement « le bon pour le moment » ? Est-ce que c'est vraiment comme ça que tu me vois ? demanda-t-il.

Je secouai la tête.

— Non. Mais c'est ce que j'ai dit à Phoebe. Elle pleurait, elle posait des questions sur nous deux, et j'essayais d'être correcte avec elle. Je ne sais même pas pourquoi, d'ailleurs, puisqu'elle n'a apparemment pas eu envie de l'être avec moi. Mais je me rends compte que la formule sonne un peu comme une insulte pour toi, surtout mise par écrit.

— Ouais, je dois admettre que ça m'a fait mal de lire ça. En fait, j'ai même été surpris de constater à quel point ça m'a blessé.

— Et c'est pour ça que tu « flirtais » avec cette collègue au *Terra* ?

Brendan fronça les sourcils.

— Quoi ?

— C'est ce que disait l'article de Phoebe, aujourd'hui. Je me suis dit qu'il s'agissait de la fille qui t'a appelé Brandon. J'espère qu'au moins, maintenant, elle connaît ton vrai nom, murmurai-je en m'obligeant à le regarder dans les yeux. Mais c'était peut-être quelqu'un d'autre ? Dis-moi seulement la vérité, que je puisse essayer de l'accepter.

— C'est vrai, j'ai retrouvé Sheila au *Terra*. Elle m'a appelé et m'a dit qu'elle voulait me parler. J'ai essayé de refuser, mais elle a insisté. Alors comme tu étais sortie avec ta mère…

Une chape de plomb se déversa sur ma poitrine, pesante et froide. Je m'agrippai au comptoir, certaine que mes genoux s'apprêtaient à se dérober sous mon poids.

— Elle m'a montré le journal, poursuivit-il. La partie où tu disais que j'étais « le bon pour le moment ». Elle m'a dit qu'elle estimait que je devais être au courant.

Je revis la femme aux cheveux noirs et la façon dont elle avait tenté de le charmer.

— Ça ne m'étonne pas, murmurai-je.

Sentant monter en moi la jalousie et la colère, je pris une profonde inspiration et me concentrai sur le plus important.

— Et donc tu as… trouvé le réconfort dans ses bras ? demandai-je.

Il plissa le nez.

— Bien sûr que non. Elle m'a serré contre elle en voyant à quel point j'étais contrarié et elle m'a dit que je méritais mieux. Au début, j'étais tellement abasourdi que je n'ai pas réagi. Mon esprit tournait à cent à l'heure, et j'avais l'impression qu'on m'avait donné un grand coup de poing dans le ventre. Mais, quand elle m'a serré plus fort et a proposé qu'on aille chez elle, je l'ai repoussée en lui disant que j'étais toujours avec toi. Je me suis dit qu'il devait y avoir une explication et, depuis, j'essaie de comprendre où on en est tous les deux. Hier soir tu n'étais clairement pas en état de parler en rentrant et ce matin tu es partie. Je commençais à croire que tu t'apprêtais à me larguer ou même que tu l'avais déjà fait, mais que je n'étais pas encore au courant. (Un petit rire de soulagement s'échappa de mes lèvres.) D.J., ne te moque pas ! Tu te comportes si bizarrement depuis quelque temps… Alors s'il y a quelque chose dont tu as envie de me parler…

Je me jetai à son cou. Il mit quelques secondes à me rendre mon étreinte, mais, aussitôt, toutes les pièces que j'avais crues brisées en moi se remirent en place. Bien sûr, il restait toujours quelques fissures, mais elles ne me faisaient plus aussi mal.

— Je suis désolée, désolée que toute cette histoire soit devenue si dramatique.

Pendant un long moment, je me contentai de le serrer contre moi. Puis je sus qu'il était temps de parler avant qu'il se passe autre chose. Je ne voulais plus avoir peur ni me poser de questions. À contrecœur, je reculai d'un pas.

— Écoute, repris-je. Si j'ai dit ce que j'ai dit à Phoebe, c'était parce que j'avais peur de te faire fuir. Je sais que les relations sérieuses, ce n'est pas ton truc. Et je sais que je t'ai laissé croire que ce n'était pas le mien non plus et que je n'aspirais même plus à me marier… Mais, ce soir-là, je n'allais pas bien. Le mariage, c'est important pour moi.

— Et tu crois que je ne le sais pas ?

— Mais…

Brendan écarta les cheveux de mon visage et posa la main sur ma nuque.

— Je le vois chaque fois que tu parles des mariages que tu organises. Tu n'es pas douée pour dissimuler tes sentiments, et je suis très bon pour repérer les mensonges, dit-il en posant son pouce sur mon pouls, le faisant battre encore plus vite.

— Écoute, ce n'est pas grave, on peut rester amis… Pour le moment, on pourra s'en remettre, mais si on continue…

Mon cœur battait contre mes côtes comme s'il voulait s'échapper de ma poitrine avant d'être de nouveau blessé. Mais son pouce, toujours posé contre ma peau, m'empêchait d'envisager sérieusement de redevenir son amie.

— Je ne veux pas tout gâcher entre nous, poursuivis-je. Ça me tuerait de te perdre une deuxième fois.

— Tu ne me perdras jamais.

Ses mots, calmes et fermes, apaisèrent aussitôt les peurs qui s'agitaient en moi.

— Je ne veux pas gâcher notre amitié, mais je veux encore moins regretter de ne pas avoir tenté ma chance avec la femme la plus incroyable que j'aie jamais rencontrée, déclara-t-il avant de se pencher pour m'embrasser tendrement sur les lèvres.

Je clignai des yeux pour chasser mes larmes. Je voulais que ce soit fini, mais j'avais besoin d'être sûre que tout était parfaitement clair. Je ne voulais plus me poser de questions.

— Alors ça ne te poserait pas de problème si toi et moi étions dans une relation sérieuse, qui un jour, à l'avenir – mais un avenir peut-être pas si éloigné –, pourrait devenir encore plus sérieuse ?

Il prit une profonde inspiration, et je retins mon souffle.

— Ça ne me pose pas le moindre problème, répondit-il enfin en plongeant les yeux dans les miens. Je veux que tu saches que je compte rester ici. Je ne quitte plus Vegas. Je ne veux pas renoncer à ce que nous avons. Même dans les moments difficiles.

— Moi non plus.

L'espoir revenait, et je commençais à avoir mal aux joues à force de sourire. Tous nos ennuis étaient passés. Tous, sauf un. Je voulais l'ignorer, mais refusais que cela se retourne contre moi plus tard.

— Euh... en parlant de difficultés et puisqu'on en est à tout se dire... L'article de Phoebe a laissé entendre que j'étais libre et célibataire sur la piste de danse. Du coup, toute la ville doit penser que nous avons rompu. Ce n'est pas bien grave en soi, mais je voulais que cette fois-ci ce soit de moi que tu l'apprennes. Et aussi... euh... Grant a, en quelque sorte, écrit une lettre au journal pour s'excuser de m'avoir quittée le jour de notre mariage.

Brendan se tendit et serra les dents.

D'un geste apaisant, je posai la main sur son torse.

— En fait, repris-je, c'est une bonne chose. C'est le mot de la fin dont nous avions tous les deux besoin. À cause de la façon dont mon histoire avec lui s'est terminée, je n'arrivais plus à faire confiance. Mais j'en ai assez d'avoir peur. Je ne veux pas t'effrayer, mais je veux être honnête envers toi. J'aime être en couple et j'ai tendance à tomber très vite amoureuse. Je suis comme ça, conclus-je en haussant les épaules d'un geste désinvolte, comme si cette affirmation ne pesait pas une tonne.

— Et moi, répliqua Brendan, je n'ai jamais vraiment aimé être en couple et je ne tombe pas amoureux facilement.

J'avais la gorge nouée.

Brendan fit courir les doigts le long de mon cou et de ma clavicule.

— Mais cette fois, reprit-il, c'est différent. Je t'aime déjà, D.J.

Aussitôt, mon cœur sembla se métamorphoser en une nuée de papillons, et une chaleur réconfortante se répandit en moi.

— Moi aussi, je t'aime, soufflai-je.

Brendan m'attira contre lui et posa les lèvres sur les miennes pour une multitude de baisers. Mais alors qu'il m'embrassait avec une passion grandissante, que la chaleur entre nous montait de plus en plus, je reculai.

Il émit une espèce de grognement boudeur qui me fit éclater de rire. Je le serrai très fort dans mes bras pour lui faire comprendre que je n'allais nulle part et déposai un baiser au creux de son cou.

— Je dois juste te dire une dernière chose, commençai-je avant de lui mordiller doucement le lobe de l'oreille.

— Oui, répliqua-t-il d'une voix rauque. Quoi que tu dises, je suis d'accord.

Je souris contre sa peau, exhalai un souffle chaud à l'endroit exact où je l'avais embrassé et glissai les mains sous sa chemise. De nouveau, je souris en sentant les muscles de son dos se raidir sous mes doigts. J'avais l'impression de jouer une nouvelle partie de notre « cap ou pas cap » sexuel – sauf que, cette fois, nous allions tous les deux gagner. Un instant, j'oubliai ce que j'avais de si important à dire, mais la mémoire me revint peu à peu.

— Je voulais juste que tu saches que cette fois c'est différent. Oui, j'ai aimé d'autres hommes avant toi, mais jamais d'une manière aussi intense. Je n'ai jamais vécu une telle passion ni éprouvé un tel sentiment de sécurité. Et rien que pour ça, cette fois est différente pour moi aussi. Donc… ouais.

Son fameux sourire séducteur se dessina sur ses lèvres, et mon cœur sembla soudain se mettre au saut à l'élastique.

— Ouais, répéta-t-il.

Ce simple mot emplit mon cœur de tant d'amour que je crus qu'il allait éclater. Je serrai Brendan tout contre moi, pressant mon corps contre le sien.

— Et maintenant que tout est dit, repris-je, je devrais aussi préciser que cet après-midi j'ai découvert à quel point l'exercice physique pouvait être salutaire.

Ses doigts s'enfoncèrent dans ma peau.

— Je te préviens, murmura-t-il, ce n'est pas fair-play de m'allumer maintenant. Je n'ai aucun contrôle…

Il s'interrompit pour m'embrasser en me plaquant contre le mur, étouffant de sa bouche mon halètement surpris. Je mis un instant à me rendre compte du poids de son corps qui m'immobilisait et du gémissement rauque qui s'échappait de ses lèvres.

— J'en ai assez d'attendre, murmurai-je, essoufflée.

Puis je poussai un glapissement surpris quand il me jeta sur son épaule comme un homme des cavernes.

En plus d'être totalement excitant, cela m'offrit une très bonne vue sur son joli petit cul. Il me jeta sur son lit et m'embrassa ardemment avant de m'aider à me débarrasser de mes vêtements.

Lorsque nous fûmes tous deux en sous-vêtements et alors que je dévorais des yeux son corps athlétique, avec cet affriolant trait de poils qui disparaissait sous son boxer, il ralentit le rythme. Il me mordilla l'épaule en faisant courir les doigts sur mon ventre nu, le long de mon soutien-gorge. Puis il découvrit mon sein sous la dentelle violette. De petits frissons d'excitation me parcouraient la peau, et la chaleur qui montait en moi était à la fois un délice et une torture. Il passa l'index sous le bandeau qu'il suivit jusque dans mon dos avant d'en défaire l'attache.

Mon cœur battait à tout rompre tandis que ses doigts calleux caressaient mes zones les plus sensibles. Je l'attirai à moi pour sentir sa peau tiède contre la mienne et l'embrassai profondément. La veille au soir, ivre morte, j'avais apparemment eu l'audace de lui promettre que j'allais réaliser ses rêves les plus fous. Je ne savais pas si j'en serais capable, mais j'avais bien l'intention de passer la nuit entière à essayer.

Partie V

Sapin Serein – Faible

(Tout se déroule comme prévu.
Les petits ennuis se règlent sans
encombre. Les larmes versées sont
généralement des larmes de joie.
C'est facile de se laisser aller, mais
cet état de grâce est presque impossible
à maintenir sur de longues périodes.)

« Une fois, de temps en temps, au beau milieu d'une vie ordinaire, l'amour nous offre un conte de fées. »

Anonyme

Chapitre 27

Prête-à-marier, par Dakota Halifax

Les incidents de garde-robe

Le… hum… l'incident de miss Jackson a certes été visionné par des millions de téléspectateurs, mais le vôtre serait vu par des personnes que vous croisez régulièrement, ce qui rendrait la situation encore plus gênante. Voici quelques conseils pour éviter les incidents de garde-robe lors de votre grand jour. Premièrement, choisissez une robe qui vous va. Ne présupposez jamais que vous perdrez assez de poids pour entrer dans une taille plus petite. (Votre fiancé vous aime pour ce que vous êtes. Du moins, il a intérêt.) Si vous parvenez réellement à suivre le régime du siècle, la robe peut toujours être ajustée. En revanche, l'élargir sera presque impossible. Si vous faites le choix d'une robe bustier, assurez-vous qu'elle vous aille parfaitement bien et munissez-vous de Scotch double face. Attention, les mariées en bustier ressentent souvent le besoin de glisser le pouce dans le haut de leur robe pour la remettre en place. Mais, croyez-moi, vous ne voulez pas avoir les pouces dans votre robe sur toutes les photos de votre mariage. Oh, et les demoiselles d'honneur ? Quand vous aidez votre mariée en faisant bouffer sa traîne, rappelez-vous qu'il n'est pas nécessaire de la soulever trop haut. Le dernier rang va peut-être apprécier le spectacle offert par le « quelque chose de bleu » de la mariée, mais je doute que ce soit le souvenir qu'elle souhaite laisser à ses invités.

Les fermetures Éclair cassées sont synonymes de gros problèmes. Ne tirez jamais sur une fermeture bloquée. Ayez toujours de la cire sous la main. Généralement, ce n'est pas trop compliqué de dénicher une bougie lors d'un mariage.

En troisième point sur ma liste : prenez garde à ce que votre robe reste impeccable. Ne buvez aucune boisson colorée tant que la cérémonie n'est pas terminée, et regardez où vous vous asseyez. Vous vous souvenez de ces M&M's que vous avez laissés tomber dans votre voiture ? Vous ne voulez pas les retrouver fondus sur votre robe blanche. Choisissez des fleurs qui ne tachent pas. Demandez au fleuriste de retirer les étamines, surtout ceux des lis. Ils font des taches jaunes un peu partout et sont le cauchemar des allergiques.

Pour les hommes : vérifiez vos braguettes, cirez vos chaussures et prenez le temps de vous pomponner. Ça veut dire que la barbe doit être rasée si madame l'exige. Pourquoi ? Parce que c'est la mariée. Et, même si c'est elle que la plupart des invités vont regarder, peut-être parviendrez-vous à attirer un regard ou deux. Alors soyez beau, ce n'est que pour une journée. Je vous jure que vous pouvez y arriver.

Cela faisait longtemps que je n'avais pas eu le trac avant un mariage, mais, ce jour-là, j'avais l'estomac noué, et mon cœur battait comme après un cours de boxe. Valentina Maddox et Marcus Beecham étaient presque des royautés à Vegas, et leur mariage était digne de celui d'un roi et d'une reine.

Le thème des contes de fées commençait à prendre forme. Tout ce qui ne scintillait pas était couvert de fleurs, et certains objets avaient même réussi à combiner les deux. Nous avions commandé une fontaine végétale, dont chaque étage présentait une composition florale inédite. De longues vignes vierges et des guirlandes lumineuses semblaient en couler comme de véritables jets d'eau.

Dans la salle de réception, les centres de table étaient tout aussi complexes. Au départ, Valentina avait simplement exigé des roses rouges figées dans le verre, comme dans *La Belle et la Bête*. Puis elle avait craint que les gens ne s'imaginent qu'elle voyait Marcus comme une bête, et j'avais alors eu une idée de génie, ou probablement de folie : comme elle aimait aussi les autres contes de fées, j'avais suggéré de tous les intégrer dans le décor. Il y avait donc des carrosses de Cendrillon en argent et cristal, des chaussons de verre, des coquillages et des bougies pour *La Petite Sirène*, et des livres ornés d'or et de pierreries comme celui que l'on voit dans la scène d'ouverture de *La Belle au bois dormant*. Il y avait également un bouquet sur chaque table, et l'allée centrale était couverte de pétales couleur orchidée et cerise – ou rose et rouge, pour tous les hommes dans le coin. J'avais perdu le compte du nombre de fleurs que nous avions commandées, mais j'estimais que nous pouvions au moins rivaliser avec la parade du tournoi des roses.

— Où va celui-là ? me demanda une jeune fille qui ployait sous le poids d'un bouquet presque aussi grand qu'elle.

— Il y en a un autre identique dans le camion ?

Elle hocha la tête et tituba.

— Devant, indiquai-je en la prenant par le bras pour l'aider à rétablir son équilibre. Il y en aura un de chaque côté de l'autel.

En marchant à reculons, j'atteignis le haut de l'allée, là où le couple devait échanger ses vœux.

Au-dessus de ma tête, un homme était occupé à tendre le plafond d'un délicat tissu couleur pêche.

— Ce bouquet au milieu est légèrement décentré, lui dis-je. Déplacez-le de quinze centimètres vers la droite, s'il vous plaît.

Je n'avais jamais été responsable d'une équipe si nombreuse, mais un mariage de cette importance exigeait un personnel à la hauteur de l'événement. Pour l'heure, ma petite armée s'en sortait remarquablement bien et, plus important, suivait mes instructions à la lettre. Je l'avoue : je trouvais très amusant de consulter ma liste et de distribuer des ordres. Ça me rappelait un peu la façon dont mon père entraînait son équipe. *Appelez-moi le coach des mariages !*

Bien sûr, tout amusement mis à part, je n'avais pas d'autre choix que d'être rigoureuse : si mon équipe n'était pas à la hauteur, toute la ville en serait témoin – sans compter que je ne voulais pas décevoir Valentina, avec qui j'étais devenue très amie au cours des préparatifs du mariage. Et, pour couronner le tout, la cérémonie serait entièrement couverte par le *Beacon*. Le reportage apparaîtrait en première page, et je ne doutais pas que ma meilleure ennemie, Phoebe, serait là pour garder un œil attentif sur Brendan et moi, désireuse de rapporter l'état de notre relation à ses lecteurs.

Depuis trois mois, Brendan et moi vivions l'incroyable bonheur d'être à la fois un couple et les meilleurs amis du monde. Nous avions survécu à la partie la plus chargée de la saison des mariages et aux semaines que Brendan passait parfois au casino lorsque des clients fortunés exigeaient sa présence. Pendant ce temps, la rubrique mondaine n'avait cessé de lancer de folles spéculations au sujet de notre relation.

Bien sûr, je n'avais jamais dit un mot à Phoebe à ce sujet, même si j'avais envie de crier notre amour sur tous les toits – surtout durant cette incroyable phase de désir charnel effréné, quand nous passions le plus clair de notre temps au lit, à découvrir le moindre petit détail du corps de l'autre. Et, même lorsqu'un amour plus profond avait pris le dessus, le désir n'avait pas faibli. Mais, malgré tout, le seul commentaire que je me permettais était que je ne ferais plus le moindre commentaire.

Dès que les articles de Phoebe m'irritaient ou que j'avais l'impression d'être sur le point de perdre le contrôle, je me rendais à la salle de boxe. J'avais également rejoint une équipe de football. Mon travail m'assurait un revenu régulier, et une rumeur disait que ma rubrique allait bientôt paraître dans plusieurs journaux à la fois. L'idée que mes articles soient diffusés dans tout le pays était enthousiasmante et légèrement terrifiante.

Dans l'ensemble, ma vie était parfaite. Bien sûr, je passais parfois des journées infernales, mais elles ne semblaient plus si terribles lorsque je rentrais à la maison pour retrouver Cupidon et Brendan.

Plus que ce soir, et je pourrai profiter de quelques jours de repos avec mes deux garçons, songeai-je.

Les touches finales furent installées juste à temps pour l'arrivée de Valentina. Aussitôt, je la menai jusqu'à la pièce où elle devrait se préparer.

— Tu arrives à croire que je me marie aujourd'hui ? me demanda-t-elle alors.

— Bien sûr ! C'est l'événement mondain de l'année. *(Rien que ça… Pas de stress…)* Je crois que toute la ville va être là pour voir à quel point tu es sublime et célébrer ton union avec Marcus, poursuivis-je.

Encore une fois, pas de stress. Oh, avant d'oublier, il faut que je vérifie si tout va bien du côté des feux d'artifice et de mes pompiers. Au lieu d'attendre d'appeler la caserne, je leur avais demandé de m'envoyer quelques hommes au cas où. Je ne savais même pas comment M. Maddox avait obtenu les autorisations pour le spectacle pyrotechnique, et je n'étais pas très sûre d'avoir envie de savoir.

Naomi, une demoiselle d'honneur, entra en trombe dans la pièce, faisant claquer la porte contre le mur.

— Sarah a fait une appendicite ce matin ! Sa mère vient de m'appeler ! Il semblerait qu'elle ne puisse pas venir !

« Il semblerait… », songeai-je. Mais je ne dis rien. Mon esprit tournait déjà à plein régime, essayant de trouver différents moyens de calmer la mariée si elle se mettait à paniquer, ce qu'elle n'allait pas manquer de faire dans trois, deux…

— Qu'est-ce qu'on va bien pouvoir faire ? s'écria Valentina en passant les mains dans ses cheveux bruns, les yeux écarquillés. Le mariage est foutu ! On ne va pas pouvoir s'aligner ! Tout était parfait à la répétition et… Comment… ? Je…

— Que tout le monde reste calme, dis-je de ma meilleure voix apaisante en posant la main sur l'épaule de Valentina. Nous allons trouver une solution. Est-ce que tu préfères avoir une demoiselle d'honneur en moins ou trouver une remplaçante en urgence ?

Elle me regarda un instant en clignant des yeux d'un air absent.

— Je ne veux pas perdre la symétrie. Il nous faut quelqu'un pour remplacer Sarah.

— Tu as une idée de qui ça pourrait être ?

Valentina prit un air songeur et se mit à réfléchir à haute voix : si elle demandait à telle fille, telle autre serait vexée, et il y en avait aussi une qui ne s'entendait pas avec les autres. Elle mentionna un nom, mais Naomi lui rappela que la femme en question venait de rompre avec le témoin et avait décidé de ne pas venir.

Puis le regard de Valentina se posa sur moi, et je fus prise d'un mauvais pressentiment.

— Tu pourrais le faire, s'exclama-t-elle.

— Ah non ! Je dois m'occuper du mariage.

— Tu as toute une équipe pour te seconder. Et puis, pour régler les problèmes, il n'y a pas mieux que d'observer les événements de l'intérieur. (Valentina me prit les deux mains, le regard brillant d'espoir.) J'ai beaucoup d'estime pour toi et j'ai adoré travailler avec toi. Je n'aurais jamais cru qu'organiser mon mariage pouvait être si amusant. Si je t'avais connue avant de choisir mes demoiselles d'honneur, je t'aurais demandé d'en être une.

À ces mots, je me sentis fondre. Tous ces mariages auxquels j'avais assisté, et je n'avais jamais été demoiselle d'honneur. Cependant, ma joie fut de courte durée.

— Sarah est mince comme un cure-dents, objectai-je. Je ne pourrai jamais entrer dans sa robe.

Valentina croisa les bras et haussa un sourcil.

— Tu es en train de me dire que tu me laisses tomber ?

Elle me connaissait trop bien, et elle s'en servait. Tout en moi hurlait que c'était une mauvaise idée, qu'il devait bien y avoir une autre solution…

Mais ce que veut la mariée, elle l'obtient.

Je pouvais à peine respirer, sans parler de me déplacer, et entre le décolleté plongeant et l'étroitesse de la robe, ma poitrine était mise en valeur d'une manière qui me mettait extrêmement mal à l'aise. J'étais à peu près sûre qu'au moins un de mes seins risquait de s'échapper en cas de mouvement brusque, ce qui était tellement pratique quand il fallait courir partout pour veiller au bon déroulement d'une cérémonie.

Brendan fit son apparition au moment où je donnais mes instructions aux garçons d'honneur. Aussitôt, son regard se posa sur ma poitrine. Il en resta bouche bée.

— Je sais, dis-je. Ne cherche pas à comprendre.

Il aperçut les filles vêtues de la même robe céruléenne que moi et fronça les sourcils.

— Tu fais partie du mariage ? Comment j'ai pu rater cette info ?

— Ça vient d'arriver.

M. Maddox entra et m'adressa un grand sourire.

— Merci d'avoir sauvé la situation, Dakota, dit-il. Décidément, l'appendice de Sarah a bien choisi son jour pour exploser !

En d'autres circonstances, j'aurais rétorqué qu'il était injuste de reprocher à quelqu'un une chose qu'il ne contrôlait pas, mais, puisque c'était moi qui me retrouvais gainée dans une robe de deux tailles trop petite, je considérai que cela me donnait la liberté de faire des reproches à qui je voulais. Une chance que je me sois mise à la boxe et au football, sans quoi jamais je n'aurais été capable de remonter la fermeture Éclair.

— Ravie d'avoir pu vous dépanner, répliquai-je. Si vous voulez bien m'excuser, je vais aller vérifier le buffet.

Brendan me prit par le bras et m'attira vers lui pour m'embrasser, sans sembler se soucier du fait qu'il y avait plusieurs personnes dans la pièce, y compris son patron. Je me laissai aller entre ses bras et m'y détendis un instant. Le soir où nous nous étions tout dit, je m'étais répété que, s'il ne voulait pas de moi, je serais assez forte pour m'en remettre. C'était probablement du bluff, mais à présent je ne pourrais même plus prétendre être capable de l'oublier. Il me calmait quand j'avais besoin de me calmer, me faisait rire quand je devenais trop sérieuse, et j'étais suffisamment à l'aise en sa compagnie pour être vraiment moi-même. J'étais toujours celle qui résolvait les problèmes : quand il avait passé une dure journée, je préparais le dîner, louais un film d'action et m'assurais que lui et moi, ensemble, pouvions tout surmonter. Nous formions une super équipe.

— Bonne chance, murmura-t-il.

En réponse, je poussai un soupir – ou plutôt un demi-soupir, avec cette robe qui ne me laissait pas respirer.

— Non seulement tu vas faire un boulot d'enfer, mais en plus tu es hypersexy. Tout le monde ne va voir que toi.

Je souris. Il était charmeur, et je le récompenserais pour cela plus tard, mais j'espérais sincèrement que personne ne me remarquerait.

Je le quittai à contrecœur et partis effectuer les vérifications de dernière minute, l'esprit clair et l'objectif final en vue. À chaque geste que je faisais avec mes bras – et je me rendais compte que j'en faisais beaucoup – j'avais l'impression que les coutures de ma robe allaient toutes lâcher en même temps.

Au début de la cérémonie, mon cœur semblait s'être relogé au fond de ma gorge, et j'avais à la fois chaud et froid. Tenir un bouquet faisait resurgir des souvenirs traumatisants de mon mariage, et il y avait tellement d'invités ! Si je ne me calmais pas immédiatement, ce serait à mon tour de faire une appendicite.

Sur les côtés, je voyais mon équipe s'occuper de régler de menus détails et, même s'il était étrange de ne pas être parmi eux, j'étais contente de voir qu'ils se débrouillaient très bien sans moi. Mon regard dériva vers Brendan, assis au milieu de la foule des invités, et il m'adressa un sourire suivi d'un discret signe d'encouragement.

— Si quelqu'un s'oppose à cette union, déclara le prêtre, qu'il parle maintenant ou se taise à jamais.

Je me tournai brusquement vers l'autel, tous mes muscles raidis. De nos jours, la plupart des mariés ne souhaitaient pas entendre cette partie, mais le prêtre était un vieil ecclésiastique qui tenait à ses traditions. J'étais prête à parier que dans sa jeunesse il devait échapper aux tigres à dents de sabre pour venir officier dans les mariages. Je parcourus la foule du regard, menaçant en silence quiconque aurait l'outrecuidance d'opposer une objection.

Heureusement, rien de tel n'arriva. Les « oui » furent prononcés, Valentina et Marcus furent officiellement déclarés mari et femme, et le prêtre autorisa Marcus à embrasser la mariée.

En les voyant échanger ce baiser, je me surpris à sourire jusqu'aux oreilles. *Ah, que j'aime mon travail !*

Lorsque Valentina voulut redescendre l'allée, sa traîne s'accrocha à une chaise, et je tendis machinalement la main pour la dégager. J'entendis alors derrière moi un long bruit de déchirure, un de ces bruits après lesquels on n'ose plus se déplacer. *Ce n'est peut-être qu'un minuscule accroc. Pas de quoi s'inquiéter.*

Mais, à cet instant, je sentis comme un courant d'air me passer dans le dos et eus la terrible sensation d'être presque entièrement nue. Je m'éloignai à reculons, laissant le reste de la procession suivre le couple, et tentai de jeter un coup d'œil par-dessus mon épaule pour me faire une idée de l'étendue des dégâts. Malheureusement, je ne pus rien voir, mais de toute évidence il y avait une déchirure. Je passai le bras derrière moi pour tâter le tissu. La fermeture Éclair était toujours fermée, mais la robe à côté semblait s'ouvrir de haut en bas.

—Oh, bordel de merde!

Si c'était arrivé à n'importe qui d'autre, j'aurais été là pour arranger les dégâts. Mais là, c'était moi la fille à la robe déchirée, et mon nécessaire à couture était enfoui quelque part dans le boudoir de la mariée. Il fallait pourtant que je m'assure que la réception était prête!

Je savais bien que faire partie intégrante d'un mariage était une mauvaise idée. De toute évidence, j'étais faite pour rester en coulisse. Si seulement je l'avais su avant de devoir me tortiller pour entrer dans cette robe…

Frénétiquement, j'envoyai des textos à Jillian et au reste de mon équipe. Jillian m'assura que tout se passait bien sous les chapiteaux et que j'avais encore quelques minutes avant que mon absence soit remarquée. Je m'apprêtais donc à foncer vers le boudoir de la mariée quand j'entendis Brendan m'appeler.

—Hé! dit-il en s'approchant. Qu'est-ce qui ne va pas?

—J'ai une urgence avec ma robe, et il faut que je retourne là-bas.

Je lui présentai mon dos pour qu'il comprenne toute l'ampleur du désastre. Je m'attendais à l'entendre s'étonner ou paniquer, puis je me rappelai qu'il était un homme. Ce à quoi je ne m'attendais pas, en revanche, c'était à le sentir passer la main dans la déchirure pour caresser ma peau nue. Aussitôt, ma bouche s'asséchа et mon pouls prit un rythme endiablé.

— Je ne vois pas où est le problème, dit Brendan en glissant les doigts un peu plus bas dans mon dos.

Je jetai un coup d'œil par-dessus mon épaule, toute vibrante de ses caresses. Le demi-sourire que j'aperçus sur son visage ne m'aida pas à me concentrer sur la tâche à accomplir.

— C'est peut-être très pratique pour toi, rétorquai-je, mais je n'ai pas envie de me balader à moitié nue devant tous les invités.

— Qu'est-ce qu'il te faut ?

Je songeai à ce que j'aurais fait si une autre demoiselle d'honneur portait une robe déchirée. J'avais des tas d'épingles à nourrice, mais je n'étais pas sûre que Valentina apprécie le look gothique. Cependant, tout recoudre serait trop long, et je n'avais pas le temps. Je pouvais simplement remettre la robe que j'avais apportée pour le mariage, mais je craignais que Valentina ne veuille faire prendre de nouvelles photos. Il ne me restait donc qu'une option :

— Je vais devoir coller la robe à la Super Glue… En fait non, c'est toi qui vas le faire. Tu penses y arriver ?

— Bien sûr.

Je partis récupérer mon kit de mariage, Brendan sur mes talons, et lui tendis le tube de Super Glue. En quelques minutes, la robe était recollée. J'étais à peu près sûre que j'avais également des bouts de peau collés au tissu, mais je m'en inquiéterais plus tard.

À cet instant, mon téléphone fut inondé d'une cascade de textos : Valentina me cherchait, elle avait besoin de moi à sa table pour commencer le dîner.

— Merci, mon cœur, dis-je à Brendan en lui déposant un rapide baiser sur la joue. Je ne sais pas ce que j'aurais fait sans toi.

— Garde ça en tête pour tout à l'heure, d'accord ?

Quelque chose dans le ton de sa voix me poussa à m'arrêter pour le dévisager.

— Et pourquoi donc ? demandai-je.

— Tu verras, répondit-il, un éclair de malice dans le regard. Maintenant, vas-y, ajouta-t-il en m'envoyant une claque sur les fesses. On se retrouve quand le tourbillon sera calmé.

Mais oui, bien sûr… Comme si je pouvais reprendre mes activités sans me laisser obséder par sa phrase mystérieuse… Mais je ne pouvais pas me permettre de perdre davantage de temps, alors je n'insistai pas et sortis en courant, priant pour que les autres coutures tiennent.

Chapitre 28

Des feux d'artifice illuminaient le ciel au-dessus du petit lac. Leurs étoiles colorées, éclatantes dans le ciel nocturne, se reflétaient sur l'eau. Une superbe clôture pour une superbe réception. Tous les invités étaient tournés vers le spectacle, leurs visages souriants levés vers le ciel. Le stress lié à l'événement me quittait peu à peu, et, malgré mon état d'épuisement, je me sentais galvanisée par la satisfaction du travail bien fait.

J'ai réussi. J'ai survécu au mariage le plus extravagant de ma carrière, même si je suis une demoiselle d'honneur de dernière minute engluée dans sa robe.

Nous avions même eu droit à un instant épique lorsque la vieille Mme Maddox s'était mise en colère contre le photographe parce que ce dernier avait osé lui donner des ordres. Elle l'avait même frappé avec son sac à main.

Ah, les grand-mères… Les bombes à retardement des mariages… À présent, cependant, grand-mère Maddox semblait heureuse de manger sa part de gâteau en admirant le spectacle, son fils à ses côtés. C'était agréable de voir un homme si important se donner tant de mal pour rendre heureuses sa mère, sa femme et sa fille. Ce n'était pas toujours une combinaison facile, surtout lors d'un mariage.

Soudain, des bruits de pas attirèrent mon attention. Je tournai la tête et aperçus Brendan. Il passa les bras autour de ma taille pour me prendre contre lui, mon dos contre son torse, et posa le menton sur mon épaule.

— C'est beau, tu ne trouves pas ? demandai-je.

— Hmmm ! murmura Brendan, les lèvres posées sur mon cou.

À la vibration de sa voix grave contre ma peau, un agréable frisson me parcourut l'échine. Nous restâmes un moment à regarder les feux d'artifice, heureux et apaisés.

Puis Brendan chuchota mon nom, son souffle effleurant ma peau. Il fit courir les mains sur mes flancs, puis m'attrapa par les hanches pour me faire pivoter face à lui. Il avait l'air déterminé, les sourcils froncés et les lèvres serrées.

Il se frotta le front, puis soupira nerveusement.

— Je ne m'attendais pas à être aussi stressé, déclara-t-il en levant les yeux vers les fusées qui explosaient de plus en plus vite à mesure que s'approchait le bouquet final. Mais je suis content d'avoir attendu jusqu'à maintenant.

Stressé ? Sa nervosité devait être contagieuse, car mon estomac venait de se mettre en boule.

Brendan s'éclaircit la gorge.

— La première fois que je suis venu à Vegas, je me suis dit que ce serait marrant de te revoir. Je ne m'attendais pas à te trouver si belle ni à m'amuser autant avec toi. Je pensais que vivre avec toi serait une aventure…

Il me caressa la joue du bout du doigt, et je ne pus que cligner des paupières en essayant de comprendre où il voulait en venir.

— Je ne m'attendais pas à tomber amoureux aussi vite, poursuivit-il.

Il mit alors un genou à terre et ouvrit la main pour révéler un rouleau de bonbons en forme d'anneaux.

— Dakota Jane Halifax…, je me suis dit que cette fois j'allais te laisser choisir la taille et la couleur.

Mon cœur battait à tout rompre, comme s'il cherchait à s'échapper de ma poitrine. Des larmes me montèrent aux yeux.

— Tu es en train de me dire…

Brendan me prit la main.

— Veux-tu m'épouser ?

Ma gorge se noua. Je songeai à ce que ce serait d'être la femme de Brendan West et à quel point je le désirais. Puis je me vis, vêtue d'une longue robe blanche, à l'attendre.

À l'attendre.

À l'attendre.

Prise de panique, je ne parvenais plus à respirer. Je plaquai la main sur ma poitrine.

Brendan me caressa les doigts.

— Ai-je besoin de te rappeler qu'il ne s'agit que d'une formalité ? Tu m'as déjà dit oui quand tu avais neuf ans… (Puis son sourire taquin s'effaça.) D.J. ?

Je tirai sur le col de ma robe, m'efforçant de retrouver l'usage de la parole.

— Je t'aime, répondis-je enfin, et je veux t'épouser, mais… Après ce qui s'est passé l'autre fois, je ne sais pas si j'en aurai la force.

J'avais su me débarrasser de ma colère et de mon sentiment d'impuissance, mais ce que j'éprouvais là était entièrement différent. Tout mon être associait la robe de mariée à une douleur intense.

— On pourrait peut-être faire ça dans une chapelle en drive-in, poursuivis-je. Comme ça, tu ne pourras pas t'échapper, et je n'aurai pas à angoisser à l'idée que tu m'abandonnes. Ou bien on pourrait simplement aller au palais de justice.

— Un mariage en drive-in ? Le palais de justice ? Ce n'est pas ce que tu veux, protesta-t-il en serrant ma main dans la sienne. Tout comme tu n'as jamais voulu te marier en croisière. Je le sais parce que je te connais. Tu veux un grand mariage et tu vas l'avoir. Et je ne t'abandonnerai pas. Je n'ai pas besoin de temps pour réfléchir. Je n'ai jamais été aussi sûr de moi. Épouse-moi, D.J. Il te suffit de dire oui.

Je le regardais fixement. J'admirais ses cheveux blond cendré, ses yeux sombres, la ligne de son nez, la courbe de ses lèvres… Je n'avais jamais aimé personne à ce point. Des larmes m'emplirent les yeux et brouillèrent ma vision. Je posai mon regard sur les bonbons. Puis sur lui. Et refermai mes doigts sur le petit paquet cylindrique.

— Oui, soufflai-je.

Un lent sourire se dessina sur son visage, et il sortit de sa poche une bague scintillante qui, de toute évidence, n'était pas faite de sucre.

Chapitre 29

Prête-à-marier, par Dakota Halifax

Petits conseils pour vous, les hommes

Aujourd'hui, je romps avec mes habitudes et donne des conseils aux mariés. Mesdames, apportez cet article à votre moitié et dites-lui que, s'il tient à vous, il a intérêt à le lire. Messieurs, votre fiancée vient de vous apporter cet article. Si vous tenez à elle, vous le lirez. Elle est toujours en train de vous regarder, n'est-ce pas ? Eh oui, vous n'avez pas le choix ! Vous feriez aussi bien de vous y mettre. Croyez-moi, c'est dans votre intérêt. Vraiment.

Ne vous méprenez pas : je veux que vous passiez un bon moment le jour de votre mariage. Mais est-ce vous qui vous déplacez jusqu'à mon bureau, semaine après semaine ? Pas souvent. Une minorité le fait, et c'est tant mieux pour eux : peut-être auront-ils un peu plus leur mot à dire. Cependant, je suis navrée de vous l'annoncer, mais cette journée sera celle de la mariée. Alors qu'en est-il des costumes tirés de Dumb and Dumber que la plupart d'entre vous veulent porter pour leur mariage ? Oui, ils sont hilarants. Non, vous ne pourrez pas les porter. Mais allez-y, si vous pensez pouvoir convaincre votre fiancée, posez-lui la question. Elle a dit non, pas vrai ? Pourquoi ne pas plutôt réfléchir aux autres choses que vous aimeriez faire le jour de votre mariage ? Des choses importantes pour vous, mais qui ne feront pas honte à votre tendre épouse quand elle voudra montrer à ses amies les photos de la cérémonie. Il y a presque toujours moyen d'instiller un peu de vous-même dans un mariage. Là-dessus, un bon organisateur événementiel peut vous aider. (Je ne dis pas qu'il faut absolument que ce soit moi, mais je suis certaine de pouvoir trouver une solution. Je dis ça en passant.)

Pour finir, voici en vrac les autres choses que vous devez retenir pour que votre mariage se passe au mieux pour vous et votre fiancée. Soyez à l'endroit dit à l'heure dite, faites-vous beau pour les photos et vérifiez que votre témoin a bien apporté les alliances. Si la mémoire de votre témoin n'est pas fiable, appelez votre mère à l'aide. Faites tout ce qu'il faudra, mais assurez-vous que les alliances soient là en temps et en heure. Elles constituent l'élément le plus important de la cérémonie, et,

si vous les oubliez, votre fiancée pourrait croire à un acte délibéré.
En parlant de votre fiancée, je sais bien qu'elle a dû changer dernièrement. Elle est sûrement un peu plus folle et beaucoup plus stressée que dans votre souvenir, mais il faut la comprendre. Elle rêve de ce jour depuis toujours et veut que tout soit parfait. Elle-même ferme les yeux sur certaines de vos mauvaises habitudes, pas vrai ? Et vous l'aimez ? Alors montrez-vous indulgent, dites-lui que vous appréciez ses efforts, et vous aurez une femme heureuse. Quand tout sera terminé, elle redeviendra elle-même et vous serez l'heureux homme qui a su la comprendre.
Et voilà ! Ce n'était tout de même pas si compliqué ?

Je repoussai mon exemplaire du *Las Vegas Beacon* dans un coin de mon bureau en me promettant de jeter plus tard un coup d'œil aux autres articles. Pour ce qui était de ma rubrique, j'avais appris ma leçon : au lieu de rédiger un long article – voire deux – pour me vanter de mon mariage à venir, je m'en étais tenue à mes conseils habituels. En y repensant, je me rendais compte que j'avais oublié dans mon article un conseil qui aurait été bien utile à Brendan : « Dites à votre fiancée ce que vous voulez. » Il ne cessait de me répéter que je pouvais tout faire comme je l'entendais, depuis les couleurs jusqu'au buffet, en passant par les robes. Même la musique.

Lorsqu'une de mes mariées avait repoussé d'un an la date de son mariage à *Sunset Gardens* – elle avait découvert qu'elle était enceinte et voulait attendre au moins six mois après la naissance du bébé pour être sûre de pouvoir entrer dans sa robe – j'avais demandé à Brendan s'il voulait qu'on choisisse cet endroit. C'était mon préféré, et il était très demandé. Pour être honnête, ma requête avait aussi été une manière de mesurer à quel point il était prêt à sauter le pas, et je n'avais pas été déçue de sa réaction : « Oh oui ! Allons-y ! Le plus tôt sera le mieux ! » s'était-il écrié.

Je n'avais donc eu que trois mois pour organiser notre mariage, mais, si quelqu'un était capable de relever le défi, c'était bien moi. Et j'y étais arrivée. Le traiteur était commandé – Jillian, bien sûr –, et la salle ainsi que les fleurs, le gâteau et la musique étaient prêts. J'avais tout vérifié une bonne centaine de fois.

Et maintenant l'entrée suivante dans ma liste de tâches…

J'ouvris le répertoire de mon portable, et mon doigt hésita un instant au-dessus du bouton d'appel. Je voulais reprendre contact depuis un moment déjà, mais le pas était dur à franchir. J'estimais que ce n'aurait pas dû être à moi de le faire, mais je savais que si je comptais sur ma mère pour m'appeler je pouvais m'armer de patience. J'appuyai donc sur le bouton et écoutai la sonnerie, me préparant à laisser un message.

— Dakota ?

La voix non enregistrée était si inattendue que je mis quelques secondes à formuler une réponse.

— Salut, maman. Comment ça va ?

— Très bien. Je me plais beaucoup à San Diego.

Sa joie semblait feinte. Était-elle déjà sur le point de s'en aller ?

— Je t'appelais juste pour te dire…

Je pris une gorgée de ma bouteille d'eau. C'était si difficile que j'étais tentée de ne pas lui en parler. J'étais tellement heureuse à l'idée de me marier que je craignais de l'entendre dire que j'étais stupide de vouloir retenter l'expérience. C'était Brendan qui m'avait poussée à l'appeler. Il ne cessait de me répéter que j'aurais des regrets si je ne lui posais pas au moins la question.

— Je vais me marier, maman. Avec Brendan. Ce week-end. Si tu veux… (Former des phrases complètes me paraissait soudain demander un effort insurmontable.) On organise une grande cérémonie avec une réception, repris-je enfin. Et je sais bien que c'est un peu tard pour te prévenir, mais j'aimerais que tu viennes. Si tu veux bien. Si tu ne peux pas te libérer, je comprendrai parfaitement, mais…

Je me préparai à être déçue. Brendan était déjà prévenu, prêt à courir à mon bureau pour me remonter le moral.

— Si tu as une place pour moi, j'en serais honorée, répondit-elle. Dakota, il faut que tu saches qu'il ne s'est pas passé un jour depuis mon départ sans que je regrette la façon dont nous nous sommes quittées. Je travaille sur tout ça, d'accord ?

La muraille que j'avais bâtie autour de mon cœur pour me préparer à cette conversation se désintégra, aussitôt remplacée par le baume apaisant du soulagement. Je savais que notre relation ne serait jamais parfaite, mais peut-être pourrions-nous un peu mieux nous entendre. Après tout, c'était ma mère, et elle m'aurait manqué si elle n'était pas venue à mon mariage. Nous discutâmes pendant quelques minutes pour rattraper les mois que nous avions perdus. Apparemment, Frank lui avait rendu quelques visites, et ils se reparlaient. Bizarre, mais je ne m'étonnais plus de rien venant de ma mère et de ses relations.

Elle promit également d'être correcte avec mon père. Les faire s'asseoir tous les deux dans la même pièce était un pari risqué, mais je savais comment les maintenir à distance en cas de besoin. Ce genre de situation était monnaie courante lors des mariages qui rassemblaient des familles décomposées.

En raccrochant, je me sentais plutôt bien. Je rayai de ma liste quelques tâches de dernière minute et souris à la vue de toutes les lignes déjà barrées, témoins du chemin que j'avais parcouru. Je m'apprêtais à éteindre mon ordinateur pour la journée, mais, à cet instant, la porte de mon bureau s'ouvrit.

Je restai un instant figée, persuadée que j'avais des visions.

— Grant ?

Il avait à la main le numéro du *Beacon* que je lisais un peu plus tôt.

—Alors c'est vrai ? lâcha-t-il.

—Eh oui ! Je suis désolée, mais aucune femme ne veut d'un costume tiré de *Dumb and Dumber* à son mariage.

—Pas ton article, Dakota ! Celui de Phoebe.

Cela faisait un moment que je n'étais plus apparue dans sa rubrique, et j'avais arrêté de la lire. Cette décision m'avait fait un bien fou. Jillian se chargeait de m'informer des détails importants, et passait les autres sous silence.

Je poussai un soupir.

—Est-ce que j'ai besoin de savoir ? Parce que j'essaie vraiment de travailler sur mon chi, et…

—« Le mariage de notre chère Dakota Halifax et de son fiancé, Brendan West, est prévu pour ce week-end. Je le sais, vous vous demandez toutes la même chose : ce mariage tiendra-t-il ? On m'a dit que les probabilités étaient de trois contre deux. Personnellement, je n'ai pas encore décidé de ce que j'allais parier. »

Je serrai les accoudoirs de mon siège de bureau, aussi fort que mes doigts me le permettaient.

—Tu vois : c'est pour ça que je ne lis plus sa rubrique. Si tu es venu te renseigner sur les probabilités, tu as frappé à la mauvaise porte.

—Je parlais du fait que tu te maries ce week-end…

Cela faisait seulement dix mois que Grant m'avait larguée devant l'autel. À l'époque, jamais je n'aurais cru pouvoir retenter l'expérience nuptiale aussi vite.

— Je t'avais dit que lui et moi étions fiancés.

Je lui avais annoncé la nouvelle au mariage d'un ami commun, mariage que j'avais organisé et auquel j'avais réussi à participer. Il était venu avec Amy, et, malgré une première gêne, suffisamment d'eau avait coulé sous les ponts pour nous permettre d'engager une conversation polie. J'avais toutefois remarqué qu'Amy était restée fermement agrippée à son bras.

— Ce n'est pas toi qui me l'as dit, c'est ton énorme bague, rétorqua-t-il.

C'était vrai. Lorsque j'avais raconté à Brendan que mon ex avait remarqué le diamant avant que j'aie eu l'occasion de lui annoncer la nouvelle, il avait éclaté de rire et déclaré que cette anecdote valait bien tout l'argent dépensé.

— Oui, bon, d'accord. Bref, la réponse à ta question est « oui ». Brendan et moi allons nous marier ce week-end.

— Laisse-moi deviner. *Sunset Gardens* ?

Évoquer mes projets de mariage avec Grant me mettait les nerfs en pelote. En organisant l'événement, je n'avais cessé de me répéter que ce mariage allait avoir lieu, mais une petite partie de moi n'avait pu s'empêcher de se préparer mentalement à une annulation. Évidemment, avoir en face de moi l'homme qui m'avait laissée tomber la première fois n'avait fait que titiller mes angoisses. Je sentais déjà que ce soir-là j'allais faire un détour par la salle de boxe.

Je tentai malgré tout de repousser mon malaise et de me concentrer sur sa question. Pourquoi souhaitait-il savoir ça ? Il semblait pourtant s'être installé avec la mère de son fils, et j'avais été surprise de constater à quel point j'étais ravie de le voir heureux. Il n'y avait plus de malaise entre nous. Cela dit, s'il cherchait à se faire inviter, il pouvait toujours rêver. Il y avait tourner la page, et puis il y avait la folie.

— Oui, *Sunset Gardens*. J'ai profité d'une annulation.

Grant baissa un instant les yeux, puis les leva vers moi.

— J'aurais dû m'en douter. Tu n'arrêtais pas de parler de cet endroit. Ça m'a frappé après coup, tu sais… J'aurais dû te laisser faire tes propres choix. J'ai été égoïste de te proposer cette croisière… J'ai cru que le voyage me ferait oublier mes peurs…

— Grant, on en a déjà parlé. Dans le journal. Toute la ville est au courant. Maintenant, si tu veux bien m'excuser, je dois fermer le bureau, déclarai-je en repoussant mon fauteuil.

— Dakota… (Il tendit la main vers moi, puis sembla se raviser et recula.) Tu me hais toujours pour t'avoir laissée tomber ?

— Je ne t'ai jamais haï. Aussi étonnant que cela puisse paraître.

Une fois que j'avais eu suffisamment de recul pour y réfléchir, je m'étais rendu compte que tout ce qui s'était passé entre Grant et moi m'avait menée vers Brendan. Et pour ça j'étais heureuse – j'aurais toutefois préféré un cheminement moins douloureux.

— Quand j'ai lu que tu allais te marier, ça m'a fait réfléchir et je... Amy et moi avons déjà eu une expérience difficile par le passé. On travaille sur notre relation tout en élevant notre fils. J'ai l'intention d'officialiser notre union, mais ça me fait toujours un peu peur. Comment tu as surmonté ça ?

Je songeai à Brendan. Bien sûr, il n'était pas très communicatif sur ce qu'il voulait pour notre mariage, mais il me demandait constamment comment se passaient les préparatifs. Quand je lui parlais pendant des heures de couleurs comme « champagne », « rougeur » ou « merlot », il écoutait. Et, chaque matin, il me faisait mon café comme je l'aimais, me prenait dans ses bras et murmurait à mon oreille le nombre de jours qu'il nous restait avant de devenir mari et femme.

— Je ne suis pas sûre que « surmonter » soit le bon terme. J'ai plutôt... retrouvé l'espoir. Et la foi.

— Eh bien... félicitations ! Et bonne chance. Pour tout.

Grant tendit de nouveau la main, mais cette fois pour serrer la mienne.

J'obtempérai, même si je trouvais le geste étrangement formel après tout ce que nous avions vécu.

— Bonne chance à toi aussi.

Nous nous regardâmes fixement pendant quelques secondes insoutenables. Puis il esquissa un sourire et sortit, d'un pas peut-être un peu plus léger qu'à son entrée.

Lorsque la porte se referma derrière lui, j'eus l'impression qu'un nouveau départ s'ouvrait devant moi, m'offrant d'innombrables possibilités toutes plus enthousiasmantes les unes que les autres.

Chapitre 30

Je portais une robe bustier ivoire ornée de ruches et de dentelle, accessoirisée d'un châle couleur merlot et d'escarpins assortis que personne ne voyait. Jillian se tenait à mes côtés, vêtue d'une robe « rougeur » – c'était ainsi qu'ils l'avaient nommée à la boutique – et d'un châle identique au mien. C'était exactement comme cela que j'avais visualisé les tenues de mes demoiselles d'honneur. Il faisait un peu plus de vingt degrés, une température parfaite à mes yeux, et, vu ma nervosité et les litres de sueur qui allaient avec elle, la petite brise qui faisait voleter mon voile était la bienvenue. La cérémonie se déroulait en intérieur, mois de mars oblige, mais j'étais dehors parce que… eh bien, parce que j'étais morte de trouille.

— Prends une grande inspiration, dit Jillian en agitant devant mon visage l'éventail en papier qu'elle avait fabriqué. Tout va bien se passer.

— Qu'est-ce qui m'a pris de laisser Brendan me convaincre de faire ça ? Je voulais un petit mariage. Une cérémonie au palais de justice, là où personne ne nous connaît. Je ne voulais pas d'invités.

— C'est ce que tu dis maintenant, mais je sais à quel point tu t'es éclatée à tout organiser, répliqua Jillian.

Avidement, je m'emparai de la bouteille d'eau qu'elle me tendait. J'étais assoiffée. Jusqu'alors, j'avais évité de boire pour ne pas avoir envie d'aller aux toilettes au beau milieu de la cérémonie, mais, à présent, une éventuelle envie d'uriner me semblait être le dernier de mes problèmes.

— Tu ne veux tout de même pas entrer dans la légende comme la mariée la plus difficile pour qui j'aie jamais travaillé ? reprit Jillian.

— Je ne suis pas difficile, rétorquai-je. Paranoïaque, oui, et pour de bonnes raisons, mais pas difficile.

J'avalai une grande goulée d'eau et regrettai presque de ne pas pouvoir y glisser un calmant.

— Sois rationnelle… Brendan t'aime. Il t'aime depuis l'enfance. C'est genre l'histoire la plus romantique du monde. Rien à voir avec Machin. Pas moyen qu'il te laisse tomber, celui-là, conclut-elle en me tapotant l'épaule.

Je pris une grande inspiration, puis soufflai lentement.

— Tu as raison, dis-je enfin. Bien sûr qu'il ne me ferait jamais ça.

Cela avait tout de même été à contrecœur que je l'avais quitté ce matin-là, regrettant de ne pouvoir le menotter à mon poignet. Je tenais à la tradition et ne voulais pas qu'il me voie dans ma robe avant la cérémonie, mais cela ne m'avait pas vraiment aidée à vaincre mes angoisses.

Tout était différent, mais je ne pouvais m'empêcher de penser à mon mariage avec Grant. Même si, cette fois, ma mère était venue et avait échangé avec mon père quelques phrases à peu près courtoises. Mon père était tout investi de sa mission, prêt à me mener jusqu'à l'autel, et m'avait même adressé un petit discours d'encouragement la veille au soir.

Je n'avais même pas encore posé « la » grande question, principalement parce que j'avais peur de me tromper une fois encore. Cependant, chaque fois que j'avais regardé Jillian, j'avais failli la poser, comme poussée par une force supérieure : « Tu arrives à croire que je vais me marier ? »

Peut-être la prononcerais-je dans ma tête une fois que Brendan et moi serions devant le prêtre. La partie « si quelqu'un s'oppose à cette union » avait été dûment supprimée, je m'en étais assurée. Il était inutile de me donner des palpitations supplémentaires, mon cœur n'y résisterait pas.

— Prête à faire ton entrée ? demanda Jillian.

Je commençai à me diriger vers la porte, mais la sonnerie de son portable m'arrêta net. Jillian fronça les sourcils en lisant le texto. Puis y répondit. Et en reçut un autre. Elle s'éloigna alors de quelques pas pour passer un coup de fil, mais son correspondant ne sembla pas répondre puisqu'elle rempocha lentement son téléphone sans prononcer un mot. Lorsqu'elle leva les yeux vers moi, elle m'adressa le sourire le plus forcé que j'aie jamais vu.

— Qu'est-ce qui se passe ? demandai-je.

— Rien.

Je croisai les bras et me plantai devant elle.

— Jillian, je le sais tout de suite quand quelque chose ne va pas pendant un mariage. C'est sur cet instinct que j'ai bâti toute ma carrière.

— C'est juste que… Brendan… n'est… pas vraiment là. Pas encore ! Mais il va arriver ! D'une minute à l'autre ! Pas de panique !

Bien sûr, mon corps fit tout le contraire de ce qu'elle me conseillait. La panique monta en flèche, mes mains devinrent moites et ma gorge sèche. L'ardeur que mettait Jillian à me rassurer me faisait augurer le pire. Une erreur de débutante, vraiment.

— Il n'est pas là ? m'écriai-je. Tu l'as appelé ?

La façon dont elle se mordit la lèvre me dit tout ce que j'avais besoin de savoir. Elle venait d'essayer de l'appeler, et il n'avait pas décroché.

Je respirais de plus en plus vite, mais mes poumons ne s'emplissaient pas. Je fus prise de vertige, et mes jambes manquèrent de se dérober sous moi.

— J'ai une impression de déjà-vu, là, haletai-je. Manque plus que tout un navire de gens en chemise hawaiienne qui me regardent, et je suis de retour en Jamaïque !

— Oui, mais ce n'est pas pareil. Brendan est excité à l'idée de se marier, et je sais que jamais il ne te ferait de mal. Et puis il m'a vue brandir un couteau.

Nerveusement, je passai les mains dans mes cheveux, sans même penser à ma coiffure. Mes larmes me brouillaient la vue. Le monde se mit à tournoyer autour de moi.

— Donne-moi une seconde, dit Jillian.

Elle s'éloigna de quelques pas, sortit mon portable de son sac – celui qu'elle m'avait confisqué pour m'empêcher de travailler le jour de mon mariage – et composa un numéro. Celui de Brendan, sans aucun doute. Elle raccrocha sans dire un mot.

Je passai la tête par la porte ouverte de la chapelle pour jeter un coup d'œil à l'intérieur. Tous les bancs étaient occupés par les invités, qui attendaient le début de la cérémonie. Même Phoebe était là, assise au dernier rang. Je ne l'avais pas invitée, mais cette fouine se glissait toujours partout où elle voulait. Ça allait être un grand jour pour elle. Je n'avais pas encore décidé si je devais commencer par pleurer ou par jeter des objets. Au moins, Wild Bill aussi était venu. Ça tombait bien, car j'avais le pressentiment que j'aurais bientôt besoin de lui pour broyer quelques crânes ou m'aider à canaliser ma colère, je ne savais pas encore. Probablement les deux.

— Quelle heure il est ? demandai-je à Jillian qui m'avait rejointe.

— Il y avait des tas d'embouteillages ce matin, non ?

Je tendis la main vers mon téléphone, que Jillian me rendit à contrecœur. L'horloge me disait que nous n'avions plus que cinq minutes avant le début de la cérémonie.

Mon fiancé n'était pas là et ne répondait pas au téléphone.

— Oh non, pas encore ! murmurai-je.

Prononcer ces simples mots suffit à me priver de toute mon énergie. Je me laissai tomber contre le mur de la chapelle. La réalité de la situation s'imposait à moi. Il n'était pas là. Il ne répondait pas au téléphone. Il pouvait très bien ne pas venir du tout. Peu à peu, je me sentais mourir de l'intérieur. Une obscurité poisseuse m'entourait, étouffant toutes les joies que j'avais pu ressentir jusqu'alors.

— Et si on rentrait pour attendre dans la pièce climatisée ? me proposa Jillian en m'entraînant vers la porte.

Je me dégageai. Si je n'avais pas été la mariée, j'aurais déjà été en train de réfléchir à un moyen de désamorcer ce code Fuchsia. Mais là, dans ma grande robe de mariée, je m'apprêtais à découvrir ce qui se cachait au-delà de ce niveau. Rouge enragé ? Noir apocalypse ?

Quel que soit le code couleur, si Brendan ne se montrait pas dans les cinq minutes, je prenais la fuite. Je n'écrirais plus d'articles. Je n'organiserais plus de mariages. Il n'y aurait plus d'espoir après ça, plus qu'une dépression écrasante sous laquelle je m'enfouirais un peu plus profondément chaque jour. Peut-être pourrais-je faire carrière dans le cirque. Je deviendrais l'Incroyable-Femme-Qui-Pousse-Les-Hommes-À-S'Engager-Puis-À-S'Enfuir-À-La-Dernière-Minute. Les gens seraient prêts à payer pour voir ça.

Soudain, un homme en smoking tourna au coin de la chapelle. Pas mon homme. Son témoin, Adam, qui travaillait dans la salle de contrôle du casino. Il était venu. C'était bien de sa part. Il fit signe à Jillian de le rejoindre. Cette dernière me regarda, et je compris qu'elle craignait de me laisser seule.

Si elle me répétait encore une fois de ne pas m'inquiéter, je ne répondais plus de moi. Heureusement pour elle, elle se tut et se hâta de rejoindre Adam. Pendant qu'ils parlaient, elle se mit à faire de grands gestes des bras, mais je ne pouvais dire si elle était en colère, contrariée, déconcertée ou en train d'apprendre une horrible nouvelle.

Je respirais de plus en plus vite, si vite que ma tête se mit à tourner. Ce n'était pas bon. Je devais me reprendre. S'il me fallait m'enfuir, j'aurais besoin de pouvoir conduire.

Lorsque Jillian et Adam disparurent au coin de l'église, je me demandai s'ils avaient décidé de s'en aller tant qu'il était encore temps.

Une éternité plus tard – ou peut-être seulement quelques minutes, la notion du temps ayant tendance à devenir hasardeuse lorsque le sol s'ouvrait sous vos pieds et que vous mouriez de l'intérieur tout en essayant de contenir vos larmes parce que le mascara waterproof était un mensonge – Adam revint avec Jillian. En m'approchant, elle tendait les mains devant elle comme pour aborder un tigre affamé. Mauvais signe.

— Je veux que tu restes calme, me dit-elle.

— Calme ? m'écriai-je d'une voix si aiguë que je parvins à peine à la reconnaître. On m'abandonne devant l'autel pour la deuxième fois en moins d'un an, et tu veux que je reste calme ?

— Il ne t'a pas abandonnée, dit Adam. Brendan a eu un accident de voiture.

À ces mots, mon cœur sombra comme une ancre au fond de ma poitrine.

— Quoi ? Il va bien ?

Quel ascenseur émotionnel ! D'abord anéantie, j'attendais à présent qu'on m'apprenne une nouvelle qui m'anéantirait encore bien davantage.

Adam posa la main sur mon épaule.

— Ce n'était qu'un petit accident, un accrochage. Il va bien, mais les flics sont arrivés et n'ont pas voulu le laisser partir tant que les ambulanciers ne l'avaient pas examiné. Le côté passager est broyé et son portable avec, c'est pour ça qu'il n'a pas appelé.

Jillian souriait. Je ne comprenais pas comment elle pouvait sourire. N'écoutait-elle donc pas ? Ce qu'il me décrivait ressemblait plus à un terrible accident qu'à un simple accrochage.

— Dakota, Brendan vient d'arriver, dit-elle alors. Un policier nous l'a amené en voiture. Il veut toujours t'épouser.

Je soufflai d'un seul coup tout l'air contenu dans mes poumons et m'écroulai par terre, trop soulagée pour m'inquiéter des traces d'herbe sur ma robe. Brendan allait bien. Brendan voulait m'épouser.

Comme si mon esprit avait besoin de l'entendre une nouvelle fois, je me le répétai intérieurement, encore et encore. *Il va bien, il va bien, il va bien. Il veut vraiment m'épouser.*

Jillian s'accroupit pour se mettre à ma hauteur.

— Il voulait absolument venir te parler, je ne l'ai jamais vu aussi inquiet. Mais je me suis dit que vous aviez déjà été assez malchanceux comme ça et que le laisser te voir dans ta robe après avoir survécu à un tel accident aurait été tenter le diable. Alors je lui ai demandé de se mettre en place comme hier à la répétition.

Comme cligner des yeux ne m'aidait pas vraiment à contenir mes larmes, je me mis à agiter la main devant mes yeux. Malheureusement, ce n'était pas plus efficace. Jillian me tendit alors les mouchoirs qu'elle avait coincés dans son étole, comme je le lui avais montré.

Je me tamponnai les yeux et pris quelques grandes inspirations.

— Je vais rentrer me mettre en place, déclara Adam. Mais j'ai promis à Brendan de vérifier personnellement que tu allais bien et que tu comprenais la situation. Donc… (Il se pencha vers moi, les sourcils froncés.) Tu vas bien ? demanda-t-il très sérieusement.

Je hochai la tête, même si je n'en étais pas très sûre. Jillian m'aida à me relever et épousseta ma robe. Adam repartit vers l'avant de la chapelle, et Jillian m'accompagna vers la porte du fond. Nous nous alignâmes dans un coin, comme à la répétition, et je parvins à reprendre le contrôle de mes glandes lacrymales.

Jillian s'apprêta à faire un pas en avant, mais je l'attrapai par le bras.

— Attends, murmurai-je. (Elle se retourna.) Tu arrives à croire que je vais me marier aujourd'hui ?

Elle sourit et me serra dans ses bras en un geste de jeune fille fleur bleue qui ne lui ressemblait pas du tout.

— Oui, oui, tu vas te marier !

Mon père se mit en place. Je pris le bras qu'il me tendait et l'embrassai sur la joue. Il avait toujours été là pour moi, et le fait qu'il soit venu pour me tenir le bras jusqu'à l'autel m'emplissait le cœur d'une immense gratitude. De nouvelles larmes me montèrent aux yeux, mais je les ravalai. Il couvrit la main que j'avais posée sur son bras et la serra un instant.

La marche nuptiale retentit, et je faillis oublier d'avancer. Moi qui avais expliqué chaque geste à accomplir à des centaines de mariées. Pendant quelques instants, ma vision resta brouillée. J'avais l'impression d'être au mauvais endroit. Et pourquoi cette allée était-elle aussi longue ?

Puis j'aperçus Brendan. Debout devant le prêtre, il m'attendait. Les larmes revinrent, et je sus qu'il faudrait un miracle pour que j'arrive au bout de la cérémonie sans que mon mascara ait entièrement migré sur mes joues.

Mon père m'aida à ne pas trébucher en remontant l'allée et, juste avant de me confier à Brendan, il se pencha vers moi pour me murmurer à l'oreille :

— Je suis fier de toi, ma fille. Garde les yeux sur le trophée, et tout se passera bien.

Brendan faisait vraiment un beau trophée. Il portait sur la joue une légère égratignure, mais rien de bien méchant. Le smoking lui donnait l'air à la fois élégant et sexy, et le sourire qu'il m'adressa fit bondir mon cœur.

— Tu vas bien ? murmurai-je.

Il hocha la tête.

— Et ça va encore mieux à chaque instant qui passe, ajouta-t-il.

Je me jetai à son cou et l'embrassai avec fougue. Parce qu'il allait bien, parce qu'il était là et parce que je l'aimais tant que je ne pouvais pas attendre.

Le prêtre s'éclaircit la voix.

— Je n'en suis pas encore arrivé là, fit-il remarquer. Et si vous veniez là-haut pour que je puisse vous marier ?

Brendan me prit par la main, entremêlant les doigts aux miens, et nous fîmes ensemble les derniers pas vers l'autel. Le prêtre haussa alors la voix pour s'adresser à la foule.

— Nous sommes tous rassemblés en ce lieu pour assister à l'union de Brendan West et de Dakota Halifax.

Je fis de mon mieux pour l'écouter tandis qu'il poursuivait son discours, mais je ne parvenais à me concentrer que sur le visage de Brendan et sur la sensation de ma main dans la sienne. Je ne retrouvai mes esprits qu'une fois qu'il m'eut souri et qu'il eut dit :

— Je le veux.

Et moi, bien sûr, je le voulais aussi.

Le prêtre prononça alors ces mots magiques :

— Vous pouvez maintenant embrasser la mariée.

Brendan m'enlaça et me serra contre lui en posant les lèvres sur les miennes. Nous avions déjà échangé d'innombrables baisers, et même si celui-ci ne fut pas le plus osé – nous étions dans une chapelle, après tout – il avait quelque chose de différent. Ce baiser était une célébration de nos vies officiellement conjointes. Je remarquai à peine les applaudissements des invités.

— Alors, souffla Brendan en me retenant tout contre lui, le regard plongé dans le mien, à quoi pensez-vous, madame Dakota Jane West ?

Je souris et glissai les mains dans sa veste pour l'attirer encore plus près.

— Je pense que je me suis mariée aujourd'hui.

Épilogue

Prête-à-marier, par Dakota Halifax

Et ils vécurent heureux après la cérémonie

J'avais peur d'en parler avant que ça arrive – vous savez toutes quel désastre a été ma première tentative de mariage. Mais cette fois c'est officiel : je suis une femme mariée ! Je voulais remercier mes fournisseurs, ma famille, mes amis et tous ceux qui ont rendu ça possible. J'ai eu mon mariage de rêve, et ce fut le plus beau jour de ma vie. Cependant, ce n'est pas le mariage en lui-même (même si c'était génial) qui m'a rendue si heureuse. C'est ce qui s'est passé après. Je sais que je suis toujours sur le petit nuage de ma lune de miel, donc vous devrez me pardonner si je radote, mais mon mari est incroyable. Et il est encore mieux à chaque jour qui passe. Je n'arrête pas de me pincer pour m'assurer qu'il ne s'agit pas d'un rêve. Bien sûr, je sais qu'il y aura des hauts et des bas. D'ailleurs, le jour où j'ai rencontré mon mari, il m'a jeté un bâton à la tête et j'ai riposté d'un coup de poing en plein visage. Évidemment, nous étions en primaire, et j'aime à penser que j'ai bien évolué depuis. À présent, nos sujets de dispute sont plus adultes : qui aura le contrôle de la télécommande, qui conduit le mieux, comment décorer notre salon…

En deux mots, voilà ce que j'essaie de vous dire : futures mariées, ne vous en faites pas pour les petits détails de la cérémonie. Le bonheur d'avoir épousé l'homme qu'il vous faut est vingt fois supérieur à celui d'avoir organisé un mariage parfait. Malgré tout, si vous êtes comme moi une perfectionniste maniaque du contrôle, vous voudrez que tout soit impeccable. Je comprends parfaitement, c'est même pour cette raison que je passe mes journées à tenter de réaliser ce souhait pour chaque mariée. Mais croyez-moi : en y repensant, les petits incidents ne feront que rendre vos souvenirs plus vivaces. Et que vous soyez entourée de vos proches pour vous engager auprès de l'homme que vous aimez est après tout le plus important.

Mon conseil aujourd'hui sera donc à la fois pour le « pendant » et pour l'« après ». Prenez le temps de vous détendre et de profiter l'un de l'autre. Si je me suis plus amusée en lune de miel que le jour de mon mariage, c'est parce que je n'étais absolument pas stressée. Alors posez donc votre interminable liste de tâches, ralentissez et réjouissez-vous d'avoir trouvé une personne que vous aimez. J'espère que votre mariage se passera comme prévu, mais, plus encore, je vous souhaite un immense bonheur pour votre vie à deux.

The Fell Types are digitally reproduced by Igino Marini.
www.iginomarini.com

Achevé d'imprimer en août 2015
Par CPI Brodard & Taupin - La Flèche (France)
N° d'impression : 3012383
Dépôt légal : septembre 2015
Imprimé en France
81121551-1